# 중국경제
# 추락에 대비하라

# CHINESE ECONOMY IN DOWNFALL

# 중국경제 추락에 대비하라

김기수 지음

살림

# 목차

# 중국경제에 대한 환상을 넘어

 2년 전 『중국 도대체 왜 이러나』를 출판한 적이 있다. 우리에게는 잘 안 알려진 중국의 실체를 알아보기 위해서였다. 한반도에 대한 중국의 이해, 중국경제의 지속성장 여부, 그리고 중국이 미국을 따라잡을 가능성 등이 논의의 초점이었다. 고속성장이 지속되는 경우 드러나는 문제점에 비추어, 중국경제의 장래에 대해서는 부정적인 견해가 개진됐다. 과거 초고속성장으로 세상을 놀라게 한 후 얼마 안 가 급속히 쇠락한 사례에 대한 분석이 내용의 중심을 이루고 있다. 중국의 경제발전을 저해하는 정치적 장애요인 역시 다뤄지고 있지만, 논의는 외형적으로 드러난 현상만을 설명하는 평면적인 분석을 넘지 않았다. 이 글은 2년 전 충분히 짚어보지 못했던 중국경제의 실체를 자세히 살펴보는 데 목적이 있다. 중국경제의 특징을 규명하기 위해 평면적 분석을 넘어 구조적 접근법이 활용된 것도 과거와는 다른 점이다.

 2012년 현재 중국은 이미 경제 초강대국이 됐다. 적어도 규모 면에서는 미국 이외에는 경쟁자가 없을 정도다. 1978-2009년, 즉 31년 동안의 연평균 성장률이 무려 9.9%였다는 통계를 보면 그 위세를 짐작하는데는 무리가 없다. 2010년 당시 세계 2위였던 일본을 따라잡은 후에도 9%가 넘는 고속성장을 지속하고 있으니, 20년 내에 미국을 규모 면에서 앞선다는 주장이 나오는 것도 이상한 일은 아니다. 아무튼 30년이 넘는 기간은 인간의 사고를 한 방향으로 고정시키기에 충분한 시간이다. 과거 중국경제가 꺾인다는 예측은 늘 있어왔고, 얼마 지난 후 예측이 보기 좋게 빗나간 경우가 많았으므로 이제는 전문가들조차 중국경제에 대한 부정적인 전망을 꺼리는 듯하다. 하지만 인류의 지난 역사는 인간의 사회활동과 진보가 어떤 특정의 법칙에 의해 지배받는다는 사실을 강하게 암시하고 있다. 전문가들은 그런 객관적인 법칙을 발견하려고 노력했고, 새로운 발견이 있을 때마다 사회는 그것을 반영하며 진화해 왔다.

자본주의를 본격적으로 받아들인 중국경제에 대한 논의이므로 초점은 당연히 전 세계의 기준 경제체제가 돼버린 자본주의에 맞춰질 수밖에 없다. 자본주의가 처음 뿌리를 내린 곳은 물론 서구였다. 자본주의가 자리를 잡은 후 경제는 가시적으로 성장했고, 덕택에 사람들은 물질적인 풍요를 누리기 시작했다. 그렇다면 무엇이 그런 결과를 가능하게 했을까? 경제적 관점에서 위에서 언급한 사회법칙에 대한 탐구란 바로 이 질문에 대한 대답을 찾는 일이다. 아무튼 자본주의 수백 년의 역사를 연구하면서 인간은 특정의 법칙이 있다는 사실을 감지하게 된다. 물론 그것이 절대 진리일 수는 없고, 지금도 자본주의와 그것을 감싸고 있는 사회체제에 대해서는 모르는 것이 많다. 그러나 오랜 기간의 연구는 매번 새로운 사회를 기획하는 데 반영됐고, 그 결과 오늘날과 같은 번듯한 문명이 창조된 것은 부인할 수 없는 현실이다.

중국경제에는 다음과 같은 남다른 특징이 있다. 과거 고속성장의 챔피언은 한국이었지만, 현재까지의 추세를 보면 한국이 기록한 기적 같은 성장률이 중국에 의해 깨질 참이다. 한국은 그나마 아담한 크기의 국가지만, 인구만 놓고 봐도 중국의 규모는 한국의 약 30배나 된다. 그토록 거대한 국가가 연평균 9%를 웃도는 성장을 30년 동안 지속했으니 세계가 뒤집어지는 것도 이상하지는 않다. 여기에 과거 시황제 이래 세계를 압도했던 중화제국의 복고 이미지가 세계인에게 각인되면서, 중국의 성장을 과거의 제국으로 복귀하는 자연스런 과정으로 치부하는 경우도 심심치 않게 눈에 들어온다. 얘기가 이런 식으로 돌아가기에 전후 기적의 성장을 보여준 한국과는 다른 중국만의 특징이 있다는 주장을 꺾기가 쉽지 않은 것이다.

위의 논의가 평면적 관찰이라면 체제적 관점에서는 더욱 놀라운 점을 발견할 수 있다. 제2차 세계대전 이후 일본, 한국, 그리고 대만의 경우 체제상의 왜곡이 없었던 것은 아니지만 출발은 분명 민주자본주의 국가였다. 그러나 중국은 사회주의를 고수한 채 자본주의를 받아들였다는 독특한 특징이 있다. 이 점이 세상 사람을 가장 헷갈리게 하는 부분인데, 사회주의와 자본주의가 한데 뒤섞여 있는 체제는 인류가 현재까지 한 번도 경험한 적이 없어서다. 따라서 서구 혹은 과거의 기준으로 중국을 바라봐서는 안 된다는 주장이 나오는 배경은 어느 정도 있는 셈이다. 상황이 그런 경우 결과가 모든 것을 합리화시키는 경향은 더욱 두드러진다. 기적적인 경제발전에 비추어보면 중국만의 두드러진 장점은 분명 있을 수밖에 없고, 같은 맥락에서 그것을 제대로 파헤치지 못하고 있는 서구의 잣대로 중국을 보는 데 한계가 있다는 논리는 그런 현상을 대변하고 있다.

하지만 중국이 덩샤오핑 주도하에 자본주의를 받아들인 후 급성장을 한 점은 누구도 부인할 수 없다. 이 말은 뒤집어 사회주의체제가 경제성장의 동력을 제공하지는 않았다는 뜻이다. 결국 자본주의를 수용한 것이 중국경제 성장의 비결이므로 자본주의의 잣대로 중국경제를 관찰하는 데 논리상 무슨 잘못이 있냐는 주장에도 힘은 실릴 수밖에 없다. 다음을 보면 논점은 더욱 분명해진다. 우선 중국 역사상 처음 수입된 자본주의 때문에 중국은 필연적으로 외부경제와 관계를 맺을 수밖에 없었다. 외부 요인의 핵심 당사자는 물론 자본주의 열강들이다. 그들과 중국의 관계는 분명 시장원리에 기초하고 있었으므로 자본주의를 수용한 중국경제는 외부와의 접촉을 통해 다시 한 번 자본주의의 길을 걷게 된다. 바로 여기서 중국의 독특함을 강조하는 논리가 뒤집어지는데, 국내외적으로 자본주의의 길을 가고 있는 중국경제를 자본주의 시각으로 바라보는 데 무리가 있다는 주장은 설득력이 떨어지기 때문이다.

자본주의를 받아들이고 외부경제와 밀접한 관계를 맺은 후 중국 역시 자본주의의 국가들이 시행하는 정책을 거의 그대로 답습할 수밖에 없었다. 재정, 통화정책이 필요했음은 물론, 환율, 통상정책 또한 자본주의의 원리에 맞도록 새로 만들어야만 했다. 자본주의가 뿌리를 내리기 시작하자, 재정정책을 뒷받침하는 조세제도 역시 필요해졌다. 사회주의와는 달리 모든 것을 사실상 개인의 능력에 맡기는 자본주의의 원칙이 확산되면서 새로운 복지정책도 불가피해졌다. 외부경제와 밀접히 연계된 결과지만, 경제가 자력으로는 돌아갈 수 없다는 것을 깨우칠 수밖에 없었고, 특히 선진국 경제의 경기변동에 민감하게 반응할 수밖에 없는 중국경제의 현실에 대한 적절한 대응도 피할 수 없는 과제가 됐다.

문제는 이에 그치지 않는다. 자본주의와 민주주의가 동전의 양면을 이룬다는 것은 모두가 아는 사실이다. 자본주의 경제체제가 뿌리내리면 민주정치에 대한 요구 또한 높아지게 된다. 우선은 자율적이고 유연한 경제정책의 시행을 위해서도 민주적인 정치 및 사회제도는 반드시 필요하다. 권위주의 체제의 특징인 부의 편중 문제 역시 도마 위에 오를 수밖에 없다. 바로 이런 변화된 환경 때문에 정치 및 경제적인 기득권의 양보를 전제로 하는 민주정치에 대한 요구가 거세지는 것이다. 중국도 예외는 아니어서 1989년 천안문 사태라는 전대미문의 민주화 운동을 경험했고, 한동안 잠잠하다가 최근 들어 민주화 요구는 국내외적으로 다시한 번 강한 세를 업고 있다. 자본주의를 받아들인 결과, 과거와는 다른 다층의 사회구조가 자본주의의 확산에 맞춰 형성된 것이 원인임은 물론이다. 여기서 논리상 서구의 잣대가 무용하다는 주장은 다시 한 번 약해지게 된다.

자본주의 경제체제의 수백 년 역사와 그것을 연구한 결과에 비추어, 중국경제가 어떤 모습을 지니고 있는지를 살펴보는 것은 따라서 논의의 핵심이 될 수밖에 없다. 모두에서 소개한 바와 같이 구조적 분석도 이 책의 두드러진 특징이다. 2년 전 출판된 『중국 도대체 왜 이러나』에서 소개된 경제분석은 평면적인 해석에 많이 의존했다. 다시 말해 고속성장이 지속되는 경우 구조적으로는 무슨 문제가 발생하는지에 대한 설명은 상대적으로 약했다는 의미다. 그러나 이번에는 중국경제를 분해하는 데 거의 전 지면이 할애될 것이므로, 다소는 까다로운 설명을 요하는 구조 분석이 가능해졌다. 엄밀히 말하면 구조 분석은 전통적인 경제학 연구 방법과는 다소 다른 특징이 있다. 그것이 왜 필요한지는 본문을 통해 자세히 설명되겠지만, 아래와 같은 간단한 설명을 통해 그 기본을 엿보는 데는 별 문제가 없다.

구조라는 말 자체가 이해하기 힘든 것은 사실이지만 다음과 같이 간단히 받아들이는 것도 분별의 한 방법이다. 저수지의 물을 논에 댄다고 할 때, 수로가 직선으로 잘 정비돼 있으면 원하는 양의 물은 빠른 속도로 논에 다다를 수 있다. 그러나 애초 설계 잘못이 원인이건, 혹은 천재지변 때문이건 수로가 휘어지게 되면 위의 상황에는 제약이 가해진다. 이것이 바로 논과 저수지로 구성되어 있는 농업체계의 왜곡 현상인데, 경제는 물론 사회체제도 이와 비슷한 성격을 띠고 있다고 보면 된다. 같은 논리를 중국경제에 대입하면 어떤 그림이 그려질까? 후진 경제를 성장시키기 위해 자원이 고속성장을 가능하게 하는 특정 분야에 의도적으로 동원, 투입되는 방식은 개발도상국 발전전략의 가장 큰 특징으로 기억되고 있다. 하지만 자의적이고 과도한 국가개입은 경제구조를 왜곡시키는 부작용을 낳게 된다. 자원이 집중적으로 투입되는 특정 산업은 비대해지는 반면, 다른 분야는 발육부진 상태에 놓이기 때문이다.

처음에는 그런 현상이 눈에 잘 띄지 않는다. 시간이 지나면서 문제가 불거지기에, 애초에는 증상이 없지만 나중에 몸을 치명적으로 해하는 암과 같이 그것의 진행과정을 정확히 이해하는 것은 쉬운 일이 아니다. 불균형 성장과 그것의 결과인 구조왜곡 현상이 경제발전의 장애요인으로 인식된 후에야 조치를 취하는 것은 암 치료와 비슷하게 사후약방문식이 되는 경우가 많다. 심지어는 자원이 집중 투입된 분야에서도 다음과 같은 메커니즘 때문에 시간이 지나면 문제점이 드러난다. 권력에 힘입은 일방적인 투입은 필시 정경유착 등의 모습을 띠며 일종의 특혜 현상을 가시화시킬 수밖에 없다. 여기서 특혜는 공정하고 치열한 경쟁이 결여된 상황을 의미하므로, 경쟁구도에 제약이 가해지면서 발생하는 효율성 저하 현상은 필시 경제에 먹구름을 뿌리게 된다. 효율성이 낮아진다는 것은 투입 대비 수익률이 저하되는 현상과 사실상 동격이다. 당연한 결과로 성장률은 둔화될 수밖에 없는데, 그것을 유발하는 구체적인 변수와 이들 간의 상호관계는 후술하기로 한다.

여기서 정치변수가 개입되면 문제는 더욱 복잡해진다. 앞서 언급한 정경유착 현상은 권력이 경제적 이해와 결탁하는 상황을 의미한다. 때문에 여기서부터는 가뜩이나 비효율적인 기존의 경제구조가 정치와 경제가 서로 얽힌 복합적인 시스템과 만나게 된다. 경제적 이해만이 결집되는 경우에도 구조왜곡 현상이 심화되는 것은 물론, 이를 바로잡기는 대단히 어려워진다. 하물며 정경유착은 권력이 경제구도를 뒷받침하는 모습을 띠게 되므로 왜곡 현상은 더욱 견고해질 수밖에 없다. 상황이 그런 경우 왜곡된 구조를 바로잡는 작업이 힘들어지는 것은 당연한 일이다. 위의 분석은 구조적인 접근이 무엇을 의미하는지에 대한 간략한 설명이지만, 논의가 이에 이르면 언뜻 봐도 쟁점이 중국경제에 한정되지는 않는다는 사실을 눈치 챌 수 있다.

자본주의 경제구조가 왜곡되는 현상에 대한 연구는 비교적 최근에 이루어졌다. 1990년대 초부터 가시화된 일본경제의 침하는 새로운 연구의 결정적인 계기였다. 제2차 세계대전에 참패한 후 만신창이가 된 일본경제였지만, 1990년대 초에는 국민총생산 기준으로 미국의 2/3 수준까지 치고 올라가는 기적을 연출하게 된다. 잘 정제된 경제성장 전략의 결과였는데, 그때만 해도 일본과 같은 큰 규모의 경제가 고속성장을 지속하는 것은 불가사의로 받아들여졌다. 앞서 소개한 바와 같이 이런 경우 결과는 모든 것을 합리화시켜주는 경향이 있어서, 당시 일본의 경제정책은 모두 좋아 보였다. 특히 정부의 적절한 조정 덕택에 경제의 핵심 주체들이 환상적인 조화를 이루고 있다는 지적은 세계의 지식인들을 매혹시키기에 충분했다.

그러나 경제에 잔뜩 끼어 있던 거품이 붕괴되면서 가시화된 일본의 경기침체는 10년이 지나도 끝나지 않았고, 현재는 20년을 채우고 있다. 일본경제가 잘 나갈 때와는 반대로 세계는 다시 한 번 놀랄 수밖에 없었다. 그렇게 된 일본경제에 대한 연구 결과는 충격적이어서, 과거 그토록 칭송받던 일본정부의 경제에 대한 과도한 개입이 경제구조 자체를 왜곡시켰다는 결론이 내려지게 된다. 불균형 성장이 가장 중요한 요인으로 인식됐는데, 다음의 설명을 통해 그렇게 될 수밖에 없는 메커니즘의 일단을 엿볼 수 있다. 구부러진 수로를 반듯하게 재정비해야 농업체계가 재대로 돌아가듯, 불균형 성장과 같은 경제왜곡 현상을 시정하기 전에 경제가 활성화될 수는 없는 일이다. 본문에서 자세히 설명되겠지만, 일본에 대한 연구 결과는 동아시아 경제 모두에 많은 시사점을 던지고 있다. 한국, 대만, 그리고 싱가포르 역시 정부주도의 경제체제, 즉 관리자본주의(managed capitalism)를 유지하고 있는 것은 분명하고, 사회주의식 사고와 운영방식이 채 가시지 않은 중국의 경우는 논리상 왜곡의 정도가 심할 가능성이 높기 때문이다.

위의 설명은 중국경제를 제대로 파악하기 위해서는 다른 동아시아 경제에 대한 이해도 필요하다는 사실을 전해주고 있다. 때문에 중국경제를 분별하기 위한 분석의 틀이 커지는 것은 자연스런 현상일 수밖에 없다. 이 책의 분석 범위는 요새 부쩍 매스컴을 장식하고 있는 중국경제의 경착륙 혹은 연착륙 가능성에 대한 설명의 범주를 훌쩍 넘는다는 뜻이다. 우선 연·경착륙이라는 용어를 살펴보면, 경기 순환적인 의미가 담겨져 있음을 알 수 있다. 여기서 순환적이라는 것은 잘나가던 경제도 어느 순간에는 연착륙 혹은 경착륙할 수 있고, 시간이 지나게 되면 다시 회복되는 현상을 의미한다. 하지만 구조 자체가 왜곡되면 그것을 바로잡기 전에는 경제가 제대로 돌아가기 힘들 것이므로, 경기순환적인 성격을 띤 연·경착륙 정도의 용어로 중국경제의 실체와 미래를 파악하는 데는 한계가 있는 것이 사실이다. 모두에서 자본주의를 지배하는 일정한 법칙이 있다는 가정을 소개한 바 있다. 이치상 법칙을 가장 잘 이해하고 실천한 국가만이 경제를 지속적으로 발전시킬 수 있다는 점은 의문의 여지가 없다. 논리를 확장하면 일본의 경우 법칙을 철저히 따르지 않았고, 비슷한 맥락에서 동아시아 국가들 역시 예외일 수 없다는 현실을 확인할 수 있다. 그러기에 중국경제의 왜곡 현상을 논리적으로 설명할 수 있다면 중국의 미래를 점치는 것도 반드시 어려운 일은 아닐 것이다.

# 제1장

## 과학과 기술 없는
## 경제성장은 없다

## 인간이 잘살게 되는 비결은 무엇일까?

경제가 성장한다는 것은 다소 일반적인 표현이긴 하지만, 인간이 과거보다는 더 잘살게 된다는 의미다. 그렇게 되는 이유는 무엇일까? 인간이 잘사는 방법에는 다음과 같은 것이 있다고 알려져 있다. 우선 과거에는 없던 새로운 기술이 나오면 경제는 진보하고 결과적으로 인간은 더욱 잘살게 된다. 예를 들어 과거에는 밭을 소와 쟁기로 갈았는데, 트랙터가 발명되어 기계가 소와 쟁기를 대신한다면, 농부 한 사람이 생산할 수 있는 산출량은 비약적으로 증대될 것이다. 산출량이 증대되면 당연히 가격은 싸질 수밖에 없다. 과거에는 돈이 없어 구매할 수 없었던 사람들도 농산물을 사서 먹는 것이 가능해지므로 과거보다는 삶의 질이 향상된 셈이 된다. 이 말을 중국에 대입해보면 다음의 그림을 그릴 수 있다. 과거 마오쩌둥 시절 중국이 그토록 가난했던 이유는 무엇일까? 기술수준이 열

악한 상태에서 대부분의 경우 노동에만 의존, 물건을 만들었기 때문이다. 기술의 진보 덕분에 손쉽게 품을 절약하며 많은 물건을 생산할 수 있는 현상을 전문용어로는 생산성 향상이라고 한다. 과거 중국의 생산성이 엉망이었던 사실은 이로써 분명해진다.

기술에 더 이상의 진보가 없다면 잘 사는 것은 불가능해질까? 그렇지는 않다. 기술수준이 일정하더라도 생산방식에 변화를 주면 잘사는 것이 가능해진다. 분업은 대표적인 사례인데, 근대 경제학의 아버지로 불리는 아담 스미스(Adam Smith)는 『국부론』에서 다음과 같은 중요한 관찰을 소개하고 있다. 핀을 만드는 데 한 사람이 핀을 처음부터 끝까지 만들 때와는 달리 공정을 18개 부분으로 나누어 생산을 하게 되면, 한 사람이 전 공정을 담당하며 물건을 만들 때보다 무려 240배의 생산성 향상을 기할 수 있다는 것이다. 당연히 물건 값이 싸질 것이므로 그 후 잘살게 되는 이유는 위에서 소개한 원리와 같다. 즉 기술진보가 없는 상태에서도 생산과정을 효율적으로 관리 운영하면, 다시 말해 효율성이 증대되면, 인간은 잘살게 된다. 이상의 논의를 중국에 대입해보면, 과거 중국이 대단히 못살았던 것은 효율적으로 상품을 생산할 수 있는 시스템의 부재, 즉 비효율적인 산업체계가 원인이었음을 알 수 있다. 아무튼 위와 같은 방식으로 효율성이 향상돼도 생산성이 높아지는 것만은 분명하다.

더 잘 알려진 사례로는 자동차 왕 포드(Henry Ford)의 컨베이어 시스템에 의존한 분업이 있다. 노동자들은 그 자리에 가만히 있고, 대신 컨베이어 벨트가 자동차를 운반하면서 자동차가 조립되는 방식을 의미한다. 차대의 제작에 한정하는 경우에도 만드는 시간은 과거 12시간에서 1시간 반으로 줄어들었다. 당연히 자동차 가격은 낮아졌는데, 그렇게 생산된 유명한 포드의 T모델은 다른 자동차 값이 2,000달러이던 시절 불과

260달러에 팔렸다고 한다. 과거에는 비싸서 살 수 없던 자동차를 거의 1/9 값에 구매할 수 있었으므로 많은 사람이 자동차를 소유할 수 있게 된 것은 물론이다. 바로 그런 혁신을 통해 미국 자본주의는 이른바 대량 생산 및 소비사회를 열 수 있었다.

1980년대부터 일상화된 자동차 회사들의 플랫폼 공유 전략도 생산 효율화의 대표적인 사례였다. 특정의 자동차 회사가 10가지의 자동차 모델을 가지고 있다고 할 때, 이 자동차들의 외관과 인테리어는 모두 다르지만, 차량의 하체에 해당하는 차의 기본 뼈대, 엔진, 변속기, 서스펜션 등을 가급적 많은 모델이 공유한다면, 같은 부품을 여러 모델이 사용하는 셈이 되므로 규모의 경제가 실현될 수 있다. 동일한 부품을 많이 만들면 만들수록 부품 생산비를 떨어뜨릴 수 있고, 그 결과 자동차 값 역시 내려간다는 원리가 적용되는 셈이다. 특히 일본의 도요타 자동차가 이 방식을 활용, 자동차 가격을 낮출 수 있었고, 그 결과 시장을 넓히면서 많은 이득을 취한 것은 모두가 아는 사실이다.

하지만 위의 방식을 오래 사용하면, 소비자들은 운전 시 각 모델이 비슷비슷하다는 것을 알아차리게 된다고 한다. 그러면 자동차 매출은 다시 줄어드는데, 이를 극복하기 위해 2000년대 중반부터는 레고블록형으로 자동차를 생산하는 방식이 개발됐다. 한글이 24개의 문자를 조합, 수만개의 발음을 만들 수 있듯이 작은 부품의 조립 방식을 다양화시킴으로써 조립 후에는 다른 성질을 지닌 부품 블록이 만들어진다는 원리다. 가장 다양한 모델을 가지고 있는 것으로 유명한 독일의 폭스바겐이 같은 방식을 상용화하여 생산량 기준 세계 1위에 오른 사실은 이제 더 이상 비밀이 아니다. 아무튼 이상의 논의에서 가장 중요한 것은 가시적인 기술진보는 없었지만, 생산방식의 변화를 통해 생산성이 향상됐다는 사실이다.

상품의 생산과는 직접 관련이 없는 분야에서도 혁신이 있으면 인간은 잘살게 된다. 특히 금융은 대표적인 사례로 꼽히고 있다. 한 대학생이 있는데, 그는 돈이 없어 등록금을 자력으로 마련할 수 없다고 하자. 선진국에서는 이런 경우 장기 저리의 학자금 융자를 제공한다. 대출이 가능한 것은 학생이라는 신분 자체가 지니는 신용과 대학생 정도면 졸업 후 좋은 직장을 얻어 돈을 벌 것이라는 기대 때문이다. 여기서 대출을 잘 살펴보면, 대학생의 미래 수입을 미리 앞당겨 사용한다는 사실을 발견할 수 있다. 다시 말해 미래 소득을 현재 활용함으로써 대학교육을 받을 수 있게 된 것이다. 반대로 보면 미래에 잘살게 되는 조건을 대학교육을 통해 현재 마련하는 셈이기에, 이 학생이 교육을 통해 얻은 지식을 활용, 향후 잘살게 될 확률은 당연히 높아지게 된다.

주식과 채권 역시 작동원리가 비슷하다면 다소 놀라실 것이다. 지난 4월 한국 최대 기업인 삼성전자가 발행한 주식의 시가 총액은 처음 200조 원을 돌파했다. 그렇다면 삼성전자가 현재 지니고 있는 자산을 모두 팔면 얼마나 될까? 전문가들은 대략 40-50조 원정도로 추정하고 있다. 다시 말해 시가 총액에 비해서는 불과 25% 정도가 회사의 현재 가치라는 말이다. 그렇다면 나머지 약 75%의 가치는 어디서 온 것일까? 삼성전자가 미래에 벌어들일 돈을 현재 앞당겨 현금화한 것으로 보면 된다. 상식적으로 보면 말도 안 된다고 할 수도 있다. 아직 실현되지도 않은 수익을 미리 앞당겨 사용하는 것이므로, 사기 혹은 환상이 아니냐는 지적도 물론 가능하다. 하지만 현재 당신이 보유한 삼성전자 주식은 언제고 주식시장에서 팔아 현금화시킬 수 있고, 그렇게 얻은 현금으로 음식, 자동차, 에어컨 등 무슨 물건이든지 살 수 있다. 이래도 금융이 환상일까? 여기서 중요한 것은 과거 삼성전자 주식을 현재의 반값에 산 주식 소유자는 현재 약 2배의 이득을 챙기면서 잘살게 됐다는 사실이다.

채권 역시 원리는 흡사하다. 요즘 유로존 위기의 원인인 국가 부채, 즉 국채를 살펴보면 이 점이 분명해진다. 국채를 가장 잘 활용한 국가로는 단연 영국이 꼽히고 있다. 영국의 채권시장이 발전한 결정적인 계기는 1688년의 명예혁명과 곧이어 터진 9년 전쟁이었다. 명예혁명 직후 권리장전이 체결되면서 영국의 의회주의, 즉 민주주의가 뿌리내린 사실은 모두가 아는 바다. 여기서 경제와 관련, 중요한 것은 정부의 재정지출 대부분이 의회의 통제하에 놓였다는 사실이다. 당연한 결과로 왕은 돈을 쓰려면 의회의 승인을 얻어야만 했다. 조세권을 마음대로 남용할 수 없었고, 돈도 마음대로 찍을 수 없었으니 국가가 재정적으로 건전하게 운영되는 것은 당연한 결과였다. 그렇게 신용이 쌓이자, 9년 전쟁의 전비 마련이 시급했던 영국정부지만 국채를 발행하는 데는 별 문제가 없었다.

명예혁명이 일어난 1688년 영국의 국채 총액은 100만 파운드에 불과했다. 그러나 9년 전쟁이 반 이상 지난 1695년에는 840만 파운드로 팽창하게 된다. 국가의 신용이 높아지자, 1740년 4,700만 파운드, 불과 20년 후인 1760년에는 1억 3,000만 파운드까지 발행고는 늘어났다. 국채 이자율 통계는 더욱 놀라운 사실을 전해주고 있다. 1690년대만 해도 연 14%의 높은 이자율이 유지됐지만, 1740년대부터는 3% 내외로 떨어지기 때문이다. 사람을 잘살게 한다는 금융의 원리에 비추어 이상의 역사적 사실은 무엇을 의미할까? 우선 국채는 앞서 설명한 주식과 같이 국가가 미래에 취할 수 있는 수익을 현재 앞당겨 쓴 것이었다. 다시 말해 미래의 가상 수익을 현재 현금화시킨 셈이 된다. 여기서 국채 이자율이 낮아진다는 것은 국가가 미래에 거두어들일 수익이 확실하고 안정적이라는 사실을 의미한다. 같은 원리는 주식에도 그대로 적용된다. 예를 들어 삼성전자의 주식가격이 현재 상승한다고 할 때, 이는 미래에 취할 삼성전자의 수익이 높을 것이라는 예측이 반영된 결과이기에 그렇다는 말이다.

국채가 활성화된 결과, 1700년대 이후 영국은 전쟁에서 거의 패하지 않았다. 국가재정이 튼튼해진 셈이었으니, 시간이 지나면 돈 싸움으로 변질될 수밖에 없는 전쟁에서도 유리한 것은 당연한 일이었다. 특히 1700년대 스페인과의 전쟁에서부터 오스트리아 왕위 계승전쟁을 거쳐, 1763년 막을 내린 7년 전쟁까지 모두를 승리하며 영국은 유럽 최강국의 입지를 굳힐 수 있었다. 위에서는 국가를 부유하게 만드는 국채만을 다루었지만, 국채의 금융원리는 회사채 혹은 개인 사채에도 그대로 적용된다. 다시 말해 채권을 잘 활용하면 개인 역시 잘살게 된다는 뜻이다. 이상 금융이 지닌 마력을 살펴봤는데, 그 힘을 전문용어로는 금융의 유동화 능력이라고 한다. 불균형 성장의 결과 중국의 금융산업이 대단히 낙후된 현실에 비추어, 위의 논의는 중국경제의 왜곡과 중국 사람들이 못사는 이유를 이해하는 데 중요한 역할을 할 것이다. 그밖에 인간을 잘살게 하는 다양한 방법이 있는 것은 사실이지만, 이를 구분하기 위해서는 다음 절에서 소개하는 바와 같이 또 다른 분류 방식이 필요하다. 아무튼 서서히 밝혀지겠지만, 중국경제의 현주소를 파악하는 데 금융은 특히 중요한 변수이기에 금융분야를 별도로 떼어 설명했다.


## 기초과학과 산업혁명은 무슨 관계일까?

과거에는 없던 기술의 진보, 생산방식의 변화가 자아내는 효율성 향상, 그리고 금융의 발전 등을 인간이 잘살게 되는 방법으로 소개했다. 하지만 그것만이 인간을 잘살게 하는 조건은 아니다. 인간이 잘살게 되는 많은 요인을 체계적으로 이해하기 위해서는 이들 모두를 묶는 새로운 분류법이 필요한데, 그것을 위해서는 먼저 기술에 대한 정의가 선행되어야 한다. 기술은 경제발전의 가장 핵심 요소로 간주되므로 다소 지루하더라도 자세히 알아볼 가치가 있다. 특히 중국경제의 미래를 진단하는 데 기술이라는 변수는 중요한 역할을 한다. 앞서 언급한 기술이란 결국 물질, 즉 자연을 변화시켜 활용하는 방법을 의미하는바, 같은 맥락에서 물리적인 기술(physical technology)이라는 표현이 사용되기도 한다. 여기서 '물리적'이라는 단어와 물리학(physics)이라는 학술 용어가 일치하는 것은 우연일까? 물질, 즉 자연의 구성 및 작동원리를 가장 깊숙이 탐구하는 것이 물리학이기 때문에 물리적 기술에서 물리라는 용어는 사실상 물리학의 물리라는 단어와 같은 의미가 된다. 물리학, 화학 등과 같이 물질, 더 넓게는 자연의 이치를 밝히는 학문을 자연과학이라 하기에, 물리적 기술은 자연과학, 조금 더 넓게는 기초과학에 뿌리를 두고 있다는 사실을 알 수 있다. 요컨대 자연의 이치를 깨닫기 전에는 자연을 활용하여 물질적인 이기를 만드는 것이 불가능하므로, 위와 같이 두 용어가 일치하는 것은 이상한 일이 아니다.

자연의 이치를 모르는데, 그것을 활용할 방법을 찾는 것은 불가능하기에 기초과학의 발전 없이 새로운 기술이 개발될 수는 없는 일이다. 같은 맥락에서 과거에는 모르던 자연의 이치를 새로이 발견하는 경우, 이를 통해 과거와는 다른 기술을 개발할 수 있고, 대부분의 경우 새로운 기술은 과거의 것을 대체하는 경향이 있다. 20세기의 위대한 경제학자 슘페터(Joseph Schumpeter)가 그토록 강조한 창조적 파괴(creative destruction)

를 좁게 해석하면 바로 위의 현상이 된다. 그는 창조적 파괴를 자본주의 경제발전의 핵심 동인으로 여겼다. 비슷한 맥락에서 자연과학의 새로운 발견에 힘입어 개발된 과거에는 없던, 혹은 과거의 것을 뛰어넘는 기술을 파괴적 혁신 혹은 기술(destructive innovation or technology)이라고 부르기도 한다. 기존의 기술이 점진적으로 조금씩 변형되며 발전하는 현상인 지속적인 기술(sustaining or continuous technology)과는 근본적으로 다른 개념인데, 이 점에 대해서는 나중에 짚어보기로 한다.

기초과학의 경우 그 자체로는 상품이 아니다. 그것이 인간을 잘살게 하는 기술로 전환되기 위해서는 응용과학, 즉 공학(engineering)이 필요하다. 다시 말해 기초과학 원리를 활용, 물건이 생산되어야 하고, 그렇게 생산된 물품은 경제성이 있어야 한다는 뜻이다. 바로 그 과정을 조율하는 학문이 공학인데, 기초과학과 어떤 관계인지는 이로써 분명해진다. 기초과학이 공학을 만나 새로운 기술이 만들어지고, 그 결과 인간이 잘살게 된 사례는 손을 꼽을 수 없을 정도로 많다. 우선 인간의 물질생활에 최대 변화를 일으킨 제1차 산업혁명을 살펴보면 다음과 같은 그림을 얻을 수 있다. 영국에서 일어난 산업혁명은 에너지를 활용하는 기술의 혁신과 이를 실생활에 적용하는 기계의 발명으로 집약된다. 그 중심에 1700년대 중후반 증기기관을 새롭게 발명한 기계기술자, 즉 공학자인 와트(James Watt)라는 위대한 인물이 있음은 누구나 아는 바다.

그렇다면 와트의 혁신은 그냥 이루어진 것일까? 자연의 법칙에 대한 탐구가 체계적으로 이루어지기 시작한 것은 17세기부터였다. 서양 과학사는 그 중심에 근대 물리학의 아버지인 갈릴레이(Galileo Galilei)와 뉴턴(Isaac Newton)이 존재한다는 사실을 전해주고 있다. 물론 이전에도 코페르니쿠스(Nicolaus Copernicus) 혹은 케플러(Johannes Kepler)와 같은 대단한 과학자들은 있었다. 하지만 그들은 관찰한 바가 왜 그렇게 되는지, 즉 물체가 규칙적으로 움직이는 기본 원리가 무엇인지는 밝히지 못했다. 의문은 결국 갈릴레이와 뉴턴이라는 두 천재에 의해 해소되는데, 그들의 연구는 사물이 운동하는 원리를 수학의 힘을 빌어 논리적으로 밝힌 최초의 업적으로 간주되고 있다. 아무튼 이때부터 원인을 규명하여 결과를 얻는 분석방법(causational analysis), 즉 과학적 논증법은 확실하게 뿌리내리게 된다. 그 후 인간은 자연에는 분명한 법칙이 있고, 법칙을 체계적으로 해득하는 경우 자연의 모든 현상을 이해할 수 있음은 물론, 그것을 현실에 활용할 수 있다는 자신감을 가질 수 있었다.

과학의 비약적인 진보 자체가 인간의 사고에 영향을 미친 셈이므로, 넓게 보면 와트의 생각도 같은 맥락에서 발전했다고 볼 수 있다. 중요한 것은 와트의 혁신에 더욱 직접적인 영향을 미친 과학탐구 역시 동시대 혹은 그 이전에 이루어졌다는 사실이다. 여기서 진공과 기압에 대한 연구는 대표적 사례로 기억되고 있다. 물리학자 보일(Robert Boyle) 혹은 토리첼리(Evangelista Torricelli) 등이 공기 압력과 관련한 다양한 실험 및 체계적인 연구 결과를 이미 발표했으므로, 와트의 관심사인 증기압의 성격과 그것을 활용하는 방법에 대한 기초 연구는 이미 이루어진 셈이었다.

와트에 대한 역사 기록은 와트 역시 블랙(Joseph Black) 등과 같은 당대의 유명한 자연과학자들과 열심히 교류했다는 사실을 전해주고 있다. 특히 스스로가 수학에 능통했기에 그런 교류를 통해 얻은 지식에 기초, 증기기관의 열효율을 마침내 계산할 수 있었다고 한다. 증기의 열에너지를 기계동력으로 바꾸는 증기기관의 완성 이면에는 기초과학과 공학의 절묘한 결합을 통한 기술진보가 있었던 셈이다. 흥미롭게도 증기기관, 즉 최초의 엔진을 발명했지만 와트는 기계의 작동 원리를 과학적으로 설명하지는 못했다. 이 문제는 얼마 지나지 않아 프랑스 물리학자인 카르노 (Nicolas L. S. Carnot)가 열역학 법칙을 규명한 후 풀리게 된다.

카르노의 사례는 기술의 진보가 기초과학보다 앞설 수도 있다는 점을 암시하고 있다. 기술이 발전하고 나중에 그 원리가 밝혀지는 경우를 의미하는데, 일부 경제학자는 위의 사례에 기초, 기초과학과 기술의 관계가 그다지 긴밀하지는 않다는 주장을 전개하기도 한다(David Weil, 『경제성장론』). 과학을 앞서 기술이 먼저 개발되는 사례가 적지 않은 것은 사실이지만, 다음과 같은 이유에서 이 주장이 합리화되기는 쉽지 않다. 우선 지혜와 과학을 혼동하면 위와 같은 경제학적 추론이 가능해진다. 지혜는 경험을 통해 쌓인 지식을 실생활에 응용, 생활의 질을 향상시키는 것을 의미한다. 한국의 선조들은 장을 담가 장독에 보관한 후 그것을 발효시키는 기술을 오래전부터 알고 있었다. 나중에 알고 보니 도자기보다는 밀도가 낮은 장독의 미세한 구멍이 공기입자는 통과시키지만 물입자의 투과는 막고 있다는 사실이 과학적으로 밝혀졌다. 공기가 순환하면서 가장 이상적인 수준의 발효를 촉진시킨 것이다. 여기서 중요한 것은 장을 발효시키는 방법의 개발은 지혜의 소산이지만, 그런 지혜가 원리를 설명해주지는 않는다는 사실이다.

중국의 발명품인 공중 부양 폭죽은 그런 사실을 더욱 잘 보여주고 있다. 중국인들은 오래전 화약을 발명했다. 그리고 화약을 활용, 재미있는 놀이기구를 만들었는데, 공중 부양 폭죽은 대표적인 발명품이었다. 일정량의 화약을 뭉쳐 폭죽을 만들고 그것에 불을 붙이면 화약이 폭발하면서 폭죽이 하늘로 올라가는 현상을 즐긴 것이다. 조금은 과장된 표현일지 모르지만 일부에서는 이 폭죽을 세계 최초의 로켓으로 간주하는 경우도 있다. 그러나 폭죽이 왜 공중으로 치솟는지는 한참 후인 1600년대 뉴턴이 운동법칙을 규명한 후에야 밝혀졌다. 그렇게 되는 원인이 규명되지 않은 중국의 발명품은 그 이상의 발전이 불가능했던 반면, 일단 그 원리가 과학적으로 규명된 다음에는 사정이 달라졌다. 반작용의 원리를 알게 됐으므로 화약의 폭발력을 반대로 활용, 화약을 더 많은 용도로 사용할 수 있었고, 더 강한 폭발력을 지닌 물체를 만들면 다른 작업도 가능하다는 사실을 깨달았기 때문이다.

위의 과정이 반복되면서 인간은 마침내 운동법칙을 활용, 로켓을 만들어 인간을 달에 보내게 된다. 만약 뉴턴과 같은 기초 연구가 없었다면 우주선을 달에 보낼 수 있었을까? 지구 궤도에서 달까지 도착하는 데는 얼마만큼의 연료를 분사시켜 반동력을 얻어야 하는지를 계산할 수 있었을까? 이 말은 과학과 기술의 선후가 뒤바뀌는 경우가 있는 것은 사실이지만 설사 그렇더라도 이미 개발된 기술의 작동원리는 언젠가는 과학적으로 규명되기 마련이고, 그런 작업이 있은 후 기존의 기술은 또 다른 차원으로 발전한다는 사실을 의미한다. 같은 맥락에서 과학과 기술의 순서가 뒤바뀐 예에 비추어 기초과학과 기술 사이에는 별 관계가 없다는 주장을 쉽게 받아들일 수는 없는 일이다. 아무튼 이 점은 제2차 산업혁명을 보면 더욱 분명해진다.


## 과학은 분명 새로운 기술의 토대다

1900년 전후 이루어진 과학적 탐구는 인류 역사상 가장 위대한 업적으로 기록되어 있다. 얼마 지나지 않아 제1차 산업혁명과는 차원이 다른 두 번째의 산업혁명이 이어졌으므로 과학의 파급 효과는 이제 실생활이 됐다. 특히 전자기학의 발전은 뉴턴 시대의 물리 법칙에서는 상상할 수 없었던 과학의 새로운 영역을 보여주는 데 부족함이 없었다. 영국의 패러데이(Michael Faraday)와 맥스웰(James Maxwell)이 주역이었는데, 패러데이의 무수한 시험을 통해 전기와 자기가 동전의 양면과 같다는 사실이 처음 밝혀지게 된다. 다시 말해 자기를 활용해 전기를 얻을 수 있다는 사실이 규명된 것이다. 위의 실험에 기초, 전기와 자기의 관계를 맥스웰이 유명한 4개의 수학 공식을 통해 증명함으로써 전자기에 대한 과학적 이해의 기초는 사실상 다져진 셈이 됐다.

수학공식을 통해 알게 된 사실이지만 맥스웰의 또 다른 공헌은 빛이 전자기파로 이루어졌다는 사실을 규명한 데 있다. 이 모든 것이 마무리된 시점은 1864년이었는데, 아무튼 인간이 전기를 사용할 수 있는 이론적 토대가 마련된 것은 분명했고, 뉴턴 시대와는 달리 특히 보이지 않는 힘의 실체를 처음 밝힌 점은 눈에 띄는 진전이었다. 중요한 것은 빛과 전자기파의 성격, 그리고 전자기의 힘에 대한 체계적인 이해가 20세기 초 과학혁명의 씨앗이 됐다는 사실이다. 눈에 안 보이는 물질의 기본 구성인자에 대한 탐구인 양자역학과 우주의 작동원리를 밝힌 아인슈타인(Albert Einstein)의 상대성 이론 등은 과학 이론들이 어떻게 연계되어 발전하는지를 생생하게 보여주고 있다. 이상이 과학사가 전해주고 있는 과학의 발전경로와 그 내용이다. 다소는 생소한 과학 역사를 소개한 이유는 다음과 같은 제2차 산업혁명을 이해하기 위해서다.

현재 우리가 누리고 있는 물질적 혜택의 상당 부분은 제2차 산업혁명의 부산물이다. 전기를 빼고 우리의 실생활을 설명할 수 있을까? 전기엔진인 모터, 어두운 밤을 밝히는 전구 등은 말할 것도 없고, 모든 전기 및 전자제품의 작동에 전기는 당연히 필수 요소다. 앞서 소개한 전자기학의 발전 없이 위의 그림을 그릴 수는 없을 것이다. 전기와는 성격이 조금 다른 중화학 공업 역시 제2차 산업혁명의 표본이었다. 여기서 중공업이란 가솔린 엔진의 발명으로 대변되는 내연기관, 즉 엔진의 혁명에 기초, 대규모 공장, 과거보다는 복잡한 기계, 선박, 그리고 항공기 등 철을 위시한 주요 금속을 자유로이 다룰 수 있는 기술을 뜻한다. 반면 화학공업이란 인위적인 화합물의 제조, 대표적으로 원유에서 추출되는 다양한 석유화학 제품의 생산 능력을 의미했다.

석유의 발견과 그것의 활용 방안이 특히 중요했는데, 이는 물리학의 약진에 발맞춰 비약적인 진보를 이룩한 화학 등 자연과학 전체의 발전에 뿌리를 두고 있었다. 특히 자연상태에서 존재하는 물질 이외에 인간이 분자를 인위적으로 결합하여 새로운 물질을 만드는 것을 가능하게 한 화학의 진보는 분자량 700 이상인 유기화합물, 즉 고분자화합물을 만들 수 있는 기초였다. 앞서 자세히 살펴본 물리학의 발전, 그리고 그것이 공학에 영향을 미치는 과정과 거의 비슷한 길을 화학 등 그 밖의 기초과학도 밟았다고 보면 된다. 그밖에 무선과 전화로 대변되는 현대의 통신기술, 그리고 영화와 TV 등도 기초과학의 혁신 없이 누릴 수 있는 문명의 이기는 물론 아니다.

앞서 소개한 바와 같이 기술이 과학을 앞서는 현상이 특히 제1차 산업혁명에서는 두드러졌다고 지적한 경제학자 자신도 다음과 같은 말을 한 것을 보면, 과학과 기술의 관계는 더욱 분명해진다: "증기기관과 같은 산업혁명의 기술들은 과학적 발견에 의존하지 않았다. 그러나 철강, 화학, 전기 분야의 혁신을 포함한 제2차 산업혁명의 기술들은 새로운 과학적 이해 없이는 개발될 수 없는 것들이다. 이처럼 과학에서 나온 기술로의 이동은 20세기에도 계속됐다. 예를 들어 반도체, 레이저, 원자력과 같은 과학적 약진은 우주가 어떻게 기능하는지에 관한 새로운 과학에 단단히 근거하고 있었다(Weil, 같은 책)." 요컨대 19세기 후반기부터는 기술이 먼저 개발되고 뒤이어 과학이 그것의 작동 원리를 설명하는 현상이 거의 사라졌다는 의미다.

경제 및 정치적 관점에 비추어보면 흥미로운 현상이 하나 눈에 띈다. 미시의 세계를 탐구하는 양자역학과 거시적 움직임을 설명하는 상대성이론은 현대 물리학의 두 축을 이루고 있다. 그런데 이 모두가 독일의 과학에 뿌리를 두고 있다는 사실은 무엇을 의미할까? 1800년대만 해도 자연과학의 헤게모니는 영국이 장악하고 있었다. 그 정점에 전자기학을 개척한 맥스웰이라는 천재가 있었다고 보면 된다. 하지만 그 후 얼마 지나지 않아 사분오열됐던 독일이 1870년 통일된 다음 독일의 잠재된 힘이 응집되기 시작하자, 독일은 거의 모든 분야에서 약진을 거듭했다. 특히 기초과학의 발전이 두드러졌는데, 과학사는 다음의 사실을 전하고 있다. 1899년 막스 플랑크(Max Planck)가 유명한 플랑크 상수를 발견하면서 이른바 양자의 개념이 확립됐고, 그것을 바탕으로 20세기 물리학의 최대 쾌거인 양자역학이 발전할 수 있었다는 것이다. 아무튼 자연과학 패권이 영국에서 독일로 넘어간 계기로 간주되고 있다.

당시 독일의 위상이 어떠했는지는 다음의 설명을 통해 짐작할 수 있다: "20세기 초 몇 십 년 동안은 미국에서 진지하게 과학을 공부하는 학생이라면 유럽에서 교육을 받아야 했다. 주로 독일의 베를린과 괴팅겐에 있는 학교에서 스승의 발치에 앉아 강의를 듣거나 실험을 지켜봤다. 언어도 독일어였다(존 거트너, 『벨 연구소 이야기』)." 이렇게 보면 1900년 전후 가시화된 제2차 산업혁명의 주도권을 독일이 쥐고 있었다는 사실을 부인하기는 힘들어진다. 특히 전기, 화학, 그리고 자동차 산업 등에서 독일의 약진은 두드러졌고, 이것이 얼마나 눈에 거슬렸으면 영국의 경우 독일이 영국제품을 복제했다고 우긴 것은 물론, 그것을 추려내기 위해 1887년에는 원산지법을 제정할 정도였다. 그러나 효과는 반대로 나타나 이후 독일제품은 품질의 대명사가 된다.

## 기초과학 없이는 국력이 강할 수 없다

위의 설명은 다음과 같이 현실로 나타났다. 1900년대 초 독일의 GDP 는 처음 영국을 앞서게 된다. 자연과학은 물론 산업기술 수준에서도 독일은 세계 으뜸이 됐는데, 바로 이것이 국력의 팽창으로 이어지며 제1차 그리고 2차 세계대전을 통해 세계를 두 번씩이나 뒤엎으려 나섰다고 보면 무리일까? 기초과학의 진흥 없이 국력이 신장될 수 없다는 사실을 보여주는 중요한 사례임에는 틀림이 없다. 여기서 중요한 것은 1800년대 중반 이후 세계패권을 다툰 국가는 영국, 독일, 그리고 미국뿐이었고, 이들 모두는 세계 최고수준의 과학과 산업기술을 보유하고 있었다는 사실이다. 아무튼 두 차례 세계대전에서 패배한 독일의 과학기술 패권은 승자인 미국으로 넘어갔다. 그러나 과학과 기술은 결국 인간의 지식이므로 지식체계가 붕괴되지 않는 한 이들을 복원하는 데 넘지 못할 장벽이 있는 것은 아니다. 패전의 잿더미 위에서 독일은 금방 일어섰고, 적어도 기술에 관한 한 미국 다음의 최강국 지위를 현재도 유지하고 있다.

세계 최고 최대의 민간 기초과학 연구소로 자리매김하고 있는 미국의 벨 연구소(Bell Laboratories)에 대한 다음과 같은 이야기는 기술발전의 실상을 생생히 전해주고 있다. 미국 최대의 통신회사인 AT&T는 산하에 독립 법인체인 벨 연구소를 두고 있다. 규모는 실로 엄청나 직원은 2만 5천이고, 연구에 종사하는 사람만 1만여 명을 헤아린다. 그중 박사학위 소지자는 4천 명 정도다. 가장 흥미로운 점은 벨 연구소가 민간기관이라는 사실이다. 연구소 예산은 통신과 관련된 새로운 제품의 개발과 기초과학 모두에 사용되지만, 관심의 대상은 기초과학과 응용과학의 연계에 대해서 연구소는 어떤 입장을 취하고 있는가이다. 1900년대 초만 해도 AT&T에는 공학부서만이 존재했다. 당시만 해도 엔지니어와 과학자의 구분은 없었다고 한다. 기초과학이 발전해야 새로운 제품이 개발된다는 인식은 대단히 약했다는 뜻이다. 바로 이때가 미국 과학자들이 독일에 유학 간 시기였음은 앞서 설명한 바와 같다.

사고의 변화는 1910년대 후반부터 이루어졌는데, 기초연구가 응용연구로 이어지고, 그 다음 제품개발이 이루어진 후, 생산이 가능해진다는 인식이 자리 잡기 시작한 것이다. 그렇다면 기초연구가 활성화되려면 어떻게 해야 할까? 벨 연구소가 분리 독립되기 전 공학과 뒤섞여 있던 초기의 기초과학 연구 부서를 이끌던 해럴드 아널드는 다음과 같은 답변을 제공하고 있다: "(새로운 연구팀의 과제는) 동료 엔지니어들의 작업을 결정하는 일상적 문제(5년에서 10년 앞을 내다보기만 해도 대단한 것들이었다)를 뛰어넘어, 물리학과 화학과 관련된 근본적인 의문이 훗날 통신에 미칠 영향을 연구하는 것이다…… 이 실험의 목적은 천재성을 발휘하도록 자유로운 환경을 만들어주는 것이었다. 아널드의 요지는 (결국) 일반적인 공학이 회사운영에 도움이 되듯, 천재성도 회사에 도움이 된다는 것이었다(같은 책)." 아무튼 무한의 자유가 과학의 기초라는 사실은 이로써 분명해진다.

이상이 1925년 벨 연구소가 독립된 배경이다. 1958년 미국 「포춘」

지 기자인 프랜시스 벨로는 다음과 같은 기사를 남기고 있다: "20세기의 눈부신 발명들은 조직화된 과학연구의 힘으로 가능했다. 이런 과정을 미국, 아니 전 세계를 무대로 뛰어나게 수행해낸 것이 바로 벨 연구소다(같은 책)." 여기서 조직화된 연구의 힘은 곳곳에 흩어져 있는 기초연구를 하나로 묶고, 그것을 체계적으로 공학에 연결시키는 작업을 뜻한다. 단순한 말로 들릴지 모르지만 경제적 관점에서 그의 언급은 대단히 중요한 의미를 지니고 있다. 경제성장 연구에 획기적인 전기를 마련한 솔로우(Robert Solow)는 기초과학의 발전과 같이 기술진보 역시 비경제적 요인 때문에 이루어진다고 주장한 적이 있다. 다시 말해 영리를 추구하는 민간기업이 기초과학을 발전시킬 여지는 그리 많지 않다는 말이다.

기초과학 연구에 국가가 개입하는 이유는 이로써 선명해지는데, 일반적으로 비영리 공공 연구기관 혹은 대학 등이 기초과학을 주도하는 까닭을 알 수 있는 대목이다. 그러나 흥미롭게도 벨 연구소는 영리를 추구하는 개인기업이 자금을 대는 민간연구소다. 이미 1920년대 초 민간의 과학에 대한 인식 수준이 그 정도였으니 미국이 머지않아 과학 및 공학 패권을 장악하게 되는 것도 이상한 일일 수는 없다. 아무튼 벨 연구소는 현재까지 한국은 한 명도 없는 기초과학 노벨상 수상자를 무려 13명이나 배출했다. 결국 기초과학에 대한 일반, 즉 민간의 인식이 과학을 진흥시키는 중요한 동인이라는 사실은 이로써 분명해지는바, 이 말은 기초과학과 관련, 다음의 근본적인 질문과 연계되어 있다. 기초과학은 수백 년 전 아시아가 아니라 왜 영국을 위시한 유럽에서 발전한 것일까? 다시 말해 과학의 진흥을 가능하게 하는 조건이 무엇이냐는 질문이다.

역사학자 랜즈(David Landes)의 분석을 보면 다음의 사실을 발견할 수 있다. 우선 지적 탐구에 대한 자율성 증대가 중요한 조건이었다. 교회로 상징되는 전통적 권위와 그것이 합당한가에 대해 의문을 제기한 중세로 얘기는 거슬러 올라간다. 당시 교권이 서서히 약화되는 가운데, 그렇다고 왕권이 교권을 대체한 것도 아닌 어정쩡한 상황은 유럽인들의 사고에 숨 쉴 공간을 넓혀줬다. 사고의 확대는 과학을 불러왔는데, 단순히 보는 것만으로는 충분치 않았고, 그것을 설명할 수 있어야 한다는 생각이 뿌리를 내린 것은 특히 중요한 진전이었다. 다시 말해 사고체계가 확립되기 시작했다는 말이다. 모든 것은 논리적이어야 했으므로 그런 생각은 다시 한 번 비논리적일 수밖에 없는 기존의 권위를 흔들게 된다. 과학적 사고에 기초 인간생활을 향상시키는 발명이 서서히 이루어지면서 발명이 발명을 낳고, 아울러 그것과 관련된 지식이 사회의 자유화에 발맞춰 모든 사람에게 공개되는 상황 역시 당시 유럽의 조건이었다. 랜즈는 이를 '연구와 보급의 상례화'라 부르고 있다(『국가의 부와 빈곤』).

앞서 벨 연구소의 가치관에 대한 분석에서도 드러났듯이, 숨 쉴 공간, 즉 자유의 확대가 핵심 요인이라는 사실은 여기서도 분명해진다. 이렇게 보면 벨 연구소를 가능하게 한 지적 전통이 얼마나 오래됐는지는 짐작이 가는 일이다. 언뜻 봐도 논의는 이미 과학의 수준을 넘고 있는바, 과학적 사고, 그리고 기술이 발전할 수 있는 사회적 배경에 초점이 맞춰졌으므로 논의는 이미 사회과학의 영역으로 넘어온 셈이 된다. 중요한 것은 과학을 발전시키겠다고 의도적으로 외친다 해도 그것을 가능하게 하는 사회적 조건이 충족되지 않으면 과학기술은 발전할 수 없다는 엄연한 사실이 위의 논의에 암시되어 있다는 점이다. 지금까지는 과학과 기술의 관계, 즉 두 변수의 상호작용에 대한 논의였으므로 변수는 비교적 단순했다. 그러나 랜즈의 설명에 비추어 사회현상에 내재되어 있는 변수는 상대적으로 다양할 수밖에 없으므로, 논의가 복잡해지는 것은 이상한 일이 아닐 것이다. 결국 정치 및 경제적 환경, 사회적 조건, 기존 인식의 변화, 나아가 그런 것들을 포괄하는 문화 등이 논의의 대상이므로 이들을 체계적으로 묶을 필요가 있는데, 이것이 서두에서 용어에 대한 새로운 분류법이 필요하다고 말한 이유였다.

## 사회적 환경도 기술이다

앞서 인간이 잘살게 되는 방법 세 가지를 소개한 적이 있다. 첫 번째가 기술의 발전, 두 번째는 분업으로 대표되는 생산방식의 진보, 다른하나는 금융의 발전이었다. 기술에 대해서는 이미 설명했으므로 나머지두 변수가 남게 된다. 그렇다면 이들을 묶는 개념은 무엇일까? 답변을 위해 전문가들은 사회적 기술(social technology)이라는 용어에 의존하곤한다. 1901년 미국의 사회학자 헨더슨(Charles Henderson)이 처음 사용한 것으로 알려지고 있는데, 부, 건강, 지식, 정의 등을 함양하는 데 필요한 인간의 조직, 그리고 그것의 집합 체제로 정의되고 있다. 사회학적 해석이므로 범위는 넓지만, '잘사는 방법'이 이 글의 논점이므로 논의는 당연히 부의 팽창을 가능하게 하는 사회적 기술로 좁혀질 수밖에 없다. 따라서 그것을 가능하게 하는 조직과 체제를 찾는다면 의문은 풀릴 것이다.

위의 논의를 경제적 관점에서 해석하면 사회적 기술이란 부의 증식을위해 필요한 조직을 만들고 잘 운영하는 것, 혹은 그렇게 되도록 외부환경을 조성하는 것을 의미한다고 볼 수 있다. 다시 말해 기술의 진보를가능하게 하는 환경의 조성, 혹은 기술을 더욱 잘 조합하여 효율성을 높이는 조직적인 방식 등이 부와 관련된 사회적 기술인 셈이다. 우선 분업으로 대표되는 생산방식의 변화를 살펴보면 기술진보는 없지만 기존 기술의 조합 혹은 활용 방법을 변화시킴으로써 생산성이 향상된다는 사실을 알 수 있다. 크게 보면 기업 및 그것의 중추 기능인 생산과 관련된 논의이므로, 생산방식의 변화를 통한 효율성 증대의 경우 학문적으로는 경영학의 영역에 속하게 된다.

다음 금융 발전을 통해 부가 팽창하는 경우도, 특정의 사회제도를 만들거나 그것을 더욱 효율적으로 발전시키는 방식과 관련된 문제이므로 사회적 기술에 해당하는 것은 물론이다. 주식회사는 1600년대 초 동방무역을 주도했던 네덜란드의 동인도 회사에 뿌리를 두고 있다. 당시에는 아프리카를 돌아 향신료의 산지인 인도로 항해를 해야 했으므로 항로는 험했고 대단히 위험했다. 한 번 갔다 오면 엄청난 돈을 벌 수 있지만, 항해 중 사고가 나면 손실 또한 클 수밖에 없었다. 때문에 위험을 분산시킬 필요가 있었는데, 그런 목적으로 만들어진 것이 바로 주식회사였다. 여러 명의 투자자를 모아 항해 시 손실이 발생하는 경우 투자금에 한해서 책임을 지게 하고, 반대로 이익이 나면 투자금과 비례해서 이득이 배분되는 새로운 사회제도가 만들어졌던 것이다. 이것이 괜찮다는 소문이 나자 사람들은 주식을 구매하려 했고, 결과적으로 주식시장이 활성화되면서 주식가격도 오를 수밖에 없었다. 여기서부터는 앞서 소개한 바와 같이 주식이 부를 창출하는 기능이 활성화된다. 즉 동인도 회사가 미래에 벌어들일 수익을 현재 현금화, 즉 유동화시키는 것이 가능해졌다는 의미다.

애초의 목적은 위험 분산이었지만, 금융의 속성은 주식의 또 다른 내성을 외부로 발현시키며 금융산업의 발전을 도모했다. 하지만 그렇게 되기 위해서는 적절한 환경이 필요했는데, 우선은 자유시장, 즉 자유의사에 따라 간섭 없이 거래가 이루어지는 환경이 조성되어야만 했다. 시장을 교란시키는 사기행위 등 다양한 위험 요인도 제거의 대상이었다. 나아가 전문가들에 의해 새로운 금융방식도 개발될 필요가 있었다. 전문용어로 금융기획이란 바로 이를 두고 한 말이다. 금융사학자 퍼거슨(Niall Ferguson)은 그런 조건을 다음과 같이 잘 요약하고 있다: "자연적인 진화와 금융의 그것이 다른 점은 후자의 경우 소위 지적인 기획(intelligent design)에 의존한다는 사실이다(*The Ascent of Money*)." 여기서 금융이 발전할 수 있는 제도의 확충과 새로운 금융기법의 자의적인 기획이 사회적 기술임은 물론이다.

이상이 앞서 소개한 세 가지 잘살게 되는 방법 중 두 가지 사례에 대한 설명이다. 그렇다면 경제학에서는 경제성장과 관련 지금까지의 분석을 어떻게 소화하고 있을까? 앞의 분석이 보여주듯 생산방식의 혁신과 금융기법의 진전은 꽤나 오래전부터 일어났다. 그러나 잘사는 방법, 즉 경제성장과 관련해서는 생산의 효율화와 금융혁신이 부차적인 요인으로 간주됐던 것은 분명 사실이다. 경제성장이란 기본적으로 생산의 핵심 요소인 자본, 노동, 토지, 그리고 기술 등이 단순히 투입된 결과라는 생각이 그렇게 된 이유였다. 자본주의라는 말이 상징하듯 이 중 특히 자본, 즉 투자는 가장 핵심 요인으로 간주됐는데, 서구의 경우 수백 년 동안 퇴보 없이 조금씩 성장했으므로, 위의 생각 정도로도 당시의 상황을 설명하기에는 부족함이 없는 듯 보였다. 하지만 제2차 세계대전 이후 신생 독립국이 무수히 탄생한 후, 대부분이 가난했던 이들의 경제성장 문제가 주요 이슈로 떠오르자 경제성장에 대한 논리적 분석은 새로운 길을 걷게 된다.

생산요소를 똑같이 투여해도 어느 나라는 성장하고 다른 나라는 성장하지 않는 이유는 무엇일까? 요소의 질이 비슷한 사례를 살펴봐도 이 괴리 현상은 여전히 사라지지 않았다. 의문에 대한 답변을 위해서는 과거와는 다른 해석이 필요했는데, 그중 하나가 앞서 소개한 경제학자 솔로우의 새로운 설명이다. 생산과 관련한 투자의 개념은 자본재를 구매하는 것을 의미한다. 즉 공장에 기계를 들여놓는다는 말이다. 따라서 논리상 기계는 곧 기술이므로 같은 기계를 산다는 것은 기술수준이 일정하다는 것을 뜻한다. 여기서 노동자 수와 공장 면적에 변화가 없다면, 기계를 계속 사는 방식으로 공장에 투자하는 경우 산출량은 늘어날까? 그렇지 않다는 것이 새로운 주장의 내용이다.

다음의 쉬운 예를 통해 그렇게 되는 이유를 이해할 수 있다. 농부가 기계 없이 밭농사를 짓는데, 농부 10명이면 그 밭을 모두 경작할 수 있다고 가정하는 경우 산출량은 그 밭이 생산할 수 있는 최대치가 될 것이다. 만약 트랙터를 한 대 들여오면, 즉 투자가 이루어져 농부 한 명이 트랙터를 운전하여 농사를 지면 트랙터의 생산성에 따라 결정될 문제이지만 산출량은 과거와 같거나 혹은 과거보다 적을 수 있다. 여기서 같다는 것은 트랙터가 나머지 9명의 노동을 대신했다는 의미이고, 적다는 것은 농지가 넓어 트랙터 한 대로는 부족하다는 사실을 뜻한다. 후자의 경우가 현실이어서 농부 한 사람은 트랙터 한 대만 몰 수 있고, 일하는 시간에는 한계가 있다고 가정하면 트랙터를 한 대 더 들여와야 산출량은 늘어날 것이다. 실제로 기계를 하나 더 구입하고 기계를 운전하기 위해 농부 한 사람이 더 투입된 후 도중에 계산해보니, 산출량은 이미 과거와 같아져 농부 한 사람은 다른 사람에 비해 절반밖에 일하지 않았다면, 새로 투입된 트랙터는 반만 활용한 것이 된다. 여기서 중요한 것은 두 번째 투입된 트랙터의 역할이 처음 투입된 트랙터의 그것에 비해 반밖에 안 된다는 사실이다. 상황이 이럴진대 트랙터를 한 대 더 들여와 세 대가 된다고 산출량이 늘어날까?

이것이 바로 경제를 지배하고 있는 그 유명한 수확체감의 법칙(the law of diminishing returns)이다. 다시 말해 다른 조건을 변경시키지 않고 기계의 투입, 즉 투자가 늘어나는 경우 어느 시점을 지나면 산출량이 줄어드는 현상을 뜻한다. 자본 한 단위의 투입이 처음에는 많은 산출량을 보장하지만 이후의 투자는 처음의 투자만큼 산출을 보장하지 않는다는 의미다. 같은 맥락에서 투자 대비 이익률이 줄어드는 것 역시 피할 수 없게 된다. 위의 예는 너무 간단하여 두 번째 투입된 트랙터부터 수확체감이 나타났지만 큰 공장의 경우는 더욱 큰 스케일로 같은 현상이 위보다는 서서히 나타날 것이고, 국가라는 큰 단위에서는 더 큰 규모로 천천히 같은 상황이 반복될 것이다.

그렇다면 다른 조건이 일정할 때, 즉 투자에만 초점을 맞추는 경우 위의 현상은 어떻게 극복할 수 있을까? 과거와는 다른 기술을 적용한 로봇과 같은 새로운 농기계가 발명되어 농부 한 사람이 운전하지만 밭을 모두 갈 수 있게 되면, 산출량은 투자에 비해 증가할 수 있다. 로봇과 트랙터의 값이 비슷하다는 것을 전제로 하지만, 아무튼 두 번째 로봇을 투입하지 않고도 밭을 모두 경작할 수 있으므로 위의 경우와 같이 두 번째 기계를 반만 활용할 수 있는 조건이 깨지면서 자원의 낭비 없이 산출량 증대를 꾀할 수 있다는 뜻이다. 과거보다는 더욱 효율적으로 산출을 늘릴 수 있고 이익 또한 증가하게 되는데, 한마디로 요약하면 생산성이 향상되는 현상을 의미한다. 여기서 트랙터에서 로봇으로 기술이 바뀌며 한 단계 발전하는 상황이 지속적인 경제성장의 핵심 동인이라고 지적한 인물은 물론 솔로우였다. 아무튼 솔로우는 이 업적으로 노벨상을 받았다. 상황이 그런 경우 수확체감은 수확체증(increasing returns)의 법칙으로 바뀌게 된다. 신기술의 채용 비용, 산출에 대한 시장의 수요 등 다른 요소가 고려되어야 하지만, 위의 설명에서는 이해의 편의를 위해 복잡한 조건을 생략했다.

수확체감의 법칙을 자세히 살펴본 이유는 나중에 알게 되겠지만, 중국경제의 미래를 판단하는 데 이 원리가 핵심 역할을 하기 때문이다. 솔로우의 연구 대상은 개발도상국이 아닌 미국이었는데, 20세기 전반기 50년 동안 이루어진 미국 경제성장의 7/8이 기술진보에 의존하고 있다는 놀라운 연구 결과를 전해주고 있다(William Easterly, *The Elusive Quest for Growth*). 이 정도면 경제성장에서 기술진보가 무엇을 의미하는지는 분명해질 것이다. 위의 주장이 하나라면 또 다른 견해는 논의의 범위가 상대적으로 대단히 넓다. 앞서 벨 연구소에 대한 설명과 산업혁명이 일어난 이유에 대한 역사학자의 견해 모두는 마음껏 생각하고 표현할 수 있는 자유를 기술진보의 전제 조건으로 제시하고 있다. 여기서 조건이란 그렇게 될 수 있는 사회적 환경을 의미하는바, 언뜻 봐도 논의의 영역이 광범위함을 알 수 있다. 자유를 보장하는 정치, 경제, 그리고 사회적 조건 모두가 포함되기 때문이다. 경제학자들이 이런 사실에 관심을 갖기 시작한 것은 1970년대부터였다. 환경이라는 다소는 추상적인 개념을 넘어 그런 조건이 제도화된 후, 뿌리를 내려야 지속적인 경제성장이 가능하다는 주장이 개진됨으로써 토론의 수준은 한 단계 높아지게 된다.

## 제도화와 제도의 발전 역시 핵심 요인이다

새로운 연구는 기술의 변화도 경제성장을 이끄는 중요한 요소이지만, 제도의 변화와 발전 역시 그에 못지않게 핵심 요인이라는 주장을 담고 있었다. 노스(Douglass North)로 대변되는 이른바 제도경제학(institutional economics)은 이런 견해를 대변하고 있는데, 앞서 소개한 증권 및 채권시장의 발전에 필요한 환경, 즉 자유롭고 공정한 거래를 위한 사회적 조건과 맥을 같이 하고 있다. 노스가 노벨상을 받기 직전인 1991년 그의 오랜 연구결과를 잘 요약한 논문은 제도경제학의 정수를 다음과 같이 보여주고 있다. 원시사회에서는 생산품이 단순하고 그 수량 또한 많지 않았다. 그런 경우 거래는 대단히 제한된 범위 내에서 개인적인(personal) 친분으로 이루어진다.

하지만 경제가 발전하면 그런 관계는 유지될 수가 없다. 상업혁명으로 일컬어지는 11세기부터 16세기까지 성행한 유럽의 원거리 무역이 단초였다는 것이 노스의 지적이다. 앞서 살펴본 동인도 회사의 사례에는 노스의 논리가 이미 포함되어 있었다. 주식이 발명되고 발전한 배경이지만, 원거리 무역이 잘되기 위해서는 자본이 필요했고, 항해와 무역 대상지, 그리고 상품가치 등에 대한 정보 또한 필수적이었으며, 위험 역시 낮춰야만 했다. 이런 조건이 충족되지 않으면 그것은 결국 비용으로 나타나는데, 노스는 이를 거래비용(transaction cost)의 증가로 표현하고 있다. 그렇다면 어떻게 비용을 낮출 수 있을까? 제도학파는 제도를 통해서만 그것이 가능하다고 보고 있다.

동인도 회사의 주식을 살펴보면, 우선 주식이 개발된 이유는 자본의 동원과 위험의 회피였다. 주식이라는 새로운 금융상품이 원활히 거래되기 위해서는 먼저 주식에 대한 가치를 산정할 수 있어야 했다. 투자자들이 왜곡되지 않은 정보를 자유로이 얻는 것 또한 필요조건이었다. 대표적으로 지금은 일반화된 주식 가격고시제(quotation)의 경우 가격정보를 제도화한 것으로 볼 수 있다. 주식을 거래할 수 있는 시장이 있어야 하고, 이를 효율적으로 관리할 수 있는 제도 역시 필수적이었다. 다시 말해 거래를 통한 이득은 반드시 거래 당사자의 몫이 되어야 하고, 사기를 치는 것과 같은 시장 위해 행위는 공공기관이 앞장서 막아야 했다. 원활한 거래를 해칠 수 있는 정보왜곡을 방지하기 위해서는 정보를 전문적으로 다루는 회사가 자유롭게 활동하는 것도 필요했고, 언론기관의 활동에도 제약은 없어야 했다. 간단히 말하면 이 모든 조건은 법으로 규정되어야 하고, 법은 객관적으로 판단 및 집행되어야 한다는 뜻이다.

위의 초기 제도화가 더욱 가시화된 이유를 노스는 특화(specialization)에서 찾고 있다. 원거리 무역에 이어 산업의 혁신, 특히 특화(분업)를 통해 생산성이 비약적으로 향상되면서 특정 제품의 생산에 특화된 지역의 경우, 생산되지 않는 물품은 다른 곳에서 가져와야만 했다. 과거보다는 많은 양의 물건이 지역을 넘어 움직였다는 말이다. 그 결과 거래가 전체 경제에서 차지하는 비율은 당연히 높아질 수밖에 없었다. 거래비용을 줄이는 방법이 절실했으므로 위의 설명이 보여주듯 제도화가 절박해지는 것도 피할 수 없게 된다. 한마디로 상업상의 혁신을 뜻하는 원거리 무역이 거래비용 문제를 낳았다면, 산업상의 혁신을 뜻하는 특화는 거래 및 그 비용의 중요성을 심화시켰다는 의미다. 바로 이런 과정을 거쳐 1990년대에는 세계화라는 전대미문의 생산 특화와 시장 팽창의 시대를 맞게 되므로, 제도의 중요성이 더욱 강조되는 것은 이상한 일일 수가 없다.

노스의 다음과 같은 설명을 보면 위에 내용은 더욱 선명해진다: "특화가 상당히 진행된 사회는 효율적이고, 일반적인(impersonal) 계약의 준수를 요구하게 된다. 왜냐하면 복잡하고 일반적인 거래방식이 부각되면서 개인적인 친분, 자발적인 구속, 집단의 규율 등을 이탈하는 사람에 대한 강제추방 등은 더 이상 효과가 없기 때문이다. (결국 발전의 막바지 단계에 이르면) 특화 때문에 사회가 가지고 있는 더 많은 자원이 거래에 개입될 것이고, 거래 부문이 국민생산에서 차지하는 비율은 당연히 클 수밖에 없다. 이것이 거래를 담당하는 대단히 전문화된 조직이 필요한 이유임은 물론이다. 비슷한 맥락에서 자본시장이 그 안에서 활동하는 사람들의 신뢰에 기초, 성장하기 위해서도 국제수준의 특화와 노동분업은 국경을 넘어 소유권을 보장할 수 있는 제도나 조직을 요구하게 된다 ("Institutions," *Journal of Economic Perspectives*)."

이해하기 까다로운 측면이 없지는 않지만, 다음과 같은 내용을 담고 있다고 보면 된다. 특화는 결국 남이 무엇을 하는지 모르는 상태에서 내 일만을 충실히 하는 상황을 의미한다. 따라서 모르는 상대방과 관계를 맺기 위해서는 과거와 같이 개인적인 친분에 의존할 수만은 없다. 여기에 특화가 거래를 활성화시킨다는 사실이 추가되면 개인적 연줄이 배제된 모르는 사람끼리의 거래를 어떻게 성사시킬 것인가에 대한 해결책은 더욱 절박해질 수밖에 없다. 만약 객관적인 계약과 그것을 실행시킬 수 있는 제도가 제대로 작동한다면 출구는 열리는 셈이 된다. 경제적인 관점에서 계약이 보장해야 할 핵심 내용은 결국 '잘살게 되는 도구,' 즉 돈이므로 계약을 통해 소유권이 철저히 보장돼야 한다는 결론이 가능해진다. 세계화된 요즘은 같은 원칙이 국경을 넘어서도 철저히 지켜져야만 한다. 거래의 활성화를 위해 반드시 필요한 자본시장의 발전 요건 또한 계약에 기초한 제도임은 말할 필요가 없다. 요컨대 제도가 시장과 거래를 얼마나 활성화시키는지가 관건임을 알 수 있다.

제도경제학이 미친 영향은 심대했다. 위의 논의는 경제적 거래, 그것을 원활하게 하는 계약의 이행, 그리고 소유권의 보장 등에 초점을 맞추고 있지만 논리상 논의는 무한히 확대될 수 있기 때문이다. 예를 들어 제도경제학의 핵심 논지인 재산권 보호와 계약이행 메커니즘은 어떻게 만들 수 있고, 또한 뿌리내릴 수 있을까? 그렇게 되려면 우선 입법부가 객관적인 법률을 만들어야 할 것이다. 법률을 위반한 사람에게는 적절한 제제가 가해져야 하는데, 제재의 판단과 이행은 사법부와 행정부가 맡아야 한다. 결국 권력은 견제와 균형의 원칙에 따라서 분리되어야 하고, 그것에 기초, 합리적인 입법과 법 집행에서의 객관성 유지가 가능해질 때 제도경제학의 주장이 현실화된다는 뜻이다.

이뿐인가? 제도가 외형적으로는 대단히 잘 갖춰져 있다 하더라도 그것을 지키고자 하는 사람들의 인식, 즉 의지가 결여되어 있다면, 처벌만으로 모든 문제를 해결할 수 없게 된다. 시민사회의 정치 및 사회문화(civic culture)가 강조되는 이유를 알 수 있는바, 한마디로 성숙된 민주자본주의의 장점을 인지하고, 체제를 지키겠다는 인식과 의지가 국민들 몸에 배어 있어야 한다는 뜻이다. 아무튼 제도경제학의 범위가 얼마나 넓은지는 이로써 확연해진다. 여기서 정치분야를 분리해보면 다음과 같은 중요한 사실이 눈에 띈다. 민주자본주의의 요람인 유럽의 정치사는 자본주의의 핵심 내용인 소유권과 시장을 권력으로부터 분리하는 과정이었다. 권력이라는 무시무시한 개념이 개입되어 있으므로 피비린내나는 투쟁은 당연히 피할 수 없었다. 권위주의적인 중앙권력의 이양 혹은 분산 없이 소유권이 보장되고, 시장이 제대로 작동할 수는 없어서였다. 따라서 이 개념이 공산주의 일당 독재를 유지하고 있는 중국의 미래를 점치는 데 얼마나 중요한 변수인지는 긴 설명이 필요 없을 것이다. 중국경제의 미래를 다룰 때 권력과 경제의 관계는 다시 한 번 자세히 짚어보겠지만, 제도경제학을 다소는 지루할 정도로 자세히 살펴본 이유는 위의 설명에 비추어 분명해진다.

## 물리·사회적 기술이 없으면 경제는 왜곡된다

이상 경제적으로 잘살게 되는 방법을 살펴봤다. 잘사는 방법은 대단히 다양하지만, 물리적 기술과 사회적 기술이라는 대단히 과학적인 용어로 함축될 수 있었다. 물리적 기술보다는 사회적 기술의 조건과 변수가 더욱 복잡하고 다양하다는 점도 눈에 띈다. 특히 사회적 기술은 좁게는 분업에서 시작하여, 시장 및 거래기능을 활성화시키는 경제사회 제도, 그리고 권력과 그것을 통제하는 정치제도까지 그 범위가 대단히 넓다. 이 모든 요소의 긍정적인 집합이 결국 잘살게 되는 것이므로 경제발전이 얼마나 어려운지는 짐작하고도 남음이 있다.

얘기는 여기서 그치지 않는다. 사회적 기술이 제대로 조성되어야 한다는 논의를 넘어, 사회적 환경과 제도는 기술발전 그 자체에도 역으로 영향을 미치기 때문이다. 기술혁신의 역사적 배경에 대한 역사학자 랜즈의 설명, 그리고 기초과학과 공학을 연계시킨 벨 연구소의 사례는 그런 사실을 보여주고 있다. 기초과학의 발전을 위해서는 무한의 자유가 주어져야 하고, 그것을 가능하게 하는 정치사회제도와 문화적 전통이 뿌리를 내려야만 한다는 뜻이었다. 앞서 소개한 "천재성을 발휘할 수 있도록 자유로운 환경을 만들어준다"는 말에는 "(최종) 발명품이 값진 결과물이긴 하지만 발명을 강제하거나 계획해서는 안 된다"라는 의미가 포함되어 있다. 연구 과제는 늘 다양할 수밖에 없고, 어떤 연구 결과가 최상의 발명품으로 발전, 상업화될지는 아무도 모르기 때문이다. 무한의 자유가 필요한 이유는 이로써 분명해지는데, "천재성은 예측할 수가 없어서 알아서 발휘될 여지를 줘야 한다"는 말은 위의 사실을 함축하고 있다.

그런 환경의 존재 여부가 특히 중국의 현 상황에 비추어 군사과학 나아가 군사력까지 결정짓는다는 다음의 연구 결과를 보면 놀라지 않을 수 없다: "IT 시대에는 지식이 군사 분야의 변혁을 일으키기 전에 사회가 우선 지력(知力)을 습득하여야만 한다. 여기서 폐쇄적인 권위주의 체제는 상상과 기술혁신을 질식시키고, 정치 및 학문적 담론에 많은 금기 사항을 강요하게 된다. 중국은 천천히 개방되고 있다. 중국의 국가구조가 덜 경직되어 있다 하더라도 사회적 제약은 견고하며 오랫동안 지속될 것이다. 결국 중국 군사기술의 혁신에 있어 체제상의 제약은 중국의 사회 및 정치체제에 뿌리를 두고 있다는 결론이 가능해진다(You Ji, "Learning and Catching Up: China's Revolution in Military Affairs Initiative")." 결국 군사과학 없이 군사력이 강화될 수는 없는 일이고, 군사과학 역시 일반 기초과학과 공학에 뿌리를 두고 있으므로 위의 평가가 이상할 이유는 당연히 없다. 역사적으로도 민주자본주의 국가들이 그렇지 않은 국가들에게 전쟁 혹은 경쟁에서 패한 기록은 존재하지 않는다.

생산요소의 투입이 경제성장으로 이어진다는 초기의 인식이 살아 있을 때는 경제성장을 설명하는 것이 별로 어렵게 느껴지지 않았다. 흥미로운 점은 한국의 경제성장에 불이 붙기 시작한 1960년대 중반은 물론

1970년대까지만 해도 기존의 생각에는 변화가 없었다는 사실이다. 하지만 경제성장을 이해하기 위한 새로운 접근을 통해 시간이 갈수록 경제성장의 원인이 복잡하다는 사실이 밝혀지면서 기존의 사고는 변해야만 했다. 그러나 기적의 성장을 통해 선진국 문턱에 다다른 유일한 국가인 한국의 경제성장 원인에 대해서도 세계 학계가 합의를 못 보고 있는 현실을 보면 이 문제를 다루는 것이 얼마나 어려운지는 짐작하고도 남음이 있다. 그렇다면 반대의 경우는 어떠할까? 꽤나 잘나가던 국가가 어느 시점을 지나게 되면 성장이 둔화되는 현상을 설명하는 것은 상대적으로 용이한가라는 질문이다.

위에서 말한 다양한 논의를 통해 논점은 분명 좁혀지고 있다. 물리적 기술이 발전해야 하는 것은 말할 것도 없고, 효율성을 향상시키고 시장과 소유권을 보장하는 다양한 제도, 즉 사회적 기술 역시 확충되어야만 한다. 문제는 물리적 기술의 발전을 위한 환경을 지배하는 변수는 무엇이고, 이들 변수들의 관계는 어떠해야 긍정적인 효과가 창출되는지에 대한 합의가 쉽지 않다는 사실이다. 비슷하게 사회적 기술과 그것에 영향을 미치는 다양한 환경에 대한 연구 또한 같은 문제에 봉착해 있다. 하지만 역으로 진보를 위한 긍정적인 요소를 제약하는 요인은 상대적으로 단순한 측면이 있다.

예를 들어 기술개발을 촉진하는 요인과 저해하는 요인을 비교하는 경우 자유가 판단의 기준임은 이미 밝힌 바와 같다. 그렇다면 자유가 만족할 만한 수준으로 보장되면 기술은 무조건 발전할까? 그렇지는 않을 것이다. 여기서 자유는 필요조건일 뿐 충분조건은 아니기 때문이다. 다시 말해 자유가 보장된 후에도 자유로운 사고가 응집되어 과학적 사고가 싹트고, 이것에 공학이 접목되어 기술이 상용화되는 데는 눈에 보이는,

혹은 눈에 보이지 않는 그밖에 많은 조건이 필요해서다. 하지만 반대의 경우 즉 자유가 상당히 제약된 상황이라면 필요조건 자체가 결여된 셈이므로, 변수는 당연히 줄어들고 그 결과 분석은 상대적으로 용이해질 수밖에 없다.

앞으로 전개될 중국경제에 대한 분석도 이와 유사한 면이 있다. 중국은 과연 시장과 소유권을 보장하고 있을까? 제도적 측면에서는 물론, 현실적으로도 그렇지 않다는 것은 모두가 아는 바다. 상황이 그런 경우 위에서 살펴본 바와 같이 애초 필요조건이 충족되지 못한 셈이므로 논의는 상대적으로 간단해진다. 그렇다면 그런 상황이 지속되면 어떤 결과가 빚어질까? 자유시장과 소유권 보장이 부실하다는 것은 제도 혹은 그것을 운영하는 노하우가 그 수준이라는 말인데, 시간이 흐르면 그런 제도는 고착화될 가능성이 높아진다. 전문용어인 제도의 정렬은 바로 이를 두고 한 말이다. 즉 특정의 정치경제적 목적을 위해 제도가 만들어진 후, 그것이 지속되는 경우 제도는 뿌리를 내리게 되고, 이 제도가 기술혁신, 자유시장의 활성화, 그리고 소유권의 보장에 기여하지 못한다면 바로 그런 제도의 고착 현상 때문에 문제가 불거진다는 의미다.

이 글의 초점인 경제구조의 왜곡 현상 뒤에는 위와 같은 논리적 해석이 자리 잡고 있다. 처음의 경제적 목적에 맞게 초기의 제도가 정렬되면, 그것에 맞춰 경제를 작동시키는 금융·외환 시스템 등 다양한 채널이 형성될 것이고, 그런 상황이 오래 지속되면 제도와 채널이 고착되는 현상이 두드러지게 된다. 제도가 시장과 소유권을 지속적으로 활성화시키는 방향으로 정렬되지 않았다면, 다양한 채널 역시 그것에 맞춰질 수밖에 없을 것이다. 여기서 경제구조의 왜곡은 채널이 그렇게 형성되는 현상을 의미하는데, 최근의 연구 결과는 흥미롭게도 위의 논의가 중국에만 한정되지는 않는다는 사실을 보여주고 있다. 고속성장을 수십 년 지속하다가 꺾인 경제 중 거의 모두에서 비슷한 현상이 발견되기 때문이다. 여기에 한국은 물론 일본과 같은 막강한 경제도 포함되고 있다는 점은 놀라움 그 자체다. 하지만 그런 중요한 사실이 21세기에 들어와서야 밝혀졌다는 사실을 접하면, 모두에서 소개한, 상황이 논리를 제압하는 현상이 얼마나 강력한지가 분명해진다. 특히 일본경제의 경우 그토록 막강했으므로 갑자기 침체되고 그 후 20년이 지난 지금도 수렁에서 벗어나지 못할 것이라고 예상한 사람은 거의 없었다. 이상이 이 글이 취하고 있는 분석방법의 핵심 내용인데, 그렇다면 중국경제라는 실체를 같은 분석의 틀에 실제로 대입해보면 어떤 그림이 그려질까?

# 제2장

# 중국경제가 성장한
# 비결과 그 한계는?

중국경제가 낙후됐던 이유는 무엇일까?


1978년 덩샤오핑(鄧小平)이 정권을 잡을 때만 해도 중국은 세상에서
가장 못사는 나라 중 하나였다. 그렇다면 중국경제는 왜 그토록 낙후됐
을까? 얘기는 무시무시한 권력자 마오쩌둥(毛澤東)과 그가 실천한 다양
한 사회정책에서 시작된다. 공산주의자였고, 반대의 노선을 걷고 있던
국민당을 패배시킨 후 권력을 장악했으니, 그가 공산주의 정책을 취한
사실은 이상한 일이 아닐 것이다. 하지만 역사는 공산정권 출범 시의 상
황은 전혀 달랐다는 놀라운 사실을 전해주고 있다. 1949년 10월 1일 중
화인민공화국이 선포되기 이틀 전에 개최된 인민정치협상회의에서는 차
후 중국 정치와 경제가 나아갈 방향에 대한 기본 원칙이 정해졌는데, 핵
심 내용은 보통선거와 경자유전(耕者有田)이었다. 여기서 경자유전은 농
사짓는 사람이 땅을 소유한다는 원칙, 즉 토지에 대한 소유권을 의미했

다. 당시 농경사회였던 중국의 경우 농지는 사실상 중국인민들이 소유할 수 있는 재산의 전부였으므로, 자본주의 사회와 비슷한 소유권이 보장된 채 중화인민공화국이 출발했다는 사실을 확인할 수 있다.

하지만 권력의 화신이었던 마오쩌둥은 1950년대 중반부터 권력을 강화하는 구체적인 행동에 돌입하게 된다. 그렇다면 권력을 강화하는 방법은 무엇이었을까? 과거나 지금이나 원리는 동일하다. 우선 인민의 자유를 박탈하면 된다. 모두에서 "권위주의적인 중앙권력의 이양 없이 소유권과 시장은 독립적으로 기능할 수 없다"고 말한 적이 있다. 다시 말해 이 원칙을 반대로 적용하면 중앙권력은 강화되는 것이다. 여기서 자유는 신체의 자유, 사상의 자유, 그리고 경제적 자유 등을 의미하므로 그것을 박탈하는 것이 마오쩌둥의 목표였음은 물론이다. 1953년부터 1958년 사이에 전개된 '사회주의 개조 운동'을 통해 소련식 계획경제체제가 도입됐는데, 목적은 재산의 국유화와 국유화된 재산의 집단화였다. 아무튼 경제적 자유가 박탈된 것은 분명했다.

1957년부터는 사회주의 개조 운동에 장애가 되는 사상적 요인, 즉 이념적으로 공산주의에 반대하는 사람들을 이른바 '반우파 운동'을 통해 제거하게 된다. 1958년 초까지 진행된 사상 탄압으로 약 55만 명에 이르는 지식인에 우파분자라는 딱지가 붙게 됐고, 이들은 그 후 20여 년간 감시 상태에 놓이면서 침묵을 강요받았다. 바로 이 운동을 일선에서 지휘한 사람이 후일 자본주의를 도입하는 덩샤오핑이었다는 사실은 역사의 아이러니가 아닐 수 없다. 일단 기반이 조성되자, 공산주의 체제의 완성을 통한 권력 강화, 그리고 그것에 기초, 선진경제를 삽시간에 따라잡겠다는 야심찬 계획이 수립된다. 이상이 1958년부터 시작된 그 유명한 대약진 운동의 배경인데, 내용의 핵심은 경제적 집단화의 강화였고,

그 한가운데 인민공사(人民公社)라는 집단을 관리하고 통제하는 기구가 존재한다는 사실은 모두가 아는 바다. 인민공사는 농업, 공업, 상업, 교육, 군대 등 다섯 개의 주체를 통합한 일종의 군대식 조직이었다. 따라서 신체의 자유 중 일부는 물론, 사상 및 경제적 자유가 송두리째 통제되면서 집단으로 통합됐음을 알 수 있다. 15년 만에 영국을 따라잡자는 거창한 슬로건 역시 집체를 합리화시켜주고 있었다.

1958년까지 전체 농가의 90%가 평균 3,000 가구, 약 15,000명 단위로 편성된 인민공사에 편입된 사실은 공산화의 속도를 보여주고 있다. 하여간 이 집단 집체구도는 1978년의 개혁개방 시까지 존속하게 된다. 여기서 중요한 것은 과거와는 달리 인민의 가입은 의무였지만, 일단 가입한 후에는 탈퇴가 불가능하다는 사실이었다. 자유의 박탈, 조금 더 구체적으로는 인센티브가 실종되었으니 원리상 생산성 저하가 이어지는 것은 이상한 일이 아니었다. 최소 4,000만 명이 굶어 죽었다는 통계는 인류역사상 최대 경제비극의 실상을 보여주고 있다. 이것 역시 경제가 제대로 굴러갈 수 있도록 하는 환경 혹은 제도가 뒤틀린 현상이므로, 당시의 상황을 경제구조가 왜곡된 하나의 사례로 간주하는 데는 무리가 없다.

이상이 중국경제의 첫 왜곡 현상에 대한 평면적인 진단이라면, 반대로 구조적 분석을 해보면 어떤 그림이 그려질까? 다음의 설명은 왜곡 현상이 있는 경우 충격이 어떤 방식으로 전달되는지를 보여주고 있다: "집단화와 일괄적인 중앙집중식 계획을 강요함으로써, 중국정부는 자신도 모르는 사이에 체제 수준의 위험(systemic risk)을 만들어냈다. 모든 결정이 중앙집권화되었기에 어떤 정책상의 실패도 결국은 전국적인 충격으로 발전하는 구조가 형성됐다는 뜻이다. 대약진 운동 기간 동안 중앙 기획자들의 망상과 그것 때문에 부풀려진 통계가 합쳐진 결과는 농업인력이 공업분야로 대규모 전환된 사실, 그리고 정부의 과다한 곡물 공출로 요약된다. 다른 사례에 비추어 중국의 사례가 독특한 이유는 대약진 운동의 비극이 중앙계획경제의 속성에서 비롯된 체제적인 실패의 결과라는 데 있다(Wei Li and Dennis Yang, "The Great Leap Forward," *Journal of Political Economy*)." 권력이 중앙에 집중된 결과 경제가 심하게 왜곡된 상황에서 충격이 가해지면 그 충격은 분할된 특정의 영역에서 막을 수 없고, 결국 체제 전체로 파장이 전달된다는 의미다.

따라서 대약진 운동의 교훈은 다음과 같이 요약될 수 있을 것이다. 우선 자원배분의 왜곡이 있는 한 경제는 성공할 수 없다는 사실을 확인할 수 있다. 기술이 뒷받침되지 않는 경우 산업화 역시 요원한 일일 수밖에 없다. 인센티브를 약화시키는 경제운영의 경우 필연적으로 생산성 저하로 이어진다는, 이론상으로는 평범한 진리 또한 분명 현실이었다. 마오쩌둥이 책임을 지고 일선에서 물러난 후 류사오치(劉少奇)를 비롯한 이른바 주자파들에 의해 통제가 완화되면서 비극적인 상황을 탈출하는 데는 성공했다. 그러나 권력의 화신인 마오쩌둥은 다른 방식을 통해 다시 한 번 권력을 강화하려 했는데, 1965년부터 시작된 문화대혁명이 그것이라는 사실은 모두가 아는 바다. 경제통제를 통한 권력 강화에 실패하자 이번에는 사상투쟁을 통해 권력을 쟁취하려 했다. 아무튼 과거 인민공사를 통한 권력 강화와는 분명 차이가 나는 대목이다. 여기서 중요한 것은 경제통제와 사상주입이 권력을 강화시키는 핵심 수단이었다는 사실이다. 이 원리를 반대로 적용하면 경제적 자유가 확대되는 만큼, 혹은 사상통제가 느슨해지는 만큼, 권력이 약화된다는 해석 또한 가능해진다. 서서히 밝혀지겠지만 경제통제와 **이데올로기**라는 두 변수는 현재까지 중국경제와 권력의 상호관계를 가늠해주는 중요한 수단이 되고 있다.

## 개혁개방의 배경과 내용

위의 분석은 다음과 같은 중요한 사실을 전해주고 있다. 우선 중국의 개혁개방을 정교하게 기획된 플랜에 기초, 단행된 것으로 보는 시각이 꽤나 많은 것은 사실이다. 하지만 1978년 이전 중국의 상황은 경제적으로나 정치적으로 아수라장이나 다름없었다. 그런 상황이 지속되는 경우 정치경제적 비극이 반복되는 현상을 피하기는 당연히 힘들어진다. 1989년 천안문 사태로 실각한 개혁파의 선두 자오쯔양(趙紫陽) 총서기는 비밀 회고록에서 위의 상황을 다음과 같이 묘사하고 있다: "마오쩌둥 사후 그가 직접 지명한 후계자 화궈펑(華國鋒) 당 주석은 '붕괴에 다다른 국민경제 기록'을 사실대로 선포하지 않을 수 없었다. 계속 이 상태로 나아간다면 나라가 곧 망할 지경이었으니 이것이 바로 중국이 반드시 개혁을 해야만 하는 배경이었다."

그렇다면 위의 다급한 현실을 개혁개방의 기획자로 알려진 덩샤오핑에 비추어보면 어떤 그림이 가능할까? "애초부터 덩샤오핑은 경제개혁에 대한 입장이 없었다. 그것은 우선 자신이 없었고 혼란스런 일이 발생해 국면을 수습하지 못할까 두려웠기 때문이다. 정치가로서 이는 아주 정상적인 것이다. 그러나 (1976-1978년) 쓰촨의 실적을 보고 난 뒤 덩샤오핑은 안심하기 시작했다(『국가의 죄수』)." 여기서 쓰촨의 실적이란 자오쯔양이 제1 서기로 있던 쓰촨성에서 자오쯔양의 결정으로 농민의 자주권이 확대된 후 생산성 증가가 두드러졌던 상황을 의미한다. 물론 새로운 조치의 핵심 내용은 농업과 기업분야에 인센티브 제도를 처음 도입하는 것이었다. 당시 쓰촨의 실적은 개혁개방의 단초가 됐고, 자오쯔양 역시 이를 기반으로 정치국에 진출할 수 있었다.

중요한 것은 앞서 살펴본 권력 이양과 경제활성화라는 두 변수의 관계가 오래전 자오쯔양의 인식에서도 그대로 드러난다는 사실이다: "농민과 기업의 자율권을 확대하는 것과 당과 정부의 개입을 축소한다는 것은 100퍼센트 동의어다. 조금 더 분명히 말한다면 경제 외적인 행정 강제 요인을 경제 주체에게 양보하도록 만드는 것이다." 노스가 말한 소유권과 시장의 기능을 활성화시키는 제도 역시 경제 주체로의 권력 이양을 전제하므로, 같은 원칙이 중국의 개혁 초기 상황에도 그대로 적용됐다는 것은 이상할 것이 없다. 다음의 사례를 하나 더 살펴보면 쓰촨성보다는 더욱 획기적인 사건이 일어났고, 바로 그것이 개혁개방의 중요한 단초를 제공했다는 사실을 접할 수 있다.

1978년 안후이성(安徽省)의 샤오깡촌(小岡村)에서는 농민 18명이 처음으로 정부 승인 없이 초과 생산된 농산물을 국가가 아닌 개인이 갖는다는 비밀 결사를 만든 적이 있다. 집단농장제를 벗어난 행동이었으므로 분명 불법이었다. 이들은 적발될 경우 다른 사람이 적발된 가족의 생계를 책임진다는 각서까지 작성했다고 한다. 그러나 인센티브의 효과는 대단해서 생산력 증대가 가시화되자, 정부도 처벌을 유보한 채 눈을 감고 지켜볼 수밖에 없었다. 그 후 4년이 지난 1982년에는 정부가 오히려 같은 방식을 장려하게 되는데, 유명한 '농가청부생산책임제(農家請負生産責任制)'는 그런 식으로 탄생했다. 즉 농민들이 국가로부터 빌린 땅에서 농사짓고 자유롭게 경영한 후 생산된 농산물 가운데 일정량은 세금으로 국가에 바치되 잉여 농산물은 스스로 팔아서 개인소득으로 전환시킬 수 있는 제도였다. 다시 말해 투자처가 필요한 잉여자본이 처음 생겨났다는 뜻이다.

이렇게 보면 애초 농촌개혁은 중국 당국이 먼저 시작한 것이 아니었고, 농민들 스스로가 일을 저지른 후 생산성 증대가 가시화되자 나중에 정부가 인정하는 모습을 띠고 있음을 알 수 있다. 때문에 정부의 치밀한 기획에 기초, 개혁개방이 이루어졌다는 주장에는 무리가 있을 수밖에 없다. 아무튼 개혁개방의 배경에 대한 위의 설명을 통해 개혁개방 시 중국 지도부가 어느 정도 겁을 먹고 있었다는 사실을 숨기기는 힘들어진다. 논리상 개혁개방 이후 중국 지도부의 사고 수준, 여러 번 단행된 경제 및 정치제도상의 개혁이 적합한지 여부, 그리고 당시에 그랬다면 그렇게 되는 이유는 무엇이지 등을 판단하는 데 이상의 논의가 중요한 잣대가 되는 것은 분명한데, 그 점에 대해서는 중국정치에 대한 분석에서 자세히 살펴보도록 한다.

1978년 12월 제11기 공산당 중앙위원회 전체회의에서는 과거 정치 우선의 계급투쟁 노선이 개혁개방과 경제활성화 중심으로 바뀌게 된다. 구체적으로 어떻게 할 것인가에 대한 대답은 다음 해 합영법의 형태를 띠며 등장했다. 1979년 7월 중외합자경영기업법(中外合資經營企業法)이라는 이름으로 제정된 법안은 그 명칭이 암시하듯 외국인 투자를 적극 받아들이겠다는 의미였다. 그리고 국영기업의 자율권 확대와 기업이윤의 유보 등 기업활동을 자극하는 인센티브제도 함께 도입됐다. 기업은 세 가지 형태로 분류됐는데, 중국과 외국자본이 결합한 합자기업(合資企業), 100% 외국자본으로만 설립된 독자기업(獨資企業), 그리고 자본 출자와는 상관 없이 계약에 기초한 기업 간 제휴를 의미하는 합작기업(合作企業) 등 이른바 삼자기업(三資企業)이 그것이다. 그렇다면 경제성장이라는 관점에서 이상의 조치는 어떻게 해석할 수 있을까?

겉으로는 잘 드러나지 않지만, 중국 개혁개방정책의 기본 방향은 사실상 확정된 셈이었다. 독자기업과 합작기업은 외국인 투자를 적극 받아들이겠다는 의지였는데, 이 말에는 생산요소 중 노동과 토지는 워낙 풍부하므로 문제가 될 것이 없지만, 부족한 자본과 기술은 상당 부분 외부에 의존하겠다는 의미가 담겨져 있었다. 특히 기술의 경우는 자본재를 수입, 혹은 중국에 투자할 외국회사가 가져올 기술을 활용하는 방식으로 도입이 가능했다. 그렇다면 생산된 상품은 어디에 팔 수 있을까? 세계 최저 수준의 국민소득에 비추어 상품이 중국 내에서 만족할 만한 수준으로 소비될 수는 없는 일이었다. 당연히 해외로 눈을 돌릴 수밖에 없었지만, 역사적으로는 이미 검증된 방식이었기에 주저할 이유는 없었다. 제 2차 세계대전 이후 한국 등 동아시아의 고속성장 국가가 그려놓은 기념비적인 업적이 있었기 때문이다.

이것이 바로 중국 경제정책의 경우 한국의 수출주도형 정책을 그대로 모방했다고 보는 이유인데, 그러므로 중국만의 독특한 무엇이 확실히 있다는 가정은 여기서 한풀 꺾이게 된다. 그러나 생각과 그것의 현실적인 실천은 늘 별개인 것이 인간사다. 오랫동안 국제무대에서 고립됐던 공산주의 중국이었기에 대외적으로 신용이 있을 수는 없었고, 따라서 자본공급의 핵심 파이프라인인 서방의 잘사는 국가들의 관심을 끄는 것은 무리였다. 대책은 두 가지로 현실화됐다. 하나는 화교자본의 활용이었고, 다른 하나는 화교자본은 물론 외국자본이 들어오기 쉬운 곳에 자유로운 경제활동을 보장하는 경제특구를 신설하는 것이었다. 유명한 4대 경제특구, 즉 홍콩에 인접한 선전(深圳), 마카오와 가까운 주하이(珠海), 많은 해외 화교들의 고향인 산터우(汕頭)와 샤먼(廈門) 등의 특구는 그렇게 해서 조성됐다.

중국의 지역 단위인 성(省)을 기준으로 정리해보면 앞의 세 곳은 홍콩과 인접한 광둥성(廣東省), 나머지 한 곳은 대만과 가까운 푸젠성(福

建省)에 속해 있다는 사실을 발견할 수 있다. 화교자본이 인입되기 쉬운 곳, 다시 말해 이미 대외적으로 완전히 개방돼 있는 외국의 조차지, 즉 홍콩과 마카오 등이 특구 지역 선정 시 고려사항이었음은 물론이다. 또한 가지 위의 모든 장소는 연안지역이라는 특징이 있었다. 중국경제가 연안 중심으로 발전한 이유를 알 수 있는 대목인데, 따라서 현재 중국경제의 가장 심각한 문제인 지역 양극화, 즉 내륙과 연안지역 간 심각한 소득격차의 씨앗은 개혁개방 초기에 이미 뿌려진 셈이 된다. 하여간 다음의 법률이 제정된 것을 보면 중국정부의 의지는 분명했다.

1988년 '대만동포 투자장려 규정,' 1990년의 '홍콩, 마카오 화교동포의 투자 촉진 규정,' 그리고 1994년 '대만 동포 투자 보호법' 등은 특구와 함께 중국정부가 화교자본에 얼마나 집착했는지를 보여주고 있다. 중국정부의 의도는 간단했다. 일단 유인이 상대적으로 쉬운 화교자본을 들여온 다음, 이를 통해 중국이 안전한 투자 대상이라는 것을 증명한 후, 서구의 막대한 자본을 끌어들인다는 계획이었다. 노력의 결과는 성공적이어서 초기인 1983년 약 6.4억 달러에 불과하던 외국인 직접투자는 1988년 32억 달러, 1991년 44억 달러, 1992년 110억 달러, 다음 해에는 280억 달러로 폭증하게 된다. 시기적으로는 화교자본에 대한 법적 보장이 완료된 1992년부터 투자가 가시적으로 증가한 사실을 확인할 수 있다.

1995년까지 누적해보면 외국인 총 투자 22만 8,903건 중 화교자본이 82%을 차지했고, 실제 투자금액 기준으로도 비율은 여전히 높아 67%였다. 화교자본의 역할을 알 수 있는 대목인바, 외국인 총 투자액 중약 56%가 홍콩과 마카오를 통해 유입됐다는 사실 역시 경제특구의 중요성을 보여주고 있다. 중국이 그토록 싫어했던 자본주의 조차지인 홍콩과 마카오가 새 시대 중국 자본주의의 선두에 섰다는 사실은 역사의 아이러니가 아닐 수 없다. 이상이 화교자본의 인입 배경과 그것의 역할에 대한 해석이다. 다음의 설명은 특히 서방의 대중국 투자를 통해 중국경제의 엔진이 본격적으로 점화하는 과정을 그리고 있다.


## 쏟아지는 외국 자본 덕에
## 중국경제는 돌아가기 시작했다


공산주의체제를 유지하던 국가가 급속히 개방됐으니, 부작용이 뒤를 잇는 것은 이상한 일이 아니었다. 1989년의 천안문 사태는 분명한 증거였다. 겉으로는 중국사회의 민주화를 외치는 운동이었지만, 저변에는 사회주의와 자본주의 가치관에 대한 혼돈이 깔려 있었다. 우선은 정제되지 않은 자본주의의 필요악인 부패, 그리고 권력이 부를 독점하는 현상에 대한 불만의 표출이었다고 보면 된다. 이 점에 대해서는 후술할 중국 정치에 대한 논의에서 다시 짚어보겠지만, 위의 사태가 개방 이후 최대의 정치위기인 것만은 분명했다. 정치문제였으니 정치적 결정으로 풀 수밖에 없었는데, 1992년 덩샤오핑의 '남순강화(南巡講話)'는 결단의 정수를 보여주고 있다. 사회주의와 자본주의 사이에서 중국인들이 헷갈리고 있는 점에 대해, 중국은 계속 자본주의를 수용, 경제를 부흥시킬 것이니, 이 점을 명심하라는 내용이 담겨져 있었다. 뒤집어 보면 과거로 회기하자는 좌파운동에 대해서는 정치적인 통제를 가할 것이라는 메시지였다.

정치경제학에는 다음과 같은 가설이 있다: "어떤 경제제도를 채택하느냐에 따라서 사회의 경제행위와 자원배분은 달라진다. 여기서 경제제도는 특정의 사회가 자체적으로 지니고 있는 내적인 성향에 기초하게 되는데, 경제제도는 사회의 집단적인 선택에 의해 결정된다는 사실이 그렇게 보는 이유다. 물론 사회 내의 개인 및 집단의 이해에 따라서 어떤 경제제도가 좋은지에 대한 다툼은 피할 수 없다. 그때 다툼을 정리해주는 것이 바로 정치권력인바, 결국은 정치권력이 경제제도를 결정한다는 사실을 알 수 있다(Daron Acemoglu and Simon Johnson, "Institutions as a Fundamental Cause of Long-run Growth," *Handbook of Economic Growth*)." 이 가설만큼 당시 중국의 상황을 잘 설명하는 논리가 또 있을까? 아무튼 1978년 개혁개방 선언과 1992년의 남순강화를 보면 정치권력이 경제에 어떤 영향을 미치는지를 알 수 있다. 앞서 마오쩌둥의 과도한 권력행사가 경제적 비극을 초래한 상황과는 달리, 덩샤오핑에 의한 힘의 분사는 순기능으로 작용했다. 그렇다면 어느 수준이 적정인가가 문제일 수밖에 없는데, 자세한 설명은 나중에 소개하기로 한다.

남순강화의 효과는 대단했다. 외국인 투자 증가율을 보면 알 수 있는데, 앞서 살펴본 바와 같이, 1992년부터 상승세를 탄 투자는 남순강화 이후 폭발적인 증가세로 돌아서 1995년에는 380억 달러로 늘어났다. 2002년 530억 달러를 기록, 처음 500억 달러를 돌파한 다음, 2010년과 2011년에는 각각 1,057억 달러와 1,160억 달러로 1,000억 달러 고지를 넘고 있다. 여기서 주목을 끄는 것은 1992년 이후부터는 서방의 대규모 자본이 중국에 본격적으로 들어왔다는 사실이다. 이렇게 보면 1992년을 중국 경제성장의 중요한 전환점으로 간주하는 데는 무리가 없다. 중국의 초고속 성장 역시 1992년 이후부터 가시화됐다고 보면 무방할 것이다. 앞서 언급한 바와 같이 막대한 투자의 결과 폭발적으로 증가한 생산품은 외국의 방대한 시장을 겨냥할 수밖에 없었으므로 수출 또한 비슷한 비율로 늘어나게 된다.

수출통계는 위의 설명을 뒷받침해주고 있다. 1981-1987년 중국의 수출은 연간 200-300억 달러 수준이었다. 1987년부터 상승세를 보이며 394억 달러를 기록한 후, 남순강화 직후인 1993년에는 917억 달러까지 증가하게 된다. 5년 후인 1998년의 경우 무려 1,837억 달러가 기록된 것을 보면 가히 천문학적 수준으로 수출이 팽창했다는 점을 알 수 있다. 외국인 직접투자와 비교해보면 다음의 사실이 눈에 띈다. 1988년부터 5년간은 수출이 연평균 약 90억 달러 증가한 반면, 외국인 투자가 가시화되기 시작한 1993년 이후 5년 동안 수출 증가세는 연평균 약 190억 달러에 달했다. 2005년에는 7,620억 달러로 세계 3대 수출대국이 됐고, 2010년에는 1조 2,000억 달러를 기록하며 세계 1위의 수출국 자리를 꿰찰 수 있었다. 국내총생산(GDP) 역시 같은 양상을 보이고 있는데, 2010년 5조 8,000억 달러를 기록하며 전후 오랫동안 부동의 2위였던 일본을 추월, 세계 2위의 경제대국이 됐다.

　이상이 중국이 어떻게 경제적으로 약진했는지에 대한 평면적 설명이라면, 그것을 가능하게 한 환경은 무엇일까? 얘기는 다시 분업으로 돌아간다. 앞서 아담 스미스의 분업 사례를 소개한 적이 있다. 논의의 초점은 공장에서 생산방식을 변화시킴으로써 생산성이 향상되는 현상이었다. 하지만 분업이 한 국가 혹은 특정의 공장 내에서만 이루어져야 한다는 법칙은 존재하지 않는다. 국가 간에도 물품을 만드는 조건은 서로 다를 것이고, 따라서 더욱 잘 만들 수 있는 상품의 생산에 각 국가가 특화한다면 세계적으로 생산성은 당연히 향상된다. 생산의 세계적 특화와 그렇게 생산된 물품을 서로 교환한다는 국제무역의 기본 원리는 이렇게 만들어진 것이다. 그 유명한 비교우위의 원리 역시 위의 현상을 상대적인 관점에서 재해석했다고 보면 된다.

중국의 저렴한 노임과 토지비용은 다른 국가들이 감히 흉내 못 낼 수 준이었으므로 노동집약 산업을 육성하는 조건은 이미 완비된 셈이었다. 때문에 노동집약 산업을 운영하는 것이 불가능했던 국가의 기업들이 중국에 투자하는 것은 이상한 일이 아니었다. 자본, 노동, 토지, 그리고 기술, 즉 기계가 완비된 가운데, 이것을 조합하는 경영 및 행정능력에 이상이 없다면 물품을 생산하는 데 어려움이 따를 이유는 없었다. 따라서 노동집약 산업을 가지고 있지 않는 국가나 그것의 경쟁력이 약한 나라가 가격 경쟁력이 뛰어난 중국상품에 의지하는 것은 당연한 일이 된다. 특히 선진국의 경우 저가 상품의 생산을 사실상 포기한 셈이므로, 중국 상품이 진출할 수 있는 해외시장 역시 넓을 수밖에 없었다. 비슷한 조건에서 기적의 신화를 창조한 한국이 있었으므로 중국의 성장방식에 의문을 제기할 처지도 아니었다. 하지만 다음의 질문을 보면 상황은 달라진다. 비교우위의 원리는 이미 오래전에 알려졌고, 국제무역 역시 자고로 국제거래의 핵심 수단이었다. 그렇다면 제2차 세계대전을 기준으로 이전에는 고속으로 성장한 국가를 찾을 수 없는 반면, 그 후에는 여러 국가가 수출을 통해 빨리 성장을 할 수 있었던 이유는 무엇일까?

## 새로운 국제환경은 중국의 행운이었다

한국의 초고속 성장이 절정을 향하던 1970년대까지만 해도 위의 질문을 던진 전문가는 거의 없었다. 하지만 뛰어난 인물은 늘 있게 마련이어서, 미국 미시간 대학의 경영학자인 구룬월드(Joseph Grunwald)와 플람(Kenneth Flamm)은 1980년대 초 남들이 의심하지 않은 논제에 처음

도전하게 된다. 현상이 인식을 압도할 수 있다는 앞서의 설명은 당시 한국에게도 예외 없이 적용됐다. 한국이 보여준 고속성장의 원인을 과거의 예와 비교할 생각은 하지 않았다. 한국의 특이성, 즉 근면하고 잘 훈련된 인력, 정부를 중심으로 일사 분란하게 움직이는 산업과 금융, 수입을 대체해 자력갱생하겠다는 과거의 개발정책, 즉 수입대체 산업정책을 무너뜨린 한국의 결단, 그리고 이를 대체한 신전략인 수출주도형 경제개발정책의 우수성 등이 강조되었을 뿐이다. 특히 한국과 대만 등 동아시아의 4개국만이 고속성장을 했으므로 이들의 유사점을 찾는 데 혈안이 됐다. 유교자본주의라는 신조어를 전문가들이 만들어낸 것을 보면 당시의 상황을 짐작하는 데는 어려움이 없다.

그렇다면 위와 같이 유교자본주의의 특성이 갖추어지면 수출은 자연스럽게 늘어나는 것일까? 반대로 그 이전에는 왜 그런 국가가 존재하지 않았을까? 유교자본주의 국가가 없었기 때문일까? 질문에 대한 대답을 확실히 제시한 연구 결과는 당시 존재하지 않았다. 그렇다면 수출이 팽창할 수 있는 과거와는 다른 환경이 조성되었다고 보면 어떨까? 두 경영학자의 대답은 다음과 같았다. 제2차 세계대전이 끝난 후 반도체 및 컴퓨터와 같은 신산업의 발전이 가시화되면서 국가 혹은 기업 간의 경쟁은 더욱 치열해졌다. 이들 업체는 어떻게 해서든 생산비를 줄여야만 했는데, 따라서 반도체와 같은 첨단제품의 생산에서도 노동집약적인 부분은 없는지에 관심을 갖게 된다.

찾아낸 방법이 하나 있었다. 첨단의 기술을 요하는 부품생산은 선진국, 특히 미국에서 행하지만 부품을 모두 모아 조립하는 공정의 경우 조립기계가 갖춰지면 단순 노동으로도 가능하므로, 이 부분을 노동력이 싼 해외에 이전하는 것이었다(the separation of labor-intensive assembly processes). 전문용어로는 이른바 생산, 즉 산업의 국제화를 의미했는데, 산업의 국제화에 대한 요구는 가시적으로 증가했더라도, 이를 실현할 능력이 없다면 국제화는 잘 진전되지 않았을 것이다. 하지만 제2차 세계대전을 겪으면서 교통 및 정보·통신분야가 비약적으로 발전했고, 특히 미국을 중심으로 규모가 엄청난 대기업의 약진이 가시화되면서, 비록 원거리에 있는 공장이라도 그것을 통제하고 운영하는 것이 가능해졌기에 생산의 국제화를 실천하는 데는 별 문제가 없었다. 다시 말해 기업이 커질수록 자연히 발전할 수밖에 없는 새로운 경영기법, 그리고 교통 및 정보통신 분야의 진전이 세계적 규모의 생산을 현실화시켰던 셈이다. 두 경영학자 역시 산업의 국제화를 다루면서, 특히 미국 다국적기업의 해외생산에 초점을 맞추게 된다.

위의 새로운 해석을 획기적인 것으로 보는 이유는 다음과 같다. 전통적인 무역 혹은 산업이론은 특정의 상품 전체가 한 국가에서 생산되는 것을 가정하고 있다. 예를 들어 다소 복잡한 기계라도, 그것을 생산하는 데 유리한 조건을 갖추고 있는 국가는 기계를 만드는 공정을 처음부터 끝까지 수행, 완성품을 만든다는 것이었다. 같은 맥락에서 국제무역은 이들 완성품 간의 교역을 의미한다고 보았다. 하지만 위의 설명은 생산과정 자체가 분리될 수 있다는 점을 밝히고 있으므로, 과거의 해석과는 분명 차이가 난다. 아무튼 두 뛰어난 인물의 분석 덕분에 비록 첨단제품인 경우에도 생산에 있어 노동집약적인 부분은 반드시 있게 마련이고, 그 부분을 노임이 비싼 국가에서 생산할 이유는 없다는 사실이 분명해졌다.

생산의 국제적 재조직은 개발도상국의 경제에 큰 영향을 미칠 수밖에 없었다. 일용 잡화와 같은 저가 상품의 생산에 대한 특화를 넘어, 첨단

상품의 제조와 그것을 수출하는 데도 참여할 수 있었기 때문이다. 새로운 특화 덕분에 개발도상국은 우선 조립공정을 위한 외국인 투자를 유치하는 것이 가능해졌다. 자본부족 문제가 어느 정도는 저절로 풀린 셈이었는데, 마이너스에 허덕이던 국제수지가 개선되는 효과도 기대할 수 있었다. 다음 이들 조립공장이 대규모 인력을 흡수함으로써 고용 여건 역시 획기적으로 개선됐고, 대규모 고용 덕분에 가계의 가처분 소득 역시 증가했다. 다음으로 그렇게 만든 첨단상품 대부분은 선진국에 다시 수출되었으므로 수출도 활기를 띨 수 있었다. 다시 말해 세계시장을 파고들 수 있는 또 다른 길이 열린 셈이다(The Global Factory). 물론 다양한 요소가 존재하지만, 위의 분석이 한국을 비롯한 신흥국들이 왜 빨리 성장했는지를 더 잘 이해하게 해주는 것만은 분명하다.

위의 획기적인 연구는 국제무역이론에도 많은 영향을 미쳤다. 크루그먼(Paul Krugman)의 산업 내 무역이론(intra-industry trade theory)을 보면 이유를 알 수 있다: "어떤 국가도 자동차 및 비행기와 같은 제품을 혼자서 (혹은 자신만을 위해) 생산하는 것은 불가능하다. 따라서 국가는 산업 내에서 또 다시 특화 생산을 할 수밖에 없고, 그 생산품을 수출입함으로써 산업 내 무역은 증가하게 된다." 다시 말해 "상품의 내용이 과거보다는 복잡해졌고, 상품생산을 위해 더욱 특화된 중간재를 사용한다는 것이 그렇게 되는 이유다." 제조공정에 이를 비추어보면 "각 제조 단계에서 미세한 부가가치만이 추가된 후 대단히 많은 지역을 거치는 것은 물론, 수많은 단계를 밟으면서 제품이 생산된다는 의미를 담고 있다." 실제로도 1913년에는 대부분의 소비재들이 대략 한 번만 수출됐지만, 현대에는 반대로 여러 번 수출된다. 다시 말해 매 생산공정이 서로 다른 국가에서 조금씩 이루어지면서 최종 상품이 완성된다는 뜻이다. 따라서 작은 규모의 부가가치가 여러 단계를 거치며 추가되는 현상이 국경을 넘어 발생하는 것이 현대 무역의 특징임을 알 수 있다("Growing World Trade," *Brookings Papers*). 크루그먼은 위의 연구로 몇 년 전 노벨상을 수상했다.

중국경제에 비추어 이상의 분석이 의미하는 바는 무엇일까? 제2차 세계대전 이후 개발도상국이 세계 산업생산에 참여할 가능성은 날이 갈수록 높아졌고, 그 결과 세계무역에 진출하는 길 역시 넓어졌다. 1992년 이후 중국경제가 폭발적으로 팽창했다는 통계를 앞서 소개한 바 있다. 1992년 하면 누구나 떠오르는 대목이 있을 것이다. 거대한 공산주의 소련제국이 멸망하면서 그동안 싹을 틔우고 있던 세계화가 전 세계적으로 확산된 원년이었다. 언뜻 봐도 중국의 경우는 1960-1980년대의 한국과 비교해 더욱 좋은 환경에서 경제발전을 꾀했다는 사실을 알 수 있다. 때문에 중국의 초고속 성장이 과거 한국의 기록을 능가하는 것에 대해서도 의문을 제기할 필요는 없다. 다음의 분석을 보면 중국이 누리고 있는 국제환경상의 혜택이 어떤 것인지가 더욱 선명해진다.

미국 MIT 대학의 정치경제학자인 스타인펠드(Edward Steinfeld)는 최근 다음과 같은 주목할 만한 연구 결과를 제시한 적이 있다. 1990년대 초부터 세계경제를 휩쓸며 거대한 흐름을 형성하고 있는 세계화를 생산적 측면에서 조명하는 것이 그의 연구 테마였다. 우선 기술의 진보에 힘입어 과거보다는 복잡한 제품이 생산된다는 점을 지적하고 있다. 현대의 자동차에는, 단순히 인간을 이동시키는 기계를 넘어 운전자의 운전기능을 향상시키는 각종 기기, 그리고 탑승자의 편의를 위한 다양한 장치가 장착된다. 이런 현상은 거의 모든 제품에서 나타났는데, 한마디로 제품이 점점 복잡해지면서 첨단, 고급화됐다는 의미다. 한 제품 안에 들어가는 부품 수는 당연히 많아질 수밖에 없었고, 이를 공정상 모두 소화하기 위해서는 각 부품에 대한 디자인이 별도로 완성된 후, 그것에 맞춰 모든 부품이 생산되어야만 했다. 하지만 컴퓨터가 발달하기 전에는 위의 모든 디자인을 분리, 자세히 표현하는 것이 불가능했다.

따라서 제품의 가장 중요한 부분만 청사진 혹은 작업 지시서 등으로 표현했고, 나머지 세부적인 부분은 공장 내에 있는 숙련공들이 축적된 기술과 지식으로 해결해야만 했다. 공장은 이들 모두를 고용해야만 했으므로 공장의 규모는 당연히 커질 수밖에 없었다. 하지만 컴퓨터의 발전에 힘입어 2진법으로 모든 정보를 무한히 표현, 저장할 수 있는 디지털 기술이 현실화되자, 위의 기술장벽은 깨지게 된다. 엄청난 양의 정보가 코드화된다는 뜻이므로, 세부 부품의 디자인과 같이 그 내용이 대단히 복잡한 경우에도 별 문제는 없다는 의미다. 결과는 대단히 놀라워 생산공정이 더욱 세분화되면서 무수한 독립공정이 가능해지는 모듈화(modular production)라는 새로운 생산방식이 탄생했다. 예를 들어 컴퓨터의 경우 과거에는 IBM이 생산의 전 공정을 직접 맡아야 했지만, 모듈화가 가능해지면서 첨단의 칩은 인텔서 생산하고, 컴퓨터를 움직이는 소프트웨어는 마이크로 소프트, 컴퓨터의 진행 상황을 보여주는 모니터는 삼성이 각각 나누어 생산하는 것이 가능해졌다(*Playing Our Game*).

위의 분석은 앞서 소개한 구룬월드와 플람 박사가 처음 발견한 산업, 즉 생산의 국제화가 기술진보에 힘입어 더욱 세분화되는 상황을 그리고 있다. 그렇다면 이것이 중국경제에 의미하는 바는 무엇일까? 앞서 언급한 바와 같이 디지털화 및 모듈화가 현실화되기 전, 제품의 세부적인 부분을 완성하기 위해서는 한 공장 내에서 근무하는 근로자의 숙련된 기술이나 지식이 필요했다. 그러나 디지털화가 진행되면서 세부 분야에 대해 디자인하거나, 그 정보를 저장하는 것이 가능해지자 경험 중심의 기술과 지식은 기존의 효용성을 상실하게 된다. 단순하게 코드화된 정보를 아무 곳에서나 활용할 수 있게 된 것이 이유였는데, 따라서 중국의 경우도 이 코드에 따라서 일을 진행하면 첨단제품을 생산하는 것이 가능해졌다. 구룬월드와 플람이 지적한 첨단제품 전체의 단순 조립은 걸음마 단계의 시작이었지만, 한 걸음 나아가 모듈화가 진행된 다음에는 전체가 아닌 세분화된 각개의 모듈을 조립하는 것도 가능해졌다는 뜻이다(같은 책). 모듈을 만들 때 많은 경우는 아니지만 중국이 특정의 모듈이 필요로 하는 경쟁력 있는 작은 부품을 생산할 수 있다면, 그런 부품을 모듈 공정에 납품하는 길도 당연히 열린 셈이 된다. 한마디로 모든 제품의 생산에 참여할 수 있는 기회가 과거보다는 많아진 상황을 의미하는바, 전문용어로는 진입장벽(entry barrier)이 낮아졌다고 표현한다.

## 오래 지속된 현상에 대한 고정 관념은 뿌리 깊다

이상의 논의를 통해 중국의 경우 한국이 급성장할 때보다는 더욱 좋은 국제환경에서 경제를 부흥시켰다는 사실을 확인할 수 있다. 한마디로 세계화의 덕을 톡톡히 본 셈인데, 중국 출신 예일 대학 교수인 천즈우(陳志武) 박사의 다음과 같이 함축적인 설명은 이해에 도움을 준다: "1978년 중국이 개혁개방을 시작할 당시, 과거 200년간 선진국이 점차적으로 만들어 온 국제질서는 중국의 교역비용을 크게 낮췄을 뿐 아니라 전 세계 수출시장의 규모를 키웠다. 그렇기 때문에 중국의 생산량을 세계시장이 흡수할 수 있었다. (결국) 중국경제발전의 주요 원인으로는 두 가지를 꼽을 수 있는데, (서구 발전의 결과인) 성숙한 산업기술과 자유무역에 유리한 세계 환경이 그것이다. (요컨대) 우리는 중국의 경제발전이 글로벌 추세에 편승함으로써 이루어진 것이며, 글로벌화라는 전 세계적인 배경이 없었더라면 중국경제의 성장과 발전도 불가능한 것이었음을 인지할 수 있다. (따라서) 글로벌화라는 시대적 배경을 빠뜨린 채 경제발전을 논하는 것은 적절치 않다고 생각한다(『중국식 모델은 없다』)."

이렇게 보면 이집트가 나일강의 선물이듯이 중국의 경제성장 역시 세계화의 선물인 셈이 된다. 세상이 그와 같이 돌아가는데도 중국의 성장이 사회주의 시장경제라는 중국만의 독특한 특성 때문에 가능했고, 따라서 중국만의 특성이 빛을 잃지 않는 한 지속적인 성장에는 문제가 없다는 주장은 지금도 계속되고 있다. 오래 지속되는 특정의 상황이 사람의 인식을 압도할 수 있다는 사실은 앞서 여러 번 소개한 적이 있다. 비슷한 역사적인 사례가 있다면 같은 현상을 이해하는 데도 도움이 될 것이다. 제2차 세계대전이 끝난 다음 구소련의 성공은 지금의 중국처럼 대단히 눈부셨다. 당시 미국 전문가들은 앞다퉈 소련경제의 특징을 분석했고, 이들 중 적지 않은 전문가가 소련이 미국을 앞설 것이라는 대단히 충격적인 예측을 과감하게 내놓은 적도 있다.

1950년대의 소련이 특히 그랬는데, 소련 특유의 계획경제와 그것을 기반으로 잘 짜여진 경제발전 5개년 계획은 눈길을 끌기에 충분했다. 1950-1955년 국민총생산 증가율은 같은 기간 미국에 비해 무려 3배가 높았고, 1955-1960년에는 연평균 10.5%의 성장이 점쳐지고 있었다. 그렇다면 소련경제에는 무슨 장점이 있었기에 그런 고성장이 가능했을까? 미국 전문가의 대답은 다음과 같았다. 소련의 창작품인 집단 계획경제의 장점이 고성장의 동인이라 보았는데, 대표적으로 후버(Calvin Hoover)의 분석은 그런 시각의 정수를 보여주고 있다: "집단적이고 권위주의적인 국가는 자본주의 경제의 반복되는 경기침체 때문에 발생하는 성장률 저하를 걱정할 필요가 없다. 실제로도 소련경제가 그런 방식으로 후퇴한 적은 없었다. 경제의 모든 주요 요소들이 중앙집중식으로 조율됨으로써 미국이 1930년대 경험했던 심각한 경기침체를 경험할 이유가 없었던 것이다. 소련경제의 최대 장점은 역시 소비재 공급을 제한하고, 소비자의 구매력을 억제시킴으로써 국민소득의 상당 부분을 자본재를 축적하는 데 전환시킬 수 있는 능력이다. 이런 방식으로 소련은 미래에도 상대적으로 많은 물품을 생산할 수 있을 것으로 기대된다("Soviet Economic Growth," *Foreign Affairs*)."

구체적인 메커니즘을 파헤친 다음의 설명을 보면 분석의 정교함에 혀를 내두를 정도다: "소련산업의 경우 과도한 재고를 방지하기 위해 생산을 줄일 필요가 없다. 왜냐하면 모든 물품의 공급을 약간 모자라게 함으로써 가격과 질에 상관없이 상품은 시장에서 곧 팔려나가기 때문이다. 다시 말해 소비자의 선호도나 까다로운 취향을 맞추기 위해 기업끼리 경쟁할 필요가 없는 셈이다." 저축과 투자를 살펴봐도 장점은 부인할 수 없었다: "계획경제이므로 투자규모는 당연히 소련국민의 저축에 의해서만 제한된다. 즉 저축과 투자가 일치하는 셈인데, 여기서 중요한 것은 인민의 소비가 어느 정도 통제됨으로써 자본주의 경제보다는 저축률이 상당히 높다는 사실이다. 따라서 투자 위축 때문에 발생하는 국민소득의 저하 현상은 발생하지 않는다. 자본주의 경제에서는 기업 경영자들의 미래에 대한 예측이 투자규모에 영향을 주지만, 소련의 경우는 그런 불확실성이 존재하지 않는다는 장점이 있다(같은 논문)."

이러한 분석이 미친 영향은 지대했다. 크루그먼이 그의 논문에서 당시의 상황을 묘사한 내용은 다음과 같다. 1953-1961년 미 중앙정보국 국장이었던 덜레스(Allan Dulles)는 의회 청문회에서 "만약 다음 10년 동안 소련 경제성장률이 예측대로 연평균 8-9%에 이른다면, 미국과 소련의 경제력 격차는 위험 수준으로 줄어들 것"이라는 소름 끼치는 증언을 한 적이 있다. 한 걸음 나아가 그런 식으로 계산하는 경우 소련경제는 1970년대 초반 미국경제를 앞서게 될 것이라는 예측도 힘을 얻고 있었다. 당시는 냉전이라는 국제체제의 특성 때문에 제3세계를 자기편으로 만들기 위해 미국과 소련이 기를 쓰고 경쟁하던 시기였다. 상황이 이럴진대, 다음과 같은 분석이 등장했으니 미국이 움츠러드는 것은 이상한 일이 아니었다: "비록 부존자원의 차이 때문에 소련식 모델을 제3세계에 그대로 적용하기는 힘들지만 자본주의에 대한 거부감이 강한 현재의 세계질서에 비추어 소련의 비약적인 팽창이 저개발 국가들에게 강한 인상을 줄 것은 틀림없는 사실이다("The Myth of Asia's Miracle," *Foreign Affairs*)."

　당시 제3세계의 많은 국가가 소련식 모델을 받아들인 사실은 부인할 수 없는 현실이었다. 제3세계의 상당 부분이 소련의 영향권으로 들어간 셈이었는데, 결국 미국이 국제경쟁에서 소련에 비해 열세이거나 패한다는 의미였으므로, 미국의 심사는 복잡할 수밖에 없었다. 그러나 1970년대에 들어오면서 소련은 경제적으로 추락하기 시작했고, 이윽고 1980년대에 이르자 백기를 들게 된다. 고르바초프에 의해 단행된 페레스트로이카와 글라스노스트, 즉 개혁개방은 소련이 과거의 모델로는 더 이상의 생존이 불가능하다는 선언이었다. 그러나 절박한 위기는 극복되지 않았고, 결국 1990년대 초 소련경제는 붕괴하게 된다. 이렇게 보면 덩샤오핑이 취한 개혁개방 정책의 배경과 소련의 그것 사이에 유사한 점이 있는 것은 분명해 보인다. 절박한 상황에 처한 두 공산 국가 모두가 살기 위해

몸부림쳤다고 보면 무리일까?

소련의 멸망 원인에 대해서는 다양한 견해가 존재하지만, 적어도 경제적인 관점에서는 전문가들의 견해가 일치하고 있다. 초기 중국경제의 몰락에서도 드러났듯이, 자유, 즉 인센티브와 창의성을 억누르는 경제체제가 지속적인 성장을 할 수 없다는 사실에는 이의가 없다는 말이다. 바꿔 말하면 국가가 주도한 계획경제는 생산성을 지속적으로 높일 수 없고, 그 결과 수확체감의 법칙에 빠져든 후 골탕을 먹는다는 뜻이 된다. 특정의 상황이 20년 이상 지속되는 경우, 그런 현상에 의해 인간의 사고가 지배당하는 경향은 소련의 경우에서도 예외 없이 드러난다. 여기서 잘나가다가 갑자기 경제가 나빠지는 소련의 극적인 반전 현상이 승승장구하는 것처럼 보이는 중국경제에 암시하는 바가 없다고 잡아떼는 것은 과연 가능할까?

## 정부가 주도한 일본 경제발전의 허점

공산주의 국가와는 달리 잘나가던 자본주의 국가가 어느 순간 꺾이는 현상이 있다면, 그것은 무엇을 의미할까? 1990년대 초 일본경제는 갑자기 침체됐다. 워낙 막강한 경제였으므로 전문가들에게도 일본경제는 한동안 미스터리로 남아 있었다. 그러나 일본경제가 오랫동안 침체를 벗어나지 못한다는 현실 자체가 워낙 충격적이었기에 많은 연구가 이루어진 것은 물론이다. 다행히 침체의 원인에 대해서는 전문가들의 견해가 많은 경우 일치한다. 얘기는 전후의 궁핍한 시절로 거슬러 올라가는데, 제2차 세계대전에 패하면서 피폐해진 경제를 부흥시키기 위해 일본정부는 두

팔을 걷어붙이게 된다. 한국전쟁이라는 호기를 만나면서 경제부흥의 전기가 마련된 것을 보면 운도 있었다. 아무튼 당시 일본정부의 전략은 우리에게도 익숙한 용어인 '선택과 집중'이었다.

먼저 정부의 통산성(MITI)이 앞장서, 일본의 기술력과 세계 산업의 수준, 그리고 국제시장의 동향 등을 기준으로 경쟁력 있는 제조업을 집중 육성하는 전략을 세우게 된다. 여기서 육성은 지정된 산업의 발전을 위해 세금인하 혹은 면제와 같은 온갖 행정적인 특혜, 또는 금융상의 지원을 의미했다. 세계시장을 상대로 경쟁을 해야 했으므로 기업의 규모는 클수록 좋다고 판단했다. 우리에게도 익숙한 재벌이 제2차 세계대전 이후 다시 뿌리내리는 배경을 알 수 있는 대목이다. 패전으로 큰 상처를 입은 국내경제에 비추어 내수를 기대할 수는 없었으므로, 수출만이 살길이었는데, 이렇게 보면 수출주도형 정책이 한국과 중국의 전유물만은 아닌 셈이다.

결과는 놀라워 1960년대와 1970년대 초반 매해 성장률은 10%를 넘었다. 1950-1973년의 경제성장을 모두 합산해봐도 연평균 성장률 8%라는 놀라운 수치를 접할 수 있다. 1970-1980년대에도 다른 선진국에 비해서는 월등히 높은 수치인 5% 내외의 고성장이 지속됐다. 한창 시절의 한국, 그리고 지금의 중국에 비해서는 성장률이 다소 낮았지만, 당시 일본의 경제 수준은 한국 혹은 중국의 그것에 비할 바가 아니었으므로 단순 비교는 별 의미가 없다. 제2차 세계대전 시 최강국 미국과 정면 승부를 한 것을 보면, 일본의 산업력이 세계대전 전에 이미 세계 최고 수준이었다는 사실을 부인하기는 힘들기 때문이다. 극빈을 배경으로 기적의 성장을 한 한국 및 중국과는 비교할 수 없다는 사실을 알 수 있는데, 따라서 이미 선진국에 진입한 경제가 20년 동안 연평균 8%의 성장을 한다는 것은 분명 과거에는 없던 예외적인 현상이었다.

　그러나 고도성장을 뒷받침하던 일본의 경제구조는 장단점을 모두 지니고 있었다. 빠른 성장을 위해서는 자원이 전략적으로 선택된 산업에 집중적으로 투입되는 것이 필요했다. 일본정부는 어찌 보면 기발하고, 달리 보면 교활한 방법을 강구했는데, 내용은 다음과 같다. 우선 전후 일본국민은 사회복지 혜택을 거의 누릴 수 없었다. 공적 의미의 노후 은퇴 프로그램은 존재하지 않았고, 기업연금 역시 희귀했다. 금융산업이 발달하지 않았으므로, 지금은 대단히 흔한 종신보험과 같은 다양한 보장성 금융상품 또한 눈에 띄지 않았다. 상황이 그런 경우 저축을 열심히 하며 노후를 대비하는 것만이 유일한 해법으로 남게 된다. 바로 이 점이 다른 선진국과는 달리 일본의 가계저축률이 대단히 높았던 이유였다. 금융산업이 억제된 결과 지방에 있는 일본국민들은 저축을 위해 주로 우체국을 활용할 수밖에 없었다. 아무튼 서구 자본주의 사회에서는 상상하기 힘든 국가기관 중심의 대규모 자본동원이 이루어진 사실은 위의 설명을 통해 분명해진다.

　수요공급 법칙에 따라서 공급이 많아지면 가격은 떨어지는 법이다. 전 국민의 열렬한 저축 덕분에 예금공급은 많아졌고, 따라서 돈값에 해당하는 이자율 역시 낮게 책정될 수 있었다. 대안이 없는 가운데 일본국민들이 반강제 저축으로 내몰린 셈이었지만, 당시에는 일본국민들의 근검절약이 마치 일본경제의 힘인 것처럼 포장되기 일쑤였다. 이렇게 모아진 대규모 자금은 정부 주도하에 도시에 포진한 대형은행으로 거의 헐값에 이전됐고, 은행은 그 돈을 정부의 원대한 경제전략에 발맞춰 특정 산업에 더 많이 대출해줬다. 1970년대 미국기업이 돈을 빌리며 내는 이자가 두 자릿수를 기록하고 있을 때, 그것의 절반 정도에 불과한 5% 이하의

싼 이자로 일본기업들이 자금을 활용했다는 통계는 일본기업이 누린 특혜의 정도를 보여주고 있다. 특혜의 결과 가격경쟁에서 일본기업들이 다른 국가의 경쟁기업들을 앞서는 것은 당연했는데, 임금 또한 다른 선진국들보다는 낮았으므로 막대한 수익을 올리는 데는 문제가 없었다. 국가 수준에서 봐도 결과는 엄청나서, 1987년 인구 1억 2,000만 명의 일본은 일인당 국민소득 2만 366달러를 기록하며 세계 최초로 국민소득 2만 달러 시대를 열 수 있었다. 당시 2억 4천 500만 명의 인구를 지닌 최강국 미국의 일인당 국민소득을 처음 앞선 것을 보면, 일본의 위세를 아는 데는 부족함이 없다.

과거 소련의 사례와 비슷하게 같은 상황이 어느 정도 지속되는 경우 그런 큰 흐름이 인간의 사고를 지배하는 현상은 일본의 사례에서도 분명히 드러난다. 우선 일본이 미국을 따라잡는 것은 시간문제라는 시각이 팽배했다. 이해하기 힘든 정부 중심의 관리경제가 거둔 위대한 성과에 넋을 잃는 것도 흔한 일이 됐다. 심지어는 일본을 배워야 한다는 논의가 미국사회에서도 진지해졌고, 일부 기업이 일본식 경영방식을 적극 도입한 것을 보면 당시 일본경제에 대한 평가가 어떠했는지는 분명해진다. 어쨌건 1인당 국민소득에서 미국을 일찌감치 앞선 기념비적인 기록에 힘입어, 당시 일본경제는 외형상 세계 최고라는 찬사를 즐길 수 있었다. 그렇다면 이 모든 것을 고려하는 경우, 일본경제의 성공을 아직도 후진국의 모습을 띠고 있는 중국의 약진과 단순 비교하는 것은 무리가 아닐까? 다시 말해 중국이 양적 팽창을 했다고 으스대지만 과거 일본의 수준은 그 정도가 아니었다는 의미다.

문제는 다음과 같은 메커니즘을 통해 불거졌다. 초기 임금이 억제됐던 것은 노동조합의 협조에 힘입은 정부의 효율적인 임금정책이 일차적인 원인이었지만, 농촌의 잉여인력이 도시에 대규모로 공급된 사실은 더욱 중요한 이유였다. 그러나 산업생산이 급속히 증가하면서 잉여 노동력은 당연히 고갈됐고, 가파른 임금상승 또한 피할 수 없었다. 1990년대 초 제조업 임금수준이 미국의 그것을 추월한 것을 보면 상황은 분명해진다. 이 말은 일본기업의 경쟁력을 뒷받침하던 싼 이자의 정책금융과 상대적으로 낮았던 임금이라는 두 버팀목 중 하나가 무너진 것을 의미했는데, 1980년대 후반 이후에는 선진국, 특히 미국의 이자율이 낮아지면서 마지막 남은 버팀목마저 흔들리게 된다.

1979년 미국의 기준금리는 10.99%를 기록하며 처음 10%를 돌파한 다음 1981년에는 16.39%로 정점을 찍은 후 약간의 반전은 있었지만 지속적으로 낮아져, 일본의 제조업 임금수준이 미국의 그것을 추월한 1991년과 1992년에는 5.62%와 3.57%를 기록하게 된다. 이렇게 보면 일본기업이 누리고 있던 이점은 사실상 사라진 셈이었는데, 상황이 그런 경우 기업의 수익이 지속적으로 유지되기 위해서는 상품 값을 올려야만 한다. 그러나 기술 부진으로 그렇게 할 수는 없었고, 설상가상으로 미국의 압력으로 1985년 이후 엔화를 평가절상하면서 수출가격은 기술진보에 의해서가 아니라 환율 때문에 자연스레 상승하는 현상이 찾아왔다. 다른 출구는 없었으므로, 기왕에 낮은 기업대출 이자율이었지만 이를 또 다시 낮춰 기업의 어려움을 덜어주는 것이 남은 유일한 방법이었다. 일본정부는 실제로 엔화의 평가절상에 발맞춰 기업대출 이자율을 2.5%까지 낮추게 된다. 다음에서는 이해의 편의를 위해 한 가지 사례만을 소개하지만, 아무튼 일본의 기술수준 열세와 정부의 과도한 간섭이 어떤 후유증을 남기는지를 아는 데는 무리가 없다.

컴퓨터 산업은 대표적인 사례였다. 이 분야의 원천기술은 물론 미국이 가지고 있었다. 아무튼 1960-1970년대 기적과 같은 경제성장이 가시화되자 일본 통산성은 정부의 기획이 시장을 이길 수 있다는 확신을 갖게 된다. 그런 믿음에 기초, 새로운 분야인 컴퓨터 산업의 육성을 위해 통산성이 직접 나섰는데, 모델은 당시 세계 최고 컴퓨터 기업인 미국의 IBM이었다. IBM의 핵심 제품인 큰 규모의 중앙 처리식 컴퓨터를 더욱 저렴하게 생산, 세계시장에 판매한다는 통산성의 계획은 일본의 또 다른 성공을 예고하는 듯 보였다. 목적 달성을 위해 우선 경쟁력 있는 일본기업이 선정됐고, 이들은 미국의 연구소로부터 구매하는 방식으로 기술을 이전받았다. 하지만 미국에서 다음과 같은 획기적인 발견이 있게 되자, 정부의 판단은 빗나갈 수밖에 없었다. 얼마 전 죽었지만 지금도 천재로 추앙받는 스티브 잡스(Steve Jobs)가 1976년 애플사를 창업한 후, 다음해 세계 최초의 개인용 컴퓨터인 애플 1호를 만든 것은 다음과 같은 이유로 일본의 원대한 계획에 결정타가 됐다. 애플 1호가 개인용 컴퓨터의 가능성을 보여줬다면, 1984년 그것을 기반으로 사용자가 더욱 쉽게 이용할 수 있는 그래픽 기반 매킨토시가 발명된 것은 개인 컴퓨터의 전성시대를 예고하고 있었기 때문이다.

1980년대를 거치며 컴퓨터 산업의 패권은 개인용 컴퓨터로 넘어갔다. 1980-1990년대 일본기업이 개인 컴퓨터 시장에서 약세를 면치 못한 이유는 이로써 분명해진다. 같은 맥락에서 국가, 즉 정부가 시장을 이긴다는 가정에 오류가 있는 것이 아니냐는 의문이 제기됐는데, 아무튼 소련의 실패와 일본의 오판에 어느 정도 비슷한 공통점이 있다는 주장이 나온 것을 보면, 일본의 판단 착오는 겉보기보다는 심각한 것이었다. 일본과는 반대로 개인 컴퓨터의 개발에 미국정부가 간여한 적은 전혀 없었고, 개인 컴퓨터의 성장은 전적으로 시장의 판단과 요구에 의존하고 있었다. 결국 일본기업은 당시를 기준으로 향후 가장 유망한 산업인 개인용 컴퓨터에 진출하는 것이 대단히 늦어졌고, 개인용 컴퓨터를 작동시키기 위한 핵심 기제인 컴퓨터 구동 소프트웨어 기술 역시 축적할 수 없었다.

## 일본경제도 왜곡됐다

위의 사례는 다음과 같은 중요한 교훈을 남기고 있다. 정부의 판단이 시장을 이길 수는 없다는 엄연한 사실을 전하고 있는 것은 물론, 원천기술을 가지고 있지 않는 국가나 기업은 산업 패러다임이 바뀌는 경우 나락으로 떨어질 수 있다는 점도 보여주고 있다. 모두에서 소개한 기술 문제로 다시 돌아가 보면, 산업기술은 기본적으로 기초과학에 뿌리를 두고 있다는 사실이 떠오른다. 일반적으로는 기초과학을 통해 사물의 원리가 밝혀진 후 그것에 기초, 과거에는 없던, 혹은 과거의 것을 뛰어넘는 기술이 개발되는데, 이렇게 생성된 새 기술을 파괴적 혁신 혹은 기술(destructive innovation or technology)이라 부른다는 점은 이미 설명한 바와 같다. 그렇다면 과거를 대체하는 새 기술이 자리를 잡으면 어떤 현상이 발생할까? 기술의 생명이 긴 경우 새 기술은 다른 국가에 서서히 전파될 것이고, 기술이 이전되는 영역에 있는 국가나 기업 간에는 치열한 경쟁이 벌어지게 될 것이다. 그런 것을 '파괴'와는 다른 의미를 지니고 있는 지속적인 기술(sustaining or continuous technology)이라고 부르고 있다. 다시 말해 원천기술의 기본 원리에는 큰 변화가 없는 가운데, 세부 항목에서는 점진적인 발전이 이루어지면서 과거를 대체하지는 않지만, 부분적인 새로운 기술이 지속적으로 조금씩 축적된다는 의미다.

앞서 살펴본 제2차 산업혁명과 그때 선을 보인 많은 기술은 지속적인 기술의 대표적인 예라 할 수 있다. 자동차, 선박, 철강, 정유, 그 밖의 석유화학 등 중화학 공업 대부분이 그때 자리를 잡았는데, 이들 기술 중 상당 부분은 지금도 활용되고 있다. 거의 100년의 역사를 지니고 있는 셈이니, 그 동안 기술이전이 많이 이루어진 것은 당연할 수밖에 없다. 상당부분 독일이 원천기술을 가지고 있지만, 다른 국가들은 이 기술을 사오든가, 혹은 기계나 플랜트를 수입한 후 이를 분해, 기술을 역으로 추적하는 모방 기법(reverse or copy engineering)을 통해 기술 습득을 할 수 있었다. 아무튼 기술은 급속히 전파됐고, 1920-1930년경에는 일본도 같은 대열에 오르게 된다.

물론 그런 성공도 서구와 일본 등 한정된 지역에서만 목격할 수 있으므로 대단한 것은 사실이지만, 남이 이미 개발한 기술을 모방하여 따라잡는 것이 상대적으로 쉬운 것은 당연지사다. 전문용어로는 기술 따라잡기 혹은 추격(catch-up) 성장이라 부르는데, 이때 성패를 좌우하는 것은 자본재의 습득 혹은 체화(implementation) 능력이다. 여기서는 외국으로부터 자본재를 수입하거나, 다소 힘이 들더라도 이 자본재를 분해 역 추적한 후, 자본재를 스스로 만들어 자기 것으로 소화하는 능력이 관건이 된다. 그렇다면 어느 시점을 지나면서 자본재를 수입하여 생산성을 향상시키는 것이 더 이상 불가능하거나, 혹은 복제할 자본재가 사실상 바닥나는 경우는 어떻게 될까? 생산성의 추가 향상을 위해서는 당연히 기존의 자본재를 대체하는 새로운 기술이 나와야 한다. 앞서 말한 파괴적인 기술은 바로 이를 두고 한 말이었다. 여기서 자본재를 수입, 더 이상 생산성을 올릴 수 없었던 경우가 최근의 한국, 대만 등 동아시아 국가들이고, 스스로 만들 자본재가 바닥났던 경우가 1990년대 일본이 라고 보면 무방할 것이다.

몇 년 전 일본의 도요타 자동차는 생산량 기준으로 미국의 GM 자동차를 추월, 세계 1위에 오른 적이 있다. 일본 총리도 기뻤는지, 축하를 위해 도요타를 방문, 회사 회장과 면대했다. 하지만 회장의 말은 다소 충격적이었다. 양적으로는 도요타의 업적이 대단하지만, 자동차 기술 중 도요타가 원천기술을 가지고 있는 것은 백미러 하나뿐이라는 충격적인 현실을 실토하며, 그리 기뻐할 일은 아니라고 꼬집었기 때문이다. 경제대국임에도 불구하고 원천기술에서는 대단히 약한 일본경제의 한계가 드러나는 순간이었다. 아무튼 1990년 전후 기존의 모방기술이 한계를 보이면서 일본기업의 경쟁력과 수익률 모두는 가시적으로 추락하게 된다. 혁신기술의 열세는 현재까지 지속되고 있는데, 따라서 이 문제에 대한 해결책이 없이 일본경제의 회복을 논하는 것은 이치상 맞을 수가 없다.

이 점에 대해서는 한국 언론 역시 "따라잡기 경제로는 결국 몰락한다"는 예리한 명제를 제시한 적이 있다: "일본 제조업은 한 세기 넘도록 미국과 유럽을 따라잡는 공정(工程)을 성공시켰다. 철강·조선업은 유럽에서, TV·반도체는 미국에서 발명된 것을 가져왔다. 자동차·전기·인터넷을 처음 선보인 나라도 일본이 아니다. 일본은 남이 개발해놓은 것을 조금 싸고 조금 좋게 바꿔 남보다 조금 빠르게 팔았을 뿐이다. 한 가지 더 보태면 일본인이 남들보다 부지런히 일했다는 점일 것이다. 그러나 남의 특허를 비틀어 베끼는 모방(模倣) 기술이나 남의 발명품을 몇m 연장하는 개량(改良) 기술의 한계는 여기까지다. 뒤따라가는 전략만으로 나라경제를 100년 이상 끌고 가기란 힘에 부친다는 것을 일본이 보여주고 있다. 다른 여러 원인도 있지만, '기술혁신의 담벼락'에 부닥쳐 성장의 엔진이 식어가는 증상이 뚜렷해진 것이다(송희영, 「조선일보」)." 1980년대 중반 이후 일본경제가 수확체감의 법칙에 걸린 사실은 이로써 분명해진다.

이 정도가 기술과 관련한 일본경제의 한계라면 과도한 국가 간섭의 결과인 경제왜곡 현상은 다른 분야에서도 감지된다. 금융은 크게 두 가지로 나누어진다. 직접금융과 간접금융이 그것이다. 전자는 주식 혹은 채권 등과 같이 기업이 자본시장에서 자금을 직접 조달해오는 것을 의미한다. 반면 후자는 은행에 모인 예금을 대출 등의 형식으로 빌려오는 경우를 뜻한다. 전문용어로는 전자를 시장형 금융(arms'-length finance), 그리고 후자를 관계형 금융(relationship finance)으로 부르기도 한다. 일본의 경우 국민들로부터 대규모 예금을 유치한 후 전략적으로 특정 기업에 대출이 이루어졌으므로 관계형 금융이 주를 이루는 것은 당연한 일이었다. 그러나 그런 경우 다음의 문제를 피하기는 힘들어진다.

국가 주도하에 대규모 자본이 저리로 기업에 흘러들어갔으므로 일본 기업은 버릇이 나빠질 수밖에 없었다. 자금이 계속 공급되는 한 기업을 운영하는 데는 별 문제가 없었기에 기업 최고 경영진의 능력은 결국 자금을 잘 조달할 수 있는가에 달려 있었다. 말은 시중은행이지만 이들에 대한 정부의 영향력은 막강했으므로 기업에 대한 대출은 사실상 정부의 수중에 있는 셈이었다. 따라서 기업총수는 정부에 로비를 할 수밖에 없었고, 당연한 결과로 우리에게도 익숙한 정경유착은 피할 수 없는 문제로 남았다. 상황이 이렇다 보니 영미식의 시장형 금융에서는 기업의 사활을 결정하는 회사 이익률은 중요한 변수가 아니었다. 수익률이 하락하는 경우 주식 및 채권시장은 그 기업에 대해 주식가격 하락, 혹은 회사채 이자율의 상승 등과 같은 형태로 즉각 제제를 가하게 된다. 그러나 일본은행의 대출은 전략적 판단에 의해 장기적인 안목에서 그것도 친분에 의해 이루어지는 경우가 많았으므로 단기적인 이익은 고려의 대상에서 제외됐다.

우선 두 가지 문제가 불거지게 된다. 앞서 살펴본 바와 같이 중장기적으로 기업이익의 창출은 기술의 지속적인 진보 없이는 불가능하다. 여기에 금융제도를 대입해보면, 수익률에 집착하는 시장형 금융의 지배를 받는 경우 기업은 기술개발을 위해 사활을 걸지만, 관계형 금융에서는 그런 자극 혹은 인센티브가 당연히 약해진다는 사실을 알 수 있다. 다시 말해 일본기업의 기술력이 열세였던 배경에는 금융제도의 취약성이 자리 잡고 있었던 셈이다. 바로 이 점이 시장형 금융의 속성상 기업의 수익률 상승, 즉 기술개발을 닦달할 수밖에 없는 미국과 관계형 금융에 익숙, 새로운 기술의 개발에 예민할 필요가 없었던 일본의 차이임은 물론이다. 대기업에 워낙 대규모의 은행자금이 몰리게 되므로, 기업의 수익률이 지속적으로 하락하는 경우에도 그런 기업을 퇴출시키는 방법은 사실상 존재하지 않았다. 기업이 망하면 은행도 결국 부실화되는 상호의존 구조가 이유인데, 일본은 그와 같은 끊을 수 없는 연계과정에 마치 교과서에 기술되어 있는 것처럼 말려들어 갔다고 보면 된다. 한 걸음 나아가 일본경제가 목을 맸던 수출을 위의 현실에 대입해보면 왜곡 현상의 진수는 다음과 같은 또 다른 모습을 띠며 스스로를 드러낸다.

기업의 수익률이 저하하는데도 일본은행들은 관계형 금융의 특성, 혹은 산업정책이라는 정부의 전략적 판단 때문에 수익이 나지 않는 기업을 퇴출시키는 것이 아니라, 대출을 오히려 확대하며 밀고 나가보려 했다. 경제부흥을 위해 국내시장에는 한계가 있었으므로 해외시장에 더 많이 팔 수밖에 없는 구조는 여전했는데, 실제로도 해외시장 판매가 호조를 보이게 되면 기업의 숨통이 어느 정도 열리는 것은 사실이었다. 그러나 기술부진 때문에 수출상품 가격을 인상시키는 것은 가능한 대안이 아니었다. 기업의 부채 규모 또한 너무 컸으므로 금융비용의 증가를 수출확대로 상쇄시키는 것이 불가능해지자, 일본경제는 침체의 길로 들어서게 된다.

경제가 침하된 후에도 기업에게 물린 은행 돈은 회수할 길이 없었다. 다음 수순은 정부의 공적자금 투입이었는데, 일본경제가 침체되기 시작한 1990년대 초 일본 금융권의 악성 부채 비율은 GDP의 무려 20%였다. 물론 다른 요인이 없는 것은 아니지만, 위와 같은 혈세 낭비는 2012년 현재 일본정부 부채가 GDP의 200%라는 경악스런 기록으로 이어졌다. 여기서 중요한 것은 정부주도의 산업전략, 그리고 이를 위한 제도의 정렬, 조금 더 구체적으로는 금융과 같은 각종 경제 채널의 자의적인 작동 등이 경제구조 전체를 왜곡시켰다는 사실이다. 경제 채널 자체가 휘어졌다는 의미를 담고 있지만, 얘기는 여기서 그치지 않는다. 저축을 그토록 강요했으니 일본사람들이 소비에 익숙하지 않은 것은 당연했고, 여기에 수출이 예전과 같지 않은 상황이 겹쳐지자 수출도 잘 안 되지만, 그렇다고 내수가 살아나지도 않는 딜레마에 일본경제는 빠져들 수밖에 없었다.

불균형 성장은 더욱 문제였다. 제조업 중심의 경제발전 전략을 취한 결과 수출의 첨병이었던 제조업은 한동안 세계를 휩쓸 정도로 막강했다. 결국 국가의 가용 자원 상당 부분이 정부 주도하에 제조업으로 쏠렸다는 의미인바, 당연한 결과로 다른 분야의 발전은 미진할 수밖에 없었다. 전문용어로는 무역과 관련된 교역품(tradable goods)은 대단히 발달했지만, 비교역품(non-tradable goods)은 부진했다는 뜻이 된다. 대표적인 비교역품은 물론 서비스 업종이다. 상황이 그런 가운데 대외적으로는 국내 서비스업을 보호하기 위한 보호주의 정책이 오랫동안 유지되었기에,

사실상 경쟁이 사라진 유통, 금융, 호텔 등 서비스업의 버릇은 더욱 나빠질 수밖에 없었다. 여기서 제조업의 임금이 상승하자 서비스 업종의 그것도 함께 올라갔는데, 이 말은 서비스 업종의 낙후된 생산성에 비해서는 근로자의 임금이 턱없이 높았다는 것을 의미한다. 임금에 그토록 많은 자본이 유출된 꼴이므로, 서비스업의 생산성 향상을 위한 대규모 투자는 꿈도 꿀 수 없었다. 결국 엄청난 자원이 비효율적으로 낭비되면서 세월만 흘렀던 셈이다.

금융분야에서는 더욱 웃지 못할 사례가 있다. 1980년대 이후 금융자유화와 금융시장 개방이 이루어진 다음, 당시까지 정부의 지시, 혹은 매뉴얼에 의해 기계적으로 대출을 해주던 일본은행들은 어찌할 바를 몰랐다고 한다. 기업을 실사하여 내부구조와 수익성을 자세히 살펴본 후, 그것에 기초, 대출심사가 이루어져야 하지만 관치금융에 익숙한 일본은행들은 그런 노하우가 없었다. 아무튼 이상이 제조업은 비대하게 발전하는 반면, 서비스 업종 등 다른 분야는 상대적으로 열세에 놓이는 불균형 성장의 내용이다. 제조업에서 수익률이 낮아지거나 고용창출이 부진한 경우 서비스업이 그것을 메워줘야 하지만, 불균형 성장의 결과 이것이 불가능해지면서 경제의 출구는 사실상 막혀버린 셈이 됐다.

당시 일본경제에는 거품이 끼기 시작했다. 과도한 밀어내기식 수출과 그 결과인 국제수지 흑자의 확대는 그만큼의 국내통화를 팽창시켰다. 이를 중화시키는 방법, 즉 채권을 팔아 풀린 통화를 흡수하는 불태화간섭(sterilizing intervention)이 일본 중앙은행에 의해 적극 시행됐지만, 워낙 큰 규모의 돈이다 보니 그것으로는 충분치 않았다. 한마디로 유동성이 과도하게 팽창한 셈이었는데, 그럼에도 불구하고 다음과 같은 역 정책이 시행되자 일본경제는 나락으로 빠져들게 된다. 엔화의 평가절상 때문에 가뜩이나 고통을 받던 일본기업을 더 압박할 수는 없다는 판단에서 일본정부는 긴축 통화정책을 회피했고, 결과적으로 일본경제의 거품은 커질 수밖에 없었다. 앞서 소개한 바와 같이 당시 기업대출 이자율을 2.5%까지 낮춘 사실은 역 정책의 모습을 가감 없이 보여주고 있다. 당연한 결과로 1985년 9월 가격지수 39.2이던 주택용 땅 값은 불과 5년 후인 1990년 9월 105.8로 치솟았고, 상업용 부지의 가격 상승은 더욱 심해 같은 기간 27.9에서 104.5로 상승했다.

돈이 많이 풀렸으니 주식시장 역시 과열될 수밖에 없었다. 일본의 종합주가지수인 니케이 지수가 1985년 이후 4년 동안 3배 상승한 것을 보면 당시의 상황을 짐작하는 데는 무리가 없다. 1991년 지수 40,000으로 정점에 이른 일본의 주식가격은 다음 해인 1992년 반 토막이 난 20,000을 기록하며 거품 붕괴를 알리게 된다. 2004년의 경우는 더욱 심해 지수는 7,000에 불과했다. 1990년대 초만 해도 세계 500대 기업 중 일본기업은 149개였다. 그러던 것이 2007년에는 50개로 떨어졌고, 전성 시절 미국과 거의 비슷했던 산업 생산력은 지금 현재 2/5로 하락하고 말았다. 중요한 것은 거품 붕괴는 외형적인 현상에 지나지 않는다는 사실이다.

상한 음식을 먹으면 몸에 두드러기가 난다. 여기서 두드러기는 외형적으로 드러나는 증상일 뿐 몸에 문제가 생긴 이유는 나쁜 음식, 그리고 그것이 위 혹은 장에서 소화되는 과정에서 나타나는 트러블이다. 마찬가지로 일본경제에서 거품과 그것의 붕괴는 두드러기일 뿐이고, 거품을 유발한 원인은 오래 지속된 일본경제의 왜곡 현상이었다. 쌓이고 쌓인 문제가 외형적으로 드러나는 경로는 거품붕괴 이외에 외환시장의 과열, 과도한 인플레이션 등 다양할 수 있다. 일본은 거품붕괴 이후 경제침체가 찾아왔지만, 다른 국가는 다른 방식으로 문제점이 불거질 수도 있다는 말이다. 아무튼 거품붕괴 이후 침체를 거듭하고 있는 일본경제에는 잃어버린 20년이라는 불명예스런 딱지가 붙었다. 한국 및 대만 등과 비교해 다른 면이 있는 것은 사실이지만, 일본을 포함 거의 모든 동아시아 국가는 국가주도의 경제운영, 즉 관리자본주의(managed capitalism)라는 공통점을 지니고 있다. 따라서 일본의 성패는 당연히 다른 동아시아 국가의 반면교사가 될 수 있는데, 바로 이 점이 일본경제를 자세히 살펴본 이유다.

## 다른 동아시아 경제도 예외는 아니다

위의 분석을 통해 드러난 바와 같이 일본경제가 왜곡된 핵심 이유는 시장의 가장 큰 장점인 경쟁을 도외시한 데 있었다. 경쟁이 없다 보니 그토록 주안점을 뒀던 제조업 역시 어느 시점을 지나면서 국제경쟁에서 밀리게 되고, 서비스 산업 또한 발전할 수 없었다. 특히 경쟁 부재 때문에 야기되는 금융산업의 부진은 일본경제 왜곡의 정수를 보여주고 있다. 당연한 결과로 자원배분이 효율적으로 이루어질 수는 없었는데, 자본을 투가가치가 가장 높은 기업에 배분해주는 금융시장의 핵심 기능이 제대로 작동하지 않아서였다. 앞서 왜곡 현상을 저수지의 수로에 빗대어 은유적으로 표현한 적이 있다. 수로가 직선이 아닌 꼬불꼬불한 모양을 하고 있으면 저수지의 물은 논에 잘 다다를 수가 없다. 이때 수자원이 낭비되는 현상과 경제 왜곡이 자아내는 자원의 비효율적인 배분, 즉 낭비는 원리상 같은 말이다.

자원의 효율적 배분은 양면성을 지니고 있다. 우선 투자가치가 가장 큰 사업에 자본이 배분되어야 하지만, 시장도 결국 인간의 판단에 기초하고 있으므로 인간이 전지전능할 수는 당연히 없는 일이다. 그러나 시장은 처음의 실수를 최소화하는 특징을 지니고 있다. 일정 기간이 지난 후에도 수익이 안 나는 사업은 퇴출시키는 능력이 있다는 뜻이다. 바로 이 두 기능, 애초 상대적으로 합리적인 자본배분과 배분이 잘됐는지에 대한 사후 평가, 즉 그것에 기초, 사업을 퇴출시킬 것인가에 대한 결정이 효율적으로 이루어져야 자원 낭비를 줄일 수 있게 된다. 하여튼 앞서 살펴본 일본경제는 이익이 나지 않는데도 금융이 그런 사업을 퇴출시키지 못한 전형적인 사례였다.

시장의 첫 번째 요건은 역시 자유이므로, 시장이 억제됐다는 것은 사회 전체에 자유가 부족했다는 뜻이 된다. 그러니 기초과학과 기술혁신, 그리고 원천기술의 전제 조건인 무한의 자유가 일본사회에 뿌리내린 것은 아니라는 사실을 알 수 있다. 창의성이 자유롭게 발휘될 수는 없을 터였으므로, 과학의 진보에도 분명 한계는 있었다고 보여진다. 서구 역사를 통해 명백히 밝혀진 원칙임에도 불구하고, 일본이 잘나갈 때 어찌 보면 상식 수준의 교훈이 무시됐다는 것은 아이러니가 아닐 수 없다. 중요한 것은 일본의 침체가 남의 일이 아니라는 사실이다. 일본보다는 뒤에 있는 한국을 비롯한 동아시아 다른 국가들에서도 비슷한 현상이 발견되는 것을 보면, 이 말은 분명 되새길 가치가 있다.

위의 논의는 경제적 관점에서 다음과 같이 정리될 수 있을 것이다. 남의 기술을 따라잡는 식의 경제발전은 투자를 늘려가는 경우 어느 시점까지는 가능하다. 바로 이것을 투자기반형 성장(investment-based growth)이라 하는데, 일본의 성장이 국민의 예금과 그것을 활용한 막대한 투자에 의존했다는 점에 비추어 일본경제의 약진을 그런 전문용어로 이해하는 데는 별 무리가 없다. 반대로 과거에는 없던 혹은 과거의 것을 대체하는 기술에 의존, 경제가 발전하는 것은 혁신기반형 성장 (innovation-based growth)이라고 한다. 제2차 산업혁명과 1980년대 이후 미국을 휩쓴 정보통신 산업의 비약적인 발전은 혁신기반형 성장의 대표적인 예라 할 수 있다. 이렇게 보면 일본 역시 투자기반형 성장에서 혁신기반형으로 전환되는 데는 실패한 셈이 된다.

특히 IT 산업의 발전에 비추어보면, 투자의 불확실성이 두 성장 모델을 구분하는 기준이라는 사실을 알 수 있다. 남의 기술을 모방하는 투자기반형 모델에서는 투자의 불확실성이 적은 반면, 미지의 새로운 기술을 개발해야 하는 혁신기반형 모델에서 불확실성이 증가하는 것은 당연한 일이다. 여기서 불확실성을 극복하는 수단이 벤처 투자 등 다양한 새로운 금융기법인데, 그러므로 금융시장이 발달하지 않은 일본이 혁신기반형으로 전환하는 것은 애초부터 무리였다. 다시 말해 자유를 억제시킨 대가인 창의성 부재와 기초과학의 열세, 그리고 금융산업의 부진 등 경제의 핏줄에 해당하는 다양한 경제 채널의 왜곡 등이 혁신기반형 모델의 안착을 불가능하게 했던 것이다. 위의 분석에 기초, 1960-1980년대 초고속 성장을 한 한국, 대만, 싱가포르, 그리고 홍콩 등 이른바 네마리 용을 살펴보면, 아래와 같은 그림이 그려진다.

1960-1980년대는 이들 국가의 전성시절이었다. 연평균 경제성장률이 10% 정도였으므로 찬사는 끊이지 않았다. 오죽하면 과거에는 없던 좋은 의미의 유교자본주의라는 용어가 만들어졌겠는가. 하지만 1990년대 들어오면서 고성장이 꺾이기 시작하자 전문가들은 그 원인을 밝히는 데 골몰할 수밖에 없었다. 연구의 초점은 우선 고속성장의 근본 동인이 무엇인가에 맞춰졌다. 자본과 기술 등 생산요소를 투입하고 이를 잘 운영하면 경제가 성장한다는 사실은 이미 밝힌 바와 같다. 그렇다면 언제까

지 그것이 가능할까? 앞서 소개한 수확체감의 법칙을 통해 답변을 얻을 수 있다. 수확체감은 결국 투입대비 산출의 비율을 의미하므로, 투입 한 단위가 산출을 얼마만큼 증가시키는가(increases in the output per unit of input)가 판단의 잣대가 된다.

논리상 당연한 일이지만 투입이 증대됨에도 불구하고 투입 단위당 산출이 그만큼 증가하지 않으면 지속적인 경제성장은 불가능해진다. 투입을 밑도는 산출이 지속되면, 그것은 경제가 그만큼 비효율적이라는 의미이고, 같은 맥락에서 성장이 멈추든가 혹은 경제가 위축되는 상황이 전개된다. 크루그먼은 그런 사실을 다음과 같이 함축적으로 표현한 적이 있다: "투입이 효율적으로 사용되는 상황이 전제되지 않는다면 더 많은 기계 혹은 사회간접자본에 대한 투자와 같은 투입의 단순 증가는 수확체감의 법칙을 유발할 수밖에 없다. 즉 투입중심 성장에는 한계가 드리워진다는 말이다("The Myth of Asia's Miracle")." 전문용어인 총생산요소의 생산성(TFP: total factor productivity)은 바로 이를 두고 한 말이다. 투입을 단순히 늘려 산출량이 늘어나는 것이 아니라 효율성 때문에 산출량이 늘어나는 현상을 뜻하는데, 한마디로 총 산출 중 투입에 의해 늘어난 산출을 제외한 나머지, 즉 투입에 의해서는 설명이 안 되는 산출 증가분을 의미한다고 보면 된다. 앞서 소개한 농사의 사례에서도 같은 현상은 분명 드러난 적이 있다. 예를 들어 생산요소의 투입 총량에는 변화가 없다 하더라도, 농사를 위해 과거에는 트랙터를 썼지만, 기술의 발전으로 생산성이 더 뛰어난 로봇을 사용하게 되면, 생산요소 총량에는 변화가 없어도 산출은 늘어나기 때문이다. 요컨대 생산요소의 생산성은 결국 기술의 지배를 받는다는 사실을 확인할 수 있다.

위의 법칙을 한국을 비롯한 동아시아 신흥국에 적용한 영(Alwyn

Young)의 연구 결과는 다음과 같이 놀라운 것이었다. 초고속 성장 시기인 1960년대 중반부터 1990년대 초까지 약 25년 동안 이들의 생산요소의 생산성(TFP) 향상 정도를 계산해본 결과, 연평균 증가율은 홍콩의 경우 2.3%, 대만 1.9%, 한국 1.6%, 싱가포르 -0.3%로 대단히 낮았다. 다시 말해 10% 안팎의 GDP 성장률 중 위의 수치만이 생산성 향상을 통한 성장이었고, 나머지는 생산요소의 단순 투입에 의존했다는 뜻이다. 여기서 단순 투입에 의한 성장은 "인구 중 경제활동 참가 비율의 상승, GDP 대비 투자 비율의 증가, 교육수준의 향상, 농업분야로부터 다른 분야로의 노동력 재배치 등에 의해서도 산출(output) 증가가 가능하다"는 의미를 담고 있다("The Tyranny of Numbers," *NBER*).

선진국의 생산성 향상과 비교해보면 위의 사실이 무엇을 의미하는지가 분명해진다. 1950-1973년 23년 동안 독일의 연간 생산요소의 생산성 향상률은 3.7%였고, 같은 기간 프랑스의 상승률도 3%를 기록하고 있다. 일본 역시 비슷한 수준으로, 1952-1973년 4.1%였고, 같은 기간 이탈리아 또한 3.4%로 높은 편이었다. 가장 낮은 성장률을 보인 미국의 경우도 1947-1973년 생산성 향상 비율은 1.4%였다. 따라서 전례 없는 경제성장률을 기록한 동아시아 국가들의 생산성 상승률은 절대 비교에서도 선진국에 비해서는 떨어지는 셈이 된다. 선진국의 경제성장률이 동아시아 국가들보다 현저히 낮았다는 사실에 비추어보면 생산성 향상이 선진국 성장의 주동력이었음은 분명했다. 위의 기간 동안 일본의 연평균 경제성장률 역시 서구 국가의 거의 두 배 넘는 8%였으므로, 일본의 경우도 생산성 향상의 경제성장에 대한 기여도는 미국과 서유럽에 비해서는 상대적으로 낮다고 볼 수 있다. 1990년대 초 정점에 오른 후 일본경제가 급작스럽게 추락한 이유를 알 수 있는 대목이다.

이렇게 되는 원인을 시카고 대학의 라구람 라잔(Raghuram Rajan) 교수는 기술 따라잡기 단계에 있는 국가의 처지에서 찾고 있다: "후발 주자들은 처음부터 기술혁신자들이 아니었다. 부자 국가들이 필요한 기술을 이미 개발시켜놨고, 그 기술은 라이선스 혹은 빌리는 과정을 통해 활용할 수 있었으므로, 기술을 별도로 개발할 필요가 없었다(*Fault Lines*)." 아무튼 동아시아의 경제성장이 생산요소의 생산성 증가, 즉 기술에 의존한 것은 아니라는 사실이 1994년 영과 크루그먼에 의해 제기된 후, 얼마 지나지 않아 네 마리 용은 나락으로 떨어졌다. 1996년 이전 7년간 한국의 연평균 성장률은 7.2%였지만, 외환위기가 닥친 1997년 이후 7년 동안의 성장률은 2.5%에 불과했다. 싱가포르도 상황은 비슷하여 1996년 이전 7년간의 연평균 성장률 6.3%가 1997년 이후 7년 동안에는 1.5%로 하락했다. 대만의 경우도 1999년을 기점으로 과거의 성장률 5.4%는 이후 3.2%로 내려앉았고, 홍콩 역시 1993년을 기준으로 5.4%에서 1.5%로 떨어졌다.

크루그먼의 다음과 같은 혹평은 상황이 간단치 않음을 보여주고 있다: "아시아 신흥경제는 1950년대 소련이 그랬던 것처럼 많은 경우 자원의 놀라운 동원력에 의존하고 있었다. 즉 최고 수준의 경제성장률이 가시화되던 시절의 소련과 비슷하게, 동아시아 국가들도 효율성에 의한 이득보다는 노동 및 자본과 같은 투입이 전례 없는 수준으로 증대되면서 앞으로 나갈 수 있었다. 그런 맥락에서 조금 극단적으로 이야기하면 리콴유 수상의 경제성장은 스탈린이 지배한 소련의 경제발전과 쌍둥이인 셈이다. 둘 모두 자원 동원에 의한 성장이었다는 점이 그렇게 보는 이유다(앞의 논문)." 그 후 위와 같은 가혹한 평가에 대한 비판이 이어졌고, 비관적인 평가가 어느 정도 완화된 것은 사실이다. 국가 간의 성장률 차이는 약 60%가 생산성에서 기인하고, 나머지 40% 정도는 투입 때문에 발생하는 것이 아니냐는 주장이 제기된 적도 있지만, 그렇다고 위의 분석이 뒤집어진 것은 물론 아니었다.

이상 동아시아와 일본경제의 문제점을 살펴봤다. 일본경제 왜곡 현상은 이미 자세히 짚어본 바와 같다. 그렇다면 한국 등 동아시아 경제의 왜곡 현상은 어떤 모습을 띠고 있을까? 우선 GDP 대비 투자율을 살펴보면, 1973년의 36%는 일본의 최고치였고, 한국 역시 뒤질세라 1991년에는 최고 수준인 38%를 기록, 일본의 뒤를 잇고 있다. 물론 전후 수십 년 동안 가장 높은 수치가 그렇다는 것이므로, 전 기간을 합산한 평균치는 30% 내외로 위의 것보다는 낮지만, 아무튼 서구와 비교해보면 양국이 거의 미친 듯이 투입 중심의 과도한 성장을 했다는 사실은 분명해진다. 투입에 의존한 성장을 했다는 것은 특정 산업을 육성하기 위해 자본, 노동 등이 자의적으로 동원됐다는 것을 의미한다.

따라서 금융산업의 왜곡은 물론, 서비스 산업의 부진, 나아가 기업의 수익률을 제고시킬 수 있는 다양한 제도의 결여 등 한국이 지닌 문제점의 모습은 일본과 흡사했다. 경제가 주저앉은 시점을 국민소득 수준에 비추어보면, 일본의 경우는 1인당 국민소득이 3만 달러를 돌파한 다음 사단이 났고, 한국 등 다른 동아시아 국가들은 1–2만 달러 사이에서 문제가 발생했다는 사실을 알 수 있다. 앞서 총생산요소의 생산성 계산에서 일본의 경우 서구 국가들에 비해서는 열세였지만, 다른 동아시아 국가들보다는 나았다는 사실 때문에 위의 편차가 존재한다고 보면 무방할 것 같다. 19세기 초엽 다른 동아시아 국가들보다는 훨씬 일찍 산업화에 성공했고, 따라서 선진기술의 체화 수준이 다른 국가들보다는 한 수 위였던 것이 위의 결과로 이어졌던 셈이다. 아무튼 일본의 경우 기술 체화가 최고 수준에 이른 다음 더 이상의 신기술이 없자 위기가 닥쳤다고 보면 된다.

한국의 사례를 보면 왜곡의 정도는 보다 선명해진다. 1997년 말에 터진 한국의 외환위기는 한국경제를 심상치 않게 본 외국 투자가들이 자신들의 투자 자본을 외환시장에서 급하게 대량으로 환전하는 과정에서 불거져 나왔다. 외화가 부족한 상태에서 과도한 외환수요가 몰리자 외화 부도가 난 셈이었다. 그렇다면 그렇게 된 근본 이유는 무엇일까? 위기 직전 한국기업의 자산 대비 부채비율은 평균 400%, 30대 기업으로 범위를 좁히는 경우 수치는 500%까지 올라가 있었다. 최근 한국기업의 평균 부채비율이 100%를 밑도는 사실에 비추어보면 얼마나 비정상적인 수치인지를 알 수 있다. 개인 가정의 경우 역시 수입은 주는데도 지출을 유지하려면 돈을 꾸어야 한다. 기업도 마찬가지여서 부채가 많아진다는 것은 기업의 수익이 줄어들거나 오히려 마이너스라는 의미다. 앞서 일본의 예가 그랬듯이 한국기업 또한 수확체감의 결과 수익을 낼 수 없었다. 그러다 보니 일단 차입을 통해 손실을 메워야 했는데, 마침 OECD에 가입하며 금융시장이 개방된 결과 한국보다는 이자율이 싼 외국자금이 대량으로 들어온 상태였다. 때문에 돈이 급했던 한국기업은 외국의 값싼 자금에 당연히 끌릴 수밖에 없었다.

한국 역시 생산요소의 생산성 향상 방식이 아닌 투입중심의 경제성장을 견지하고 있었으므로, 성장세를 유지하기 위해서는 고정자본에 대한 지속적인 투자가 필요했다. 하지만 기존의 사업에서 수익이 나지 않자 이를 우선 메워야 했고, 그 다음에는 돈이 될 성싶은 다른 사업에 손을 대면서, 투자수요는 당연히 늘어날 수밖에 없었다. 이상이 기업이 부실화된 배경인데, 앞서 일본의 예에서 보듯이, 한국 역시 전형적인 관계형 금융 국가였으므로 은행이 부실기업을 퇴출시킬 동인과 수단은 대단히 약했다. 당연한 결과로 기업의 수익률 저하와 부채증가라는 악순환에 은행도 묶이게 된다. 위기 극복 과정에서 30대 그룹 가운데 절반인 15개가 사실상 해체됐고, 수익률이 상대적으로 높은 알짜 기업을 매각하는 구조조정도 피할 수 없었다. 돈이 묶인 은행 역시 편할 수는 없어서, 위기 전 서울의 대형은행 16개, 그리고 지방은행 10개 등 총 26개였던 제1금융권의 시중은행 수는 2001년까지 매각, 퇴출, 합병 등의 과정을 거친 후, 절반인 13개로 축소됐다.

중요한 것은 일본의 버블 붕괴와 비슷하게, 외환위기는 외형적으로 나타나는 증상에 불과했다는 사실이다. 이면에는 위에서 설명한 바와 같이 산업력의 쇠퇴가 있었고, 그렇게 될 수밖에 없는 경제구조의 왜곡 현상이 있었다. 기술 베끼기에 전념한 결과 그것이 한계에 이르렀고, 그렇다고 혁신기술의 개발이 가능한 것도 아닌 상황에서 문제가 불거졌다고 볼 수 있는데, 이렇게 보면 경제 수준은 달랐지만 하락의 모양새가 일본과 흡사하다는 점을 확인하는 데는 무리가 없다. 아무튼 위기의 극복 과정에서 시장원리는 더욱 많이 수용됐고, 고질적인 관계형 금융체제가 희석됐음은 물론, 외환시장 또한 완전히 자유화됐다. 그러나 경제왜곡 현상이 모두 바로잡힌 것은 아니었다. 여기에 기초과학의 부진과 혁신기술의 부재 현상이 겹쳐지면서 지금도 위태위태한 상황을 극복하지 못하고 있다.

앞서 소개한 바와 같이, 1994년에 이미 동아시아 국가들의 수확체감 현상을 예리하게 지적한 연구들은 선견지명이 있었다. 여기서 그런 연구가 한국, 일본 등 동아시아가 아닌 주로 미국 학자들에 이루어졌다는 사실은 많은 것을 시사하고 있다. 모두에서 "자본주의 수백 년의 역사를 연구하면서 인간은 특정의 법칙이 있다는 것을 감지하게 된다"고 말한 적이 있다. 서구 학자들이 동아시아 경제현상을 정확히 이해할 수 있는 것은 바로 그런 법칙을 알고 있어서다. 자본주의를 하는 한 경제의 기본 법칙을 벗어날 수는 없다는 사실은 이로써 분명해지는데, 따라서 경제 혹은 정치적으로 설득력이 있는 원리, 즉 법칙을 중국에 적용, 중국경제의 현 상황을 진단하는 것이 왜 설득력이 있는지에 대해서도 별도의 설명은 필요 없을 것이다.

# 제3장

# 기술·제도가 취약한
# 중국경제가
# 강해질 수는 없다

## 중국경제가 앞으로 잘나갈 것이라고 보는 근거는?

중국경제가 잘나갈 것이라는 주장은 곳곳에 많이 있다. 그중 가장 잘 알려진 논리는 이제는 대단히 익숙한 용어가 된 베이징 컨센서스 (Beijing Consensus)일 것이다. 영국 전문가 라모(Joshua Ramo)에 의해 2004년 처음 등장한 중국경제에 대한 낙관적인 견해인데, 아무튼 이 단어는 중국의 독특함과 그것의 위력을 상징하는 말이 됐다. 우선 개발도상국 경제의 가장 아픈 부문인 기술력의 열세에 대해서는 첨단기술이 전 세계적으로 퍼져 있는 상황에 힘입어, 서구에서 이미 개발된 선진기술을 활용할 수 있는 기회가 과거와는 비교할 수 없을 정도로 많아졌다는 점을 강조하고 있다. 과거의 기준으로는 중국 정도의 저개발 상태라면 구리로 만든 전선만을 써야 하지만, 중국은 지금 최첨단 기재인 광케이블을 사용하고 있다는 사실이 예로 등장한다. 다시 말해 첨단기술을 수입 흡수하는 데 별 어려움이 없으므로, 이것이 경제발전의 걸림돌이 될 수는 없다는 주장이다.

여기에 그런 상황이 만들어내는 사회 전체에 대한 긍정적인 효과가 추가되는데, 그런 첨단기술의 인입이 중국의 전환기 상황에 동반되는 사회적 마찰과 손실을 줄여준다고 본다. 변화가 문제를 야기하는 것은 사실이지만, 첨단기술에 힘입어 더 빠른 변화가 발생하기 때문에 문제가 덮여지면서 극복된다는 논리다. 예를 들어 인터넷 혹은 모바일 통신과 같은 첨단 기기의 인입 때문에 중국국민들은 과거와는 비교할 수 없는 빠른 속도로 서로 소통할 수 있고, 그 결과 사회 결합력을 의미하는 사회적 밀도(density)가 높아지면서 문제를 해결할 능력이 향상되는 것은 물론, 그것에 기초, 경제 또한 빠르게 성장할 수 있다는 것이다.

국가 중심의 정치 및 경제체제에 대한 비판이 있는 것은 사실이지만, 그것은 중국의 역사를 모르는 데서 기인한다고 역설한다. 방대한 영토, 다양한 인종과 종교 때문에 중국은 역사적으로 늘 분열의 위협에 놓여 있었으므로, 이를 묶는 방법은 당연히 중요할 수밖에 없다는 것이 라모의 지적이다. 이것이 국가중심주의가 뿌리를 내리는 이유인데, 아무튼 국가를 묶는 데 공산당 일당 독재의 중국정부는 탁월한 성과를 보이고 있다는 점을 부각시키고 있다. 비슷한 맥락에서 효용성을 높이기 위해 시장이 작동하는 반면, 국가 역시 일정 역할을 수행하고 있는 중국식 모델은 당연히 합리화될 수밖에 없다는 주장이 뒤를 잇고 있다. 한마디로 서구와 같은 호화스런 생활이 아니라 인민의 평등한 생활과 그것을 기반으로 가능해지는 중국식 성장모델이 자리 잡게 됐다는 뜻이다. 시장 일변도의 미국식 자본주의에 대한 최근의 비판에 근거, 국가 간섭이 합리화되는 현상과 중국식 모델이 제대로 평가되는 상황이 시기적으로는 정확히 일치한다는 주장도 잊지 않고 있다(*The Bejing Consensus*, The Foreign Policy Center, London).

이상이 다소는 추상적인 베이징 컨센서스의 내용이라면, 다음의 연구 결과는 보다 세부적인 사항을 짚고 있다. 중국에서 가장 영향력 있는 경제학자 중 한 분이며, 중국정부의 경제정책 입안에 깊숙이 개입하고 있는 칭화 대학교의 후안강(胡鞍鋼) 교수는 중국식 모델이 성공할 수밖에 없는 이유를 2011년에 출간한 책에서 다음과 같이 밝히고 있다. 우선 모두에서 소개한 바와 같이 1978년 이후 중국경제에 대한 부정적인 예측은 대부분 실패했고, 심지어는 세계은행조차 실수를 반복했다는 사실을 지적하고 있다. 아무튼 그의 결론은 중국경제가 향후 10년 이상 고성장을 지속할 것이고, 2020년이 되면 규모 면에서 미국을 제치고 세계 최고가 된다는 것으로 압축된다.

우선 지속적인 경제성장 여부의 지표가 될 수 있는 총요소의 생산성 (TFP)에 대해서는 다음과 같은 입장을 취하고 있다. 1978-2005년 총요소 생산성은 연평균 4.4%로 대단히 높았고, 그 결과 이 기간 중 경제성장에 대한 기여도는 46%였다고 주장한다. 여기서 자본투입의 증가율은 연 평균 9.5%였는데, TFP의 기여도가 높다는 사실의 당연한 결과이지만, 일반적인 추정과는 달리 자본의 경제성장에 대한 기여도는 39%에 불과하다는 통계를 제시하고 있다. 생산요소의 투입량과 산출량의 관계를 나타내는 콥더글러스 생산함수에 기초, 이 수치가 도출됐다고 밝히고 있지만, 구체적인 계산 과정을 공개하지는 않았다. TFP가 향후 연평균 4.4% 유지된다는 가정의 당연한 결과로, 연평균 8.5-9%의 고성장이 유지되는 데는 별 문제가 없다는 것이 연구의 핵심 내용이다. 기술과 관련, 가장 중요한 요소인 과학에 대해서는 "몇 세기 전 유럽의 부흥을 이

끈 것은 과학과 문화의 확산이었다"며, 기초과학이 경제발전의 핵심 동인이라는 점을 부인하지는 않고 있다.

2009년의 경우 연구와 개발 분야에 종사하는 과학자 및 기술자의 수가 중국의 경우 182만 명으로 세계 1위이고, 미국이 그 뒤를 잇고 있다는 사실을 강조하고 있다. 대학교육을 받은 과학 및 기술분야 인력의 경우 같은 시기 중국은 2,000만 명으로 세계 1위인 반면, 미국은 1,660만 명으로 중국에 뒤처진다는 점도 부각시키고 있다. 주요 국제과학기술 학술지에 개제된 논문 수를 통해 미래의 과학기술 수준을 알아볼 수 있다고 주장하며, 2008년의 경우 중국은 전체의 11.5%를 차지함으로써 미국의 26.6%에 이어 세계 2위에 올라 있다는 사실을 통해 중국의 창창한 미래를 예견하고 있다. 특히 공학논문에서는 미국을 제치고 1위에 등극했다는 통계가 뒤를 잇고 있는바, 결론은 다음과 같다: "이것은 중국이 정말로 과학기술 분야에서 세계 최고의 혁신자이자 생산자 가운데 하나가 됐다는 것을 의미한다."

발명특허 건수 또한 중요한 지표로 제시되고 있는데, 2007년을 기준으로 일본과 미국에 이어 중국이 3위에 오른 사실이 적시되어 있다. 후안강 교수의 책에는 없지만, 보다 최근의 통계는 중국이 자신감을 갖기에 충분한 수치였다. 2005년까지는 일본의 발명특허 건수가 세계 1위였고, 2006년에는 간발의 차이로 미국이 1위에 오른 후 순위가 바뀌었지만, 2011년에는 드디어 중국이 미국을 제치며 처음 일등이 됐기 때문이다. 이렇게 보면 후 교수가 제시한 수치는 중국의 능력을 오히려 저평가한 셈이 된다. 하여간 결론은 다음과 같다: "(발명특허 건수의 획기적인 증가에 힘입어) 중국은 기술 모방국에서 기술 혁신국으로 급속히 전환하고 있다." 그밖에 R&D 지출에서도 2007년 868억 달러를 기록, 3,688억 달러의 미국과 1,388억 달러의 일본에 이어 3위에 올랐지만, 2010년에는 미국의 절반 수준을 기록하며 일본을 제치고 세계 2위가 된다는 점을 확신하고 있다. 인터넷 사용자 역시 2008년에 이미 미국을 제치고 1위에 올랐고, 개인용 컴퓨터의 보급도 2007년 일본을 뒤로하고 미국에 이어 2위에 오른 사실을 소개하고 있다[『2020년 중국』(*China in 2020: A New Type of Superpower*)].

## 낙관론의 허점은 무엇일까?

상기 두 분석가의 저술엔 다양한 내용이 담겨져 있지만, 위에서 소개한 것이 핵심 내용이라고 보면 무리가 없다. 그러나 베이징 컨센서스에서 소개된 설명은 대단히 추상적이고, 후안강 교수의 경우도 양적인 분석에 치중하고 있다는 점은 부인하기 힘들어진다. 이 글에서 다루는 기초과학과 기술, 그리고 경제구조의 왜곡 현상은 용어의 정의상 질적인 분석에 기초하고 있다. 물론 양적인 측면을 무시할 수는 없지만, 그것이 절대적이라면 양적인 분석과는 비교할 수 없을 정도로 까다롭고 어려운 질적인 분석을 굳이 할 필요는 없을 것이다. 베이징 컨센서스에서 엿볼 수 있는 추상적인 논리는 비판을 불러오기에 충분했다. 우선 지속적인 경제성장의 핵심 요건인 기술과 관련해서는 광케이블을 예로 들며, 중국의 경우 과거보다는 훨씬 유리한 환경에 있다는 것이 베이징 컨센서스의 주장이었다. 기술의 인입 및 체화와 새로운 기술의 개발을 혼동한 결과가 아니었나 싶은데, 다음의 예를 보면 그것이 무엇을 의미하는지를 알 수 있다.

한국에 전화가 처음 개통된 것은 1896년이었다. 1902년에는 교환전화도 가설됐다. 물론 전화기는 한국 역사에서 한 번도 등장한 적이 없는 첨단의 기계였다. 사용된 전화선은 구리선이었는데, 당시 기준으로 첨단 소재였음은 물론이다. 한국은 전화기를 만들 기술이 없었고, 교환기는 더더욱 그랬다. 구리선 역시 한국산은 아니었다. 하지만 이들 기계와 자재를 수입하면서 한국인들 역시 서구와 비슷한 과학문명의 이점을 누릴 수 있었다. 전화의 중요성과 유용성이 확인되자 이번에는 기술을 체화하려는 노력이 가시화됐다. 물론 식민지 상황이었으므로 관련 기기를 국산화하는 것은 상상하기 힘들었지만, 1935년 처음으로 설치된 자동식 교환기는 해방 이후에도 사용됐고, 1965년에 가서야 과거보다는 조금 더 발전된 EMD교환기의 국산화가 이루어졌다. 1976년에는 선진국으로부터 전자교환방식의 교환기가 도입됐고, 1986년에는 드디어 애초 도입된 모델보다는 다소 발전된 TDX 방식 전자교환기의 국산화에도 성공한다.

우선 중국이 현재 광케이블을 사용하는 것과 100년 전 한국이 구리선을 활용한 것에는 차이가 있을까? 두 제품 모두 특정의 시점에서는 가장 첨단의 제품이었다. 전화 기술을 체화하는 데, 식민시대라는 장애 요인이 있었던 것은 사실이지만, 한국의 경우 60-70년 정도가 걸렸다. 여기서 체화, 즉 국산화는 두 가지 방식을 통해 이루어지는 게 일반적이다. 먼저 수입된 기계를 분해한 후 그것을 연구하여 제작기술을 역으로 추적하는 방안이 활용되는 경우가 있다. 값비싼 핵심 기계를 선진국으로부터 수입하는 과정에서 기술이전을 조건으로 내세우는 것도 한 방법이 된다. 하지만 이때도 기술이 제한적으로 이전되는 경우가 많고, 혹은 기존의 기술이 다른 곳에 많이 이전된 후에나 기술이전이 가시화되는 것이 일반적이다. 그렇게 보면 중국이 광케이블을 사용한다고 해서, 그와 관련된 기술을 직접 체화한다는 보장은 어디에도 없다는 사실을 알 수 있다. 당연한 결과로 개혁개방이 가시화된 지 이미 35년이 지난 현재에도 복잡한 공정이 필요한 공산품 중 중국제품이 세계시장에서 인정받은 경우는 거의 없는 것이 현실이다.

　이상의 논의를 대입해보면, 베이징 컨센서스의 허점을 다음과 같이 엿볼 수 있다. 베이징 컨센서스 어디에도 서구에서 개발된 기술을 수입, 사용한다는 것이 어떻게 중국의 독립적인 기술발전으로 이어지는지에 대한 설명은 찾을 수가 없다. 이미 개발된 기술을 원용, 상품을 생산하는 것은 중국만의 전유물이 아니다. 때문에 그런 조건은 전 세계 모든 국가에 동일하게 적용될 수밖에 없지만, 중국만이 지닌 어떤 특성이 동일한 조건에서도 다른 국가들을 앞설 수 있는지에 대해서는 분석이 없다. 다시 말해 수입된 기술의 활용이 어떻게 또 다른 혁신으로 이어지는지가 객관적으로 설명되어야 하지만, 그런 것이 없다는 뜻이다. 1978년 개혁개방 이후 외국기업의 대규모 투자와 중국의 저렴하고 희생적인 노동력이 결합하면서 중국의 고도성장이 이루어진 점은 분명하다. 상황이 그렇다면 기술이 문제가 되지 않는다는 베이징 컨센서스의 주장은 역설적으로 당연한 것이 아닐까? 저급의 제품을 생산하는 데는 저임의 노동력과 외국자본, 즉 외국으로부터 수입한 기계가 있으면 충분하기 때문이다.

　"인터넷 혹은 모바일 통신과 같은 첨단 기기의 인입 때문에 사회적 밀도가 높아지면서 문제를 해결할 능력이 향상된다"는 주장이 사실이라면, 최근 중동의 민주화 운동, 즉 자스민 혁명 시 중국 당국은 왜 그토록 심하게 인터넷을 검열했을까? 최근 미국으로 보낼 수밖에 없었던 중국의 시각장애 인권변호사 천광청(陳光誠)이 미국에 도착한 직후 가진 인터뷰에서 첨단 통신수단의 보급과 발전이 향후 중국이 민주화될 수밖에 없는 가장 큰 이유라고 지적한 것은 의미가 없는 말일까? 중국의 과거 역사와 현재의 상황에 비추어 권위주의 중앙집중식 권력구도는 불가피하고, 같은 맥락에서 "국가를 묶는 데 공산당 일당 독재에 기초한 중국 정부는 탁월한 성과를 보이고 있다"는 주장 역시 비판으로부터 자유스러울 수 없다. 이 주장이 맞다면 앞서 소개한 자오쯔양의 해석, 즉 경제가 발전하기 위해서는 권력이 개인에게 이양되어야 한다는 주장은 과연 무의미한 것일까: "농민과 기업의 자율권을 확대하는 것과 당과 정부의 개입을 축소한다는 것은 100퍼센트 동의어다. 조금 더 분명히 말한다면 경제외적인 행정 강제 요인을 경제 주체에게 양보하도록 만드는 것이다."

자오쯔양의 주장은 후앙(Yashen Huang) 박사의 다음과 같은 실증 연구를 통해 뒷받침되고 있다. 1989-2002년 중국의 연평균 실질 GDP 성장률은 8.1%였지만, 1인당 개인소득 증가율은 5.4%에 불과했다. 한마디로 중국이라는 국가는 성장했으나, 그 혜택이 개인에게 많이 돌아가지는 않았다는 의미다. 흥미롭게도 이 두 지수의 격차는 1980년대 가장 적었고, 그 이후에는 점점 벌어졌다. 1980년대 덩샤오핑, 우야오방(胡耀邦), 그리고 자오쯔양 등이 집권하던 시절, 즉 더욱 개방적이고 자유로운 경제정책을 시행하던 시기의 개인소득 증가율이 그 이후보다는 상대적으로 높았다는 지적이다. 하여 1989년 천안문 사태 이후 권력을 더욱 강화한 정부가 민간에 권력을 더 많이 이양하는 것을 거부한 채 정부 주도의 경제정책을 강화하자, 국가는 돈을 벌었으나 개인소득은 상대적으로 증가하지 않았다는 해석이 무리일 수는 없다("Rethinking the Beijing Consensus," *Asia Policy*). 아무튼 위의 사실에 대해 베이징 컨센서스는 어떤 설명도 제시하지 않고 있다.

앞서 후안강 교수는 "1978-2005년 총요소 생산성은 연평균 4.4% 향상됐고, 그 결과 이 기간 중 경제성장에 대한 기여도는 46%였다"는 놀라운 통계를 제시한 적이 있다. 콥더글러스 생산함수에 기초, 그런 수치가 도출됐다고 밝히고 있지만, 그렇게 되는 과정은 공개되지 않았다. 구체적으로 무슨 자료에 기초, 어떤 과정을 통해 그런 수치가 계산됐는지가 불분명한 셈이다. 앞서 소개한 네 마리 용의 대단히 낮은 요소 생산성 수치에 비추어, 계산 과정조차 불분명한 위의 주장을 믿는 것은 당연히 힘들어진다. 같은 맥락에서 미래에도 비슷한 생산성 수치가 유지될 것이며, 그 결과 향후 8.5-9%의 고속성장이 가능하다는 주장 역시 설득력이 떨어지기는 매한가지다.

라우(Lawrence Lau)와 박정수(Jungsoo Park) 박사는 2003년 후안강의 주장과 정면으로 배치되는 연구 결과를 발표한 적이 있다: "유형자본(tangible capital)은 동아시아 신흥경제의 경제발전 동인이었다. 성장에 대한 기여도가 무려 65-85%에 이르는데, 그 다음 중요한 요소는 물론 노동이다. 반면 일본을 제외한 서방 선진국 G-5의 경우 기술진보의 경제발전에 대한 공헌도는 평균 60%일 정도로 대단히 높았다. 유형자본의 기여도가 뒤를 잇고 있으며, 노동의 비중은 무시할 수준이었다. 일본은 중간 정도에 위치하고 있는바, 성장에서 기술진보가 공헌한 정도는 서구보다 낮은 45% 정도였다. 유형자본의 공헌도 55% 역시 기술진보의 그것보다는 높은 것이 현실이다. 이 점은 오히려 동아시아 신흥경제와 흡사할 정도다. 하지만 중국의 경우는 유형자본의 공헌도가 무려 95% 였다("The Sources of East Asian Economic Growth," *Conference Paper*)." 물론 이 논문에는 구체적인 자료와 계산 과정이 상세히 소개되어 있다.

유형자본이란 건물, 기계, 노동, 토지 등과 같이 생산요소 중 손에 잡히는 자본을 뜻한다. 인적자본 혹은 R&D 자본 등은 당연히 포함되지 않는다. 따라서 위의 분석은 후안강 교수의 주장과는 반대로 중국의 경제성장이 기술진보에 힘입은 것은 아니라는 점을 분명히 하고 있는 셈이다. 결국 고정자본에 대한 대규모 투자가 중국 경제성장의 사실상 전부이므로, 투입으로는 설명이 안 되는 경제성장을 의미하는 총요소 생산성이 연평균 4.4%나 향상됐다는 주장이 설득력을 얻기는 당연히 힘들어진다. 연구결과는 중국은 말할 것도 없고, 나아가 다른 국가의 실태에 대해서도 중요한 사실을 전해주고 있다. 동아시아 국가들의 총요소 생산성이 대단히 낮다는 앞서의 분석을 다시 한 번 뒷받침하는 것은 물론, 특히 일본경제의 왜곡 현상과 침체에 대한 연구에서 드러났듯이 일본의 기술 수준 또한 서구와는 차이가 난다는 점도 보여주고 있기 때문이다.

중국 과학기술의 미래를 낙관하는 근거로 후안강 교수는 중국의 과학기술 종사자 수가 세계 최고라는 통계를 제시하고 있다. 그러나 낙관론에는 미국의 대학 혹은 연구소와 중국에 있는 그것의 수준이 유사하다는 전제가 숨겨져 있다. 즉 질적으로는 비슷한 가운데 양적으로 앞서니 중국의 기술이 발전하는 것은 시간문제라는 주장이다. 만약 이것이 사실이라면 그토록 많은 중국학생이 미국으로 유학 가는 이유는 무엇일까? 미국의 유학생 통계에서 중국은 단연 1위를 차지하고 있다. 중국의 연구 수준이 미국과 엇비슷하면 그런 수치가 나올 이유는 어디에도 없다. 후안강 교수 역시 미국에서 학위를 마친 중국 전문가의 단지 8%만이 중국으로 돌아온다는 점은 부인하지 않는다. 물론 다양한 요인이 있겠지만 연구기관의 질과 수준이 선진국과 비슷하다면, 비록 급료에서는 다소 차이가 나더라도 고국으로 돌아가지 않는 고급 인력이 그토록 많을 수는 없는 일이다. 앞서 살펴본 바와 같이 1920년대에는 미국 과학자도 독일로 유학을 가야만 했다. 유학을 간다는 것은 유학 대상국의 학문 수준이 앞서고 있다는 뜻이다. 따라서 중국의 미국 유학생 수가 미국 내의 외국인 총 유학생 중 1위라는 것은 미국과 중국의 학문, 좁게는 과학수준의 차이가 그만큼 크다는 반증임에 틀림이 없다. 반대로 미국 과학도가 중국에 유학을 가서 고등 과학을 배우고 있다는 얘기는 들리지 않는다. 어쨌든 위의 논리적 사실에 대해 후안강 교수의 연구는 어떤 설명도 제시하지 않고 있다. 같은 맥락에서 중국의 과학 논문수가 급증하는 현상 역시 단순한 양적인 비교에 불과하다고 보면 된다.

마지막으로 후안강 교수도 지적한 바와 같이 발명특허 분야에서 중국이 최근 1위를 차지했다는 사실이 중국 과학 혹은 기술발전의 지표로 활용되는 경우도 있다. 발명특허는 그 말이 의미하듯 새로운 발명을 확인해주고 그것에 대한 지적 소유권을 보장하는 제도이므로, 기술진보 현상을 반영하고 있는 것은 분명 사실이다. 여기서 중국이 미국을 제치고 1위에 오른 2011년 중국이 기록한 발명특허 건수를 살펴보면 수치는 무려 52만 건이었다. 그렇다면 52만 건 모두가 의미 있는 기술일까? 상식적으로 봐도 과거의 기술을 대체하거나, 과거의 기술을 한 단계 업그레이드시키는 기술이 그토록 많을 수는 없는 일이다. 과거의 것을 어느 정도 수정해도 특허는 나오게 마련인데, 아무튼 다음의 질문을 보면 그림은 더욱 선명해진다. 만약 특허가 기술의 핵심 지수라면, 2005년 42만 건을 기록하며 당시까지 1위를 기록했던 일본경제는 왜 지금 이 모양일까? 수확체감의 법칙, 즉 원천기술이 열세인 상황에서 남의 것을 베낀 기술에 의존한 결과, 생산성 향상이 이루어지지 않았고, 같은 연장선상에서 일본경제가 침체됐다는 사실은 앞서 설명한 바와 같다. 그럼에도 불구하고 2005년까지는 일본이 세계 최고의 발명 특허국이었다.

R&D에 대한 중국의 투자가 급증하고 있다는 지적 역시 양적인 분석

의 한계를 넘을 수 없다. 앞서 살펴본 바와 같이 민간이든 아니면 공공이든 미국 연구기관의 수준이 중국의 그것과 비슷하다고 간주하는 것은 당연히 넌센스다. 특히 미국은 전 세계를 상대로 가장 유능한 연구인력을 마치 진공청소기처럼 흡수하며 활용하고 있다. 다시 말해 세상에 난다 뛴다 하는 연구자의 상당수는 미국에 있다는 말이다. 결국 중국의 국내 연구진 수준과 미국의 그것 사이에는 많은 차이가 있다는 뜻이므로, 같은 돈을 투자하는 경우 양국의 연구 결과가 비슷할 것이라고 가정하는 것은 현실성이 떨어질 수밖에 없다. 또한 연구의 질적 수준을 결정하는 것은 돈만이 아니다. 자유, 그리고 그것에 기초하여 점진적으로 형성되는 사회적 유연성은 연구의 기본 전제인 창의적 사고의 필수 요건이기 때문이다: "폐쇄적인 권위주의 체제는 상상과 기술혁신을 질식시키고, 정치 및 학문적 담론에 많은 금기 사항을 강요하게 된다. 중국은 천천히 개방되고 있다. 중국의 국가 구조가 덜 경직되어 있다 하더라도 사회적 제약은 견고하며 오랫동안 지속될 것이다("Learning and Catching Up")."

## 중국의 기술은 과연 어느 수준일까?

지금까지 다양한 논의가 있었지만, 경제성장과 관련, 가장 중요한 변수는 역시 기술이었다. 그렇다면 중국의 기술수준은 어느 정도일까? 다음의 통계를 보면 중국은 말할 것도 없고 일본을 따라잡겠다고 기를 쓰고 있는 한국의 수준도 대단한 것은 아니라는 사실을 알 수 있다. 2007년 한국 교육과학기술부는 과학기술기본계획상의 90개 중점 과학기술에 대한 기술수준 평가 결과를 발표한 적이 있다. 이들 기술의 궁극적인 최고 수준을 100으로 간주했을 때 선진국의 수준은 77.5였지만, 한국은 55.4에 불과했다. 아무튼 선진국과 뚜렷한 격차가 있다는 사실을 부인하기는 힘들어진다. 90개 중점 기술은 세분화되어, 364개의 세부 핵심기술로 나누어지는데, 그중 한국이 1위에 오른 기술은 단 한 건도 없었다. 대신 미국은 이 중 74%인 270건에서 최고 기술을 보유하고 있었고, 유럽연합과 일본이 각각 60개와 34개로 뒤를 잇고 있다.

2011년에도 비슷한 조사가 있었다. 이번에는 주체가 과학기술정책연구원이었는데, 세부기술 수는 총 369개로 산정됐고, 결과는 비슷해 이 중 미국이 가지고 있는 세계 최고기술의 수치는 279개였다. 반면 EU와 일본이 보유한 최고기술 숫자는 각각 33개와 26개로 위의 결과보다는 오히려 줄어들었다. 그나마 다행인 것은 한국이 처음 세계 최고기술을 하나 보유하게 됐다는 사실인바, 정보·전자·통신 분야 중 '대면적 OLED·AM-OLED'라는 이름도 생소한 기술이 리스트에 올라 있었다. 그토록 첨단 첨단을 외친 결과가 그 모양이냐는 질타가 한국 언론들로부터 쏟아진 것은 물론이다. 여기서 한국과도 상당한 수준 차이를 보이고 있는 중국이 위의 두 연구 결과에 끼지 못한 것은 이상한 일이 아닐 것이다.

다음의 통계 역시 중국의 기술수준을 보여주고 있다. 중국 상무부는 '2005 중국 내 다국적 기업'이라는 보고서를 발표한 적이 있다. 한국 언론에 보도된 보고서의 핵심 내용은 다음과 같다: "요즘 중국 경제지에 심심찮게 '합자함정(合資陷穽)'이란 말이 등장한다. 그동안 외국 기업과의 합자를 장려했는데 이제 와 돌아보니 득보다 실이 많았다는 뜻이다. 갑자기 무슨 소릴까. 개혁개방 이후 30년 가까이 '합자=외자 유치=선진 기술 확보'라는 등식을 의심치 않았던 중국 아닌가. 속사정은 이렇다. (예상과는 달리) 기술 발전은 신통치 않았다. 중국산업계 조사에 따르면 자동차산업은 합자 이후 오히려 독자적인 기술력이 더 떨어졌다는 평가다. DVD는 핵심 57개 기술 중 9개만 중국이 보유하고 있다. 첨단 제품 축에도 못 끼는 컬러 텔레비전도 핵심 기술자립도가 63%에 불과했다. 종합해보니 첨단 정보기술(IT)의 80%는 아직도 로열티를 내는 형편이었다. 이야기가 리&펑(Li&Fung)의 '중국경제 3달러 론(論)'으로 옮겨가면 중국경제는 더욱 초라해진다. 아시아 최대 방직품 무역상인 그는 "중국경제가 앞으로 3달러 함정을 빠져나오지 못하면 희망이 없다"고 단언한다. 중국 제품의 공장 출하 가격이 1달러라면, 수출해서 해외에서 팔리는 가격은 4달러라는 것이 그의 지론이다. 차액 3달러(부가가치)는 대부분 외국 기업 몫이다. 탄샤오(談蕭)라는 경제학자는 2년 전 그의 저서 '해외진출 발전전략(走出去發展戰略)'에서 '중국기업들을 해외로 내보내 피말리는 경쟁을 하도록 해야 한다. 그렇지 않으면 중국산 다국적 선진 기업은 없다'고 주장했다("3달러 덫에 빠진 중국경제,"「중앙일보」)."

한국의 성장과정에 비추어 위의 설명은 주목을 끌기에 충분하다. 한국과 중국 모두는 외국자본에 의존, 성장했다. 하지만 그 방식에는 뚜렷한 차이를 보인다. 한국은 외국의 직접투자가 아닌 차관에 의지한 반면, 중국의 경우는 차관 대신 외국인 직접투자를 활용했다. 합자기업이란 용어는 이렇게 해서 탄생했는데, 그렇다면 외채와 직접투자라는 서로 다른 방식은 기술발전과 관련이 있을까? 이 문제에 대해서는 체계적인 연구가 거의 없지만, 다음과 같은 추론은 가능할 것 같다. 우선 한국이 외국인 직접투자를 회피한 이유는 과거 식민지의 쓰라린 경험이 이유였던 것으로 알려지고 있다. 한마디로 외국자본이 국내에 직접 들어와 한국산업을 지배하는 것이 두려웠던 것이다.

위의 방식을 취한 결과 원했든 그렇지 않았든 한국은 소위 민족자본을 육성할 수 있었다. 재벌 중심의 경제발전이 왜 가능했는지를 알 수 있는 대목이다. 여기서 중요한 것은 수출주도형 정책의 당연한 귀결이지만, 대기업들은 수출성과로 그들의 능력을 평가받았고, 때문에 해외시장에서의 치열한 경쟁을 극복해야만 살아남을 수 있었다. 경쟁에서 이기기 위해서는 임금이 올라가는 추세에 맞춰 기술을 개발하여야만 했는데, 이 말은 무슨 일이 있어도 한국기업들은 기술을 개발하지 않으면 안 되는 절박한 상황으로 내몰렸다는 의미다. 남의 기술을 사오든, 복제하든, 베끼든, 훔치든, 모든 방법이 동원될 수밖에 없었고, 기업의 운명은 바로 그런 능력에 의해 결판이 났다. 그러나 중국에서 흔한 합자기업은 외국기업이 기술을 가져오는 경우가 많으므로, 중국기업이 독자적으로 기술을 개발해야만 하는 절박함은 떨어질 수밖에 없다. 이것이 한국과 중국의 차이라면 중국의 기술개발이 과거 한국과 비교해 더딜 가능성은 대단히 높다. 아무튼 2008년 외국인 투자기업의 중국 전체 수출에 대한 점유율은 55%, 그리고 수입의 경우는 54%였다.

세계의 분업체계를 통해서 중국의 기술수준을 가늠해보는 것도 가능하다. 제2차 세계대전 이후 다국적 기업의 발전에 힘입어, 첨단상품의 경우도 그 제조 공정상 노동집약적 부분은 임금이 싼 지역에서 이루어졌다는 사실을 앞서 소개한 바 있다. 한국이 그것의 첫 수혜자였고, 중국은 더욱 좋은 조건에서 세계경제에 편입됐다는 점도 조명해봤다. 그런데 바로 이 호조건이 중국의 기술발전 동인을 약화시키고 있다면 아이러니가 아닐까? 특히 첨단제품의 생산 및 수출과정에서 중국의 역할이 많은 경우 수출가공(export processing)에 머무르고 있는 현실은 상황을 대변하고 있다. 여기서 수출가공이란 반제품 혹은 이미 제조된 부품을 다른 국가로부터 수입한 후, 그것을 조립, 주로 선진국에 수출하는 것을 의미한다. 물론 이 경우 제품의 표면에는 중국제(made in China)라는 라벨이 붙게 된다.

2006년의 통계를 보면 이 점이 분명해진다. 비교적 첨단제품이라 할 수 있는 TV, MP3와 DVD 플레이어 등 전기기계 및 전자제품은 중국 전체 수출의 약 47%였다. 그중 약 70%는 수출가공에 의한 생산이었다. 다시 말해 전체 부품 생산에서 노동집약 부분인 최종 조립과 관련한 대단히 적은 비용만이 중국에 돌아간다는 의미다. 현재 세계를 휩쓸고 있는 최첨단 제품인 아이폰의 경우는 더욱 충격적이다. 그동안 베일에 가려져 있던 아이폰의 부품구성과 생산과정, 그리고 이익구조가 2011년 미국 시장조사회사에 의해 처음 공개된 적이 있다. 아이폰4의 경우 판매가격은 560달러였다. 중국은 부품을 공급하지 않았고 단순 최종조립에만 참여했는데, 잘 알려진 팍스콘이라는 회사가 이 일을 담당하고 있다. 그런데 조립 과정에서 유발되는 수익은 조립비용 7달러와 팍스콘의 마진 7달러뿐이었다. 상품가격 560달러의 불과 2.5%만이 중국 측에 떨어진다는 계산이다.

더욱 놀라운 것은 애플사의 이익구조다. 애플이 담당하고 있는 것은 아이폰4의 제품 기획, 디자인, 그리고 마케팅과 유통뿐이다. 제품을 생산하지 않는다는 의미인바, 아이폰에 들어가는 모든 부품은 세계 각국에서 조달됐고, 부품의 총 가격은 178달러였다. 따라서 상품가격 560달러에서 178달러와 팍스콘의 조립비용을 뺀 368달러, 즉 65.7%가 애플의 수중에 들어간다는 계산이 나온다. 애플의 손에 들어온 368달러 중 기획, 디자인, 유통 등의 비용을 모두 제한 애플의 영업이익은 판매가 560달러의 무려 30%에 이르고 있다. 21세기 첨단의 제조업이 어떻게 운영되고 있는지를 가감 없이 알 수 있는 대목이다. 얘기를 다시 돌려보면, 앞서 소개한 바와 같이 1980년대부터 학문적으로 규명되기 시작한 세계 공장(global factory), 즉 전 세계에 걸쳐 부품이 생산되고 조립되는 제조업 공정이 현재는 거의 정점을 향하고 있다는 사실을 알 수 있다. 이 말은 뒤집어 공정상 세계의 각 지역을 연결하는 수단인 교통, 통신, 경영관리 등은 과거와는 달리 이제는 전혀 문제가 되지 않는다는 사실을 뜻한다. 중요한 것은 1980년대 구룬월드와 플람 박사가 최초로 규명한 고급제품의 생산공정 중 조립과정의 분리 및 해외 이전이 점차 일반화되면서, 현재는 제조업에서 제조공정 전체와 서비스 분야가 완전히 분리되는 수준에까지 이르렀다는 사실이다.

하여튼 애플은 제품의 제조를 제외한 서비스업과 관련된 사업만으로도 그토록 어마어마한 이득을 챙기고 있다. 때문에 미국에서 생산하는 경우 제품의 비용 증가는 물론, 이익률 역시 낮을 수밖에 없는 제품의 제조부문을 고집할 이유는 당연히 사라질 수밖에 없다. 한마디로 물리적인 생산시설과 서비스 분야가 완전히 분리되는 단계까지 제조업이 발전한 셈이다. 중요한 것은 외형적으로는 제조업 형태를 띠고 있는 아이폰의 경우도 제품의 기획과 디자인, 그리고 판매를 담당하는 애플이 공정의 맨 위에서 상품의 생사여탈권을 여전히 쥐고 있다는 사실이다. 이 말은 뒤집어 애플의 생각과 성과에 따라서 수많은 부품공급의 사슬이 결정된다는 점을 함축하고 있다. 첨단제조업의 경우도 부가가치 사슬의 맨 위에 있어야 엄청난 이득을 취하고 막강한 파워를 지닐 수 있는 까닭은 위의 설명을 통해 확연해진다.

부품을 분석해보면 재미있는 결과가 나온다. 삼성전자의 경우는 플래시 메모리 등 주요 부품을 공급하며, 전체 부품 값의 26%인 46달러를 벌어들이고 있다. 공개되지는 않았지만 38.5달러로 가장 비싼 부품인 디스플레이와 터치스크린 중 디스플레이는 한국의 LG전자가 공급하는 것으로 알려지고 있다. 한국은 그나마 첨단기술의 일부를 지니고 있어 아이폰 부품의 최대 공급자로 자리매김하는 데 성공했다. 반대로 중국의 경우 단 한 개의 부품도 납품하지 못한다는 것은 무엇을 의미할까? 중국의 기술수준이 그 정도라 보면 무리가 없을 것이다.

## 세계화는 중국의 기술 발전에 덫일 수도 있다

세월이 많이 지나 이미 표준화된 기술을 습득, 체화하는 과정을 통해 일본과 한국이 그나마 선진기술을 얻을 수 있었다는 얘기는 앞서 소개한 바와 같다. 전문용어로 점잖게는 분해공학(reverse engineering), 조금 더 적나라하게는 베끼기 기술(copy engineering)로 묘사되고 있는데, 경제발전 단계를 기준으로 구분하는 경우는 따라잡기(catch-up phase)로 표현된다. 가장 기초적인 기술 습득은 제품을 만들기 위해 필요한 기계, 즉 자본재를 수입하는 것이다. 중국도 예외는 아니어서 엄청난 양의 자본재를 외국으로부터 들여오고 있다. 이때 외형상으로는 중국에 기술이 이전되는 것처럼 보이지만, 실상은 그렇지 않다. 중국이 습득하는 것은 그 자본재에 내장되어 있는 코드화된 기술의 사용에 국한되기 때문이다. 다시 말해 그 기계를 활용한다고 해서 생산활동 및 과정 자체가 고부가가치로 이어지지는 않는다는 의미다.

분해공학 역시 기술을 습득하는 중요한 수단이다. 중국도 외국제품을 열심히 복제하고 있는데, 스타인펠드는 다음과 같은 흥미로운 사례를 소개하고 있다. 1990년대 혼다 등 일본의 세계적인 모터사이클 업체들은 중국기업과 합자회사를 설립, 중국에 진출했다. 생산방법은 위의 아이폰과 유사하게 우선 일본업체들이 제품 전체의 디자인을 하고, 그것에 맞게 세부 부품에 대한 기획 및 디자인을 그 다음 완성하는 것이었다. 중국의 부품기업에게도 납품 기회가 주어진 것은 사실이지만, 이 말은 일본 모기업이 제품공정 중 가장 어렵고 배타적인 디자인, 넓게는 기획 기술을 독점했다는 것을 의미한다. 중국의 납품업체들은 당연히 독립성을 확보하는 것이 힘들었으므로 완성 모터사이클을 만드는 기술은 꿈일 수밖에 없었다.

여기서 기술 습득을 위해 젠서 혹은 자링과 같은 중국기업들은 힘을 합치게 된다. 분해공학을 적용, 일단 일본 완제품을 분해한 후, 제작을 역으로 추적하는 방법이 적용됐다. 모듈화된 핵심 부품 역시 같은 방식을 활용, 분해시켰다. 세부 부품 중 일부는 그대로 복제하고, 나머지는 기술을 역으로 추적하는 식으로 작업을 진행했다. 문제는 혼다와 같이 제품 전체를 관장할 수 있는 기업이 없었다는 점이다. 중국기업의 경우 전체를 디자인하고 이에 맞춰 세부 부품을 전체에 맞도록 디자인하는 기술을 보유하고 있지는 않았기 때문에 이상한 일은 아니었다. 따라서 전체는 포기한 채 세부 부품만을 복제한 후 그것들은 그대로 조립할 수밖에 없었는데, 아무튼 혼다와 같은 중심 기업이 전체 혹은 핵심 부품의 디자인을 통제하는 굴레로부터는 일단 벗어날 수 있었다.

위와 같이 생산된 제품이 바로 중국제 짝퉁, 해적판 등으로 불리는 중국의 저가 고급제품이다. 제품의 품질과 브랜드 가치는 별로였지만 가격은 대단히 저렴했으므로 중국은 물론 동남아시아 시장에서도 중국의 복제품은 꽤나 잘 팔렸다. 중국기업의 치열한 분해공학 덕분에 과거 일본기업이 중앙에서 독점적으로 행사하던 디자인 통제는 무너졌지만, 대신 그 대가로 중국기업은 자신도 모르는 사이에 모터사이클 제조공정에 드리워져 있던 진입장벽을 낮추게 됐다. 그런 복제가 가능하다는 것이 증명되었으므로 비슷한 복제를 동남아시아 등 저개발 국가의 소규모 기업들이 하지 못하라는 법은 어디에도 없기 때문이다. 이렇게 되면 중국의 복제 기업은 다른 수많은 비슷한 기업과 경쟁을 해야 하고, 따라서 제품 가격이 하락하면서 이윤 폭 역시 줄어들 수밖에 없다. 그렇다면 위와 같은 복제는 진정한 의미의 기술발전일까? 대표적으로 모터사이클 업체가 집중되어 있는 충칭의 경우 복제를 시작한 지 꽤나 시간이 흘렀음에도 기존의 디자인을 복제할 수는 있지만 고유의 디자인을 개발하지는 못하고 있다. 특히 프로젝트 관리기술이나, 프로젝트를 성공시키기 위해 필요한 납품업체 선정 및 부품관리 능력이 턱없이 부족한 현실은 더 이상의 기술 진전을 가로막는 중요한 원인으로 간주된다. 인간이 지닌 고도의 지력을 의미하는 기획, 디자인, 혹은 부품 통제 등의 노하우는 정의상 복제가 불가능하다. 그렇다면 위의 분석은 당연한 귀결이 아닐까?

TV, DVD 플레이어, 전자레인지, 개인용 컴퓨터 등 겉으로는 첨단제품으로 보이는 상품들도 상황은 비슷했다. 이들은 중국기업이 복제하기 전에 이미 제품 값이 대단히 낮아지면서 마치 신발 등과 비슷하게 일상용품으로 변질됐는데, 중국이 복제품을 시장에 내놓으면서 그런 추세는 더욱 빨라질 수밖에 없었다. 중국기업이 복제기술을 통해 불과 40달러짜리 DVD 플레이어를 출시한 것을 보면 상황은 짐작하고도 남음이 있다. 이 말은 뒤집어 중국기업들이 제품의 생산공정을 표준화하고 생산비용을 가시적으로 낮추는 방법을 찾았다는 의미가 된다. 문제는 위에서 설명한 현상, 즉 다른 저개발 국가들이 비슷한 방식을 활용, 유사한 제품을 생산함으로써 제품 값이 더욱 인하되는 상황을 피하기 힘들어진다는 사실이다. 당연한 결과로 브랜드 가치가 떨어지는 것은 자연스런 현상일 수밖에 없다. 때문에 과거 브랜드 가치를 활용, 많은 수익을 챙겼던 일류 회사가 자리를 뜨는 것은 이상한 일이 아니다. 2005년 IBM이 개인용 컴퓨터 및 씽크패드 사업을 중국의 제조업체 레노버에게 선뜻 매각한 이유는 따라서 분명해진다. 물론 사업을 정리한 일류 기업들은 가치계단(value chain)의 더 윗단계로 올라가게 된다(*Playing Our Game*).

그렇다면 세계화라는 큰 흐름에 비추어 중국의 분해공학 기술은 어떤 의미를 지니고 있을까? 1990년 이후 본격화된 세계화가 과거 한국에 비해서는 중국에 더 좋은 활동 여건을 제공했다는 사실은 이미 짚어본 바와 같다. 생산공정이 전 세계적으로 세분화되어 나누어질 수 있다는 사실이 그렇게 되는 가장 큰 이유인데, 이 점이 중국의 행운이었다면, 반대로 다음의 상황은 중국의 역경이 될 수밖에 없다. 우선 생산공정이 세계화된 결과 진입장벽이 낮아졌고, 때문에 노동집약의 저급 생산과정에서도 과거 한국이 고도성장할 때보다는 경쟁이 더욱 치열해졌다는 현실을 지적할 수 있다. 다시 말해 수익성에는 문제가 있다는 말이므로, 중국기업의 활동량이 증가하면 증가할수록 서로 갉아먹기식의 경쟁이 벌어지면서 스스로를 옥죄는 현상이 두드러진다는 뜻이다. 중국기업이 노동착취라는 비판에도 불구하고 생산비를 낮추기 위해 수단과 방법을 안 가리는 이유는 이로써 확연해진다.

위의 상황은 다음과 같은 일이 왜 벌어지는지를 설명해주고 있다. "적어도 지금까지는 세계화에 참여한 결과 중국이 다른 국가를 밟고 올라선 사례는 거의 없었다. 바로 이것이 한국 및 일본과 다른 점인데," 그래서인지는 몰라도 "최근에는 중국정부도 한국과 일본의 재벌기업을 키울 생각을 하고 있다(같은 책)." 한국과 일본기업의 경우 발전 단계의 위로 올라가면서 그들보다 앞섰던 세계적인 강자들을 하나씩 거꾸러뜨린 것은 분명하므로 위의 해석이 지닌 타당성을 의심할 필요는 없을 것이다. 뒤집어 보면 세계화에 힘입어 외국인 투자를 유인하는 것이 너무 쉬웠고, 그 결과 경제의 부피를 키우는 데는 별 어려움이 없었지만, 과거 한국의 초기 발전 시절에는 흔치 않았던 세계화의 선물, 즉 수평적인 분업에 심취한 결과, 한국이나 일본과는 다르게 기존의 서구기술을 체화하는 데도 어려움은 있다는 뜻이다. 아무튼 한국과 같은 민족 민간자본이 형성되어 있지 않은 중국의 현실이 문제점으로 부각되는 현상은 흥미를 자아낸다. 세계화가 정점을 향하고 있는 지금, 한국이 약진하던 시절의 국제환경, 그리고 기업이 선진기술을 습득하는 데 명운을 걸 수밖에 없었던 과거 한국의 절박한 상황 등이 더 이상 존재하지 않는 현실은 아이러니가 아닐 수 없다. 하여 세계화가 중국의 기술발전에 덫일 수도 있다는 주장에 무게가 실리는 것은 이상한 일이 아닐 것이다.


## 합자회사의 설립과 외국기업의 인수를 통해 기술을 얻을 수 있을까?

이 정도면 중국이 취한 외국인 직접투자 방식의 경제발전 전략에 문제가 있다는 사실은 어느 정도는 드러난 셈이다. 기왕 얘기가 여기까지 나왔으니 전문가의 분석을 통해 쟁점을 조금 더 깊게 살펴보기로 한다. 합자기업이 중국의 가장 시급한 문제인 기술습득을 가능하게 할 것이라는 기대와 관련, 가장 가혹한 비판을 한 전문가로는 단연 타이완 출신의 랑셴핑(郞咸平) 교수를 꼽을 수 있다. 현재 홍콩 중문대학 교수인 그가 2010년에 내린 평가는 거의 독설에 가까울 정도였다: "기술이라는 것이 복제하고 싶다고 해서 복제할 수 있는 것인가? 중국은 지난 30년 동안 합자 형태로 자동차를 생산해오지 않았던가? 그러나 30년 동안 합자 생산을 했음에도 불구하고 과연 지금 핵심 기술을 습득했다고 말할 수 있는가? 원전 건설은 자동차 제조와는 비교할 수 없을 정도로 어렵고 위험한 작업이다. 자동차 제조 분야의 핵심 기술도 30년 동안 합자에도 불구하고 내 것으로 만들지 못했는데, 3년 내에 원전 건설 분야에서 '대약진'을 통해 그 기술을 중국 것으로 만들고 2020년까지 중국 전역에서 AP 1000(모델)을 활용할 수 있도록 만드는 것이 과연 가능한 일일까? 이런 주장을 내놓은 중국의 일부 전문가들은 아무래도 정신이 나간 것 같다(『부자 중국 가난한 중국인』)."

자동차 한 대에 최소 2만 개의 부품이 들어가는 자동차 산업은 현대 제조업의 꽃으로 간주되고 있다. 부품이 2만 개가 넘으니 이것을 다 만들 수 있는 나라는 산업력이 대단한 국가임에 틀림이 없다. 애초 중국의 전략은 시장과 기술을 교환하는 것이었다. 그러나 자동차 산업을 보면 그런 생각이 얼마나 순진한 것이었는지가 여실히 드러난다. 대략 1984년부터 중국에는 상하이 폭스바겐과 같은 합자 형태의 자동차회사가 설립되기 시작했다. 물론 톈진 샤리라는 중국기업이 기술을 도입, 국산품을 생산하기는 했지만, 자동차 회사는 대부분의 경우 합자 형태를 띠고 있었다. 그 후 약 30년이 지난 현재 상황은 어떻게 변했을까? 중국 고유 자동차가 시장에서 열세인 것은 말할 것도 없다. 그러므로 "시장을 잃어버린 일이 무서운 것이 아니라, 정말 무서운 일은 중국이 아무런 기술도 얻지 못했다는 점"이라는 말이 가슴에 와 닿는 것은 이상한 일이 아니다.

다음의 통계를 보면 이 말의 의미를 알 수 있다. 자동차의 가장 핵심 부품인 엔진과 변속 기어의 경우 현재 외국기업의 중국시장 점유율은 무려 90%이고, 그 밖의 부품도 점유율은 90% 이상이다. 또한 부품산업 자체가 대단히 종속적이어서 전체 부품산업의 80%를 외국기업이 점유하고 있다. 랑셴핑의 다음과 같은 언급을 보면 그림은 더욱 선명해진다: "당초 중국에 그럴듯한 자동차 생산 라인이 없었기 때문에 시장과 기술을 교환하는 정책을 취할 수밖에 없다는 점은 어쩔 수 없다고 치자. 그렇다면 중형 트럭의 경우는 어떠한가? 50년 전 중국에는 이치제팡, 얼치둥팡 같은 국산 기술을 보유한 트럭 제조업체가 있었다. 하지만 현재 중국의 트럭시장을 보면 대부분의 제조업체가 합자회사로, 각 업체 뒤에는 결코 호의적이지 않은 외국 업체가 숨어 있다(같은 책)."

중국의 경우 현대자동차와 같은 경쟁력 있는 국내기업을 육성하는 데는 분명 실패했다. 이 말은 앞서 소개한 파괴적인 기술은 고사하고, 이미 100년의 역사를 지니고 있는 지속적인 기술(sustaining technology)을 체화하는 데도 어려움이 있다는 뜻이다. 그러나 기술의 중요성에 대해서는 중국인들도 너무 잘 알기에 최근에는 보다 적극적인 방법을 활용, 기술을 얻으려 하고 있다. 넘치는 외환보유고를 활용, 시장에 매물로 나온 외국의 일류 기업을 인수하는 것은 기술 습득의 마지막 카드였다. 2005년 중국 컴퓨터 제조업체 레노버가 IBM의 개인용 컴퓨터와 씽크패드 부문을 인수한 것은 앞서 잠시 살펴본 바 있다. 당시에는 중국기업이 마치 대어를 낚은 것처럼 인식됐지만 사정은 매우 달랐다. 노트북 및 개인용 컴퓨터의 경우 당시에 이미 일상용품이 되었으므로, 더 이상 제품과 브랜드의 차별화는 불가능하다는 것이 매각 전 IBM 경영진들의 판단이었다. 다른 제품과 차별화가 가능하던 시절 이미 돈을 벌 만큼 충분히 벌었고, 더 이상은 이익을 얻는 게 불가능하므로 팔아도 된다고 생각했던 것이다. 뒤집어 보면 위의 두 사업 부문에서 제품의 차별화를 가능하게 하는 기술은 사실상 존재하지 않는다는 사실을 의미한다.

복제기술에 의존, 중국기업이 40달러짜리 DVD 플레이어를 출시하는 상황과 비슷하다고 보면 된다. 다시 말해 개인용 혹은 노트북 컴퓨터에서도 초저가 제품의 경쟁시대가 열린 셈이다. 초저가 경쟁에 돌입하면 중국 역시 제 살 깎아 먹기 식의 고통을 감수해야만 한다. 상황이 이런 식으로 돌아가면 IBM은 더욱 높은 단계로 사업을 업그레이드시키면서 고부가가치의 새로운 영역으로 진출하게 되는데, 다음을 보면 현실을 이해할 수 있다. 위의 사업 매각 이전부터 실제로 IBM은 컴퓨팅 장비와 같은 고부가가치의 독점적인 기술혁신 분야로 진출했으며, 대기업을 위한 맞춤형 IT 시스템 설계 등도 개척하고 있었다. IBM이 현재 진력하고 있는 컴퓨터 작동 오픈 시스템, 혹은 소프트웨어 솔루션 등도 같은 맥락에서 이해될 수 있는 새로운 사업 분야였다. 조금 더 적나라하게 얘기하면, 컴퓨터 단말기 분야를 중국기업에 팔아넘김으로써 그 제품의 가치를 가시적으로 저하시킨 후, IBM 자신은 개발도상국들이 상상할 수 없는 또 다른 윗세계로 올라가 버린 모습이었다.

이 말은 중국기업이 HP 등을 포함한 자기네끼리의 게임에서도 이미 경쟁력을 잃기 시작한 IBM의 노트북과 개인용 컴퓨터를 인수했다는 것을 의미한다. 나아가 비록 저가 제품 공세를 중국기업이 이어간다 해도 적어도 현재까지는 델 혹은 HP의 브랜드 파워조차 이길 수는 없는 것이 현실이다. 지금도 위의 두 회사와 미국기업인 애플, 그리고 대만기업인 에이서 등이 국제무대의 핵심 경쟁을 이끌고 있다. 다시 말해 델 혹은 HP 제품의 시장을 IBM을 인수한 레노버의 제품이 잠식하는 것이 아니라 애플과 에이서의 제품이 파고들고 있다는 뜻이다. 물론 IBM의 특정 부문을 인수함으로써 중국기업의 경우 컴퓨터를 만드는 기술 중 일부를 습득했을 수는 있다. 그렇다면 그것의 가치는 무엇일까? 어느 컴퓨터든 가장 핵심 부품인 비메모리칩은 여전히 인텔사의 제품을 사용한다. 메모리칩은 많은 경우 한국제품에 의존할 수밖에 없다(이상 IT 관련 내용은, 같은 책). 이런 것을 다 제외한 후 중국이 얻은 기술의 가치는 어느 정도일까?

앞서 중국 자동차산업의 현주소를 살펴본 적이 있다. 상황이 그 지경에 이르자 이제는 중국도 다른 방법에 눈을 뜨게 된다. 기술 습득을 위해 중국기업이 외국의 유명 자동차 업체를 인수한 사례는 모두가 아는 바다. 스웨덴의 명차인 볼보는 1999년 미국의 포드사에 64억 달러에 팔렸다가, 2010년에는 중국의 자동차 업체 지리에 18억 달러로 다시 매각됐다. 10년 후의 판매금액이 엄청나게 떨어진 것을 보면 포드의 볼보 인수는 실패였음을 알 수 있다. 원인은 다음과 같았다. 애초 볼보는 고급 브랜드였다. 그 정도의 고급품이 없었던 포드가 원했던 것은 브랜드였는데, 생산의 효율화와 생산비의 절감을 위해 볼보의 기본 모델은 포드 자동차의 핵심 부품을 공유하게 된다. 소비자의 입장에서는 고급 볼보가 아닌 중급의 포드차를 사용하는 셈이 된 것이다. 그런 볼보를 고급 가격에 살 사람은 많지 않았으므로 볼보의 매출이 줄어드는 것은 당연한 일이었다.

중국이 볼보자동차를 매입한 이유는 우선 고급 브랜드를 중국기업이 직접 경영함으로써 중국 자동차의 이미지를 높이는 데 있었다. 선진기술의 습득도 물론 중요한 동인이었다. 하지만 포드 정도의 세계적인 자동차 업체가 실패한 브랜드 업그레이드를 중국기업이 할 수 있다는 것은 상식적으로 봐도 일리가 없는 얘기다. 중국이 볼보를 인수했다는 소식이 전해지면서 볼보의 브랜드 가치는 더욱 하락했다. 기술 습득 또한 녹록치 않았는데, "현재 볼보가 사용하고 있는 부품이나 생산라인은 모두 포드의 것을 계승한 것"이었기 때문이다. 이 말은 볼보의 부품과 생산과정을 그대로 인수했을 뿐, 그것을 해체, 중국식으로 재구성하지는 못했다는 사실을 의미한다. 결국 엔진과 변속기 등 핵심 부품은 포드회사 제품을 사용하는 셈이므로, 기술을 체화하는 것은 애초부터 가능한 일이 아니었다.

중국사회에서는 경험할 수 없는 민주자본주의 국가들의 독특한 경제제도 또한 중국기업이 적응하기에는 벅찬 과제였다. 중국에서는 활성화돼 있지 않은 노동조합이 특히 골치거리였음은 물론이다. 노조의 동의가 있은 후에야 중국의 지리는 볼보를 인수할 수 있었는데, 조건은 스웨덴과 벨기에에 있는 본부 및 공장직원을 계승하는 것이었다. 즉 사업부진의 책임이 있는 경영진을 비롯한 직원을 그대로 끌고 간다는 합의였으므로, 획기적인 경영개선은 처음부터 기대할 수 없었다. 한국 쌍용자동차를 인수한 상하이자동차 역시 비슷한 문제를 안고 있었다. 노조와의 대립에서 한국정부도 쩔쩔매는 형국이었으니, 쌍용 노조가 어느 정도 대단한지는 설명할 필요가 없다. 원래 쌍용자동차는 자신만의 기술이 대단히 약한 기업이었다. SUV 차량의 생산 노하우를 배우려는 것이 목적이었으므로, 디자인과 생산공정을 비롯한 일부의 기술을 습득했을지는 모르지만, 강성 노조를 접한 중국의 경영진들은 놀랄 수밖에 없었고 결국은 철수했다(이상 자동차 관련 내용은, 『부자 중국 가난한 중국인』).

물론 외국기업을 인수하여 자신들이 원하는 기술을 어느 정도 익힐 수는 있지만, 그것을 상용화시켜 부가가치를 창출하는 것은 전혀 다른 문제다. 과거 소련이나 체코 등도 당시 공산권 기준으로는 뛰어난 자동차 기술을 보유하고 있었다. 모든 부품을 자력으로 생산할 수 있는 것도 사실이었다. 그러나 소련 등 공산권이 해체된 후 소련과 체코 자동차 업체 중 살아남은 곳은 하나도 없었다. 쌍용자동차 인수 역시 비슷한 맥락에서 이해할 수 있다. 중국기업이 SUV 차량의 설계나 생산 공정상의 노하우 중 일부를 습득했다 하더라도, 그 정도의 기술 습득이 자동차 생산 전체에서 의미하는 바를 과대평가할 이유는 어디에도 없다. 아무튼 중국 자동차산업 발전에 중요한 역할을 했다는 얘기는 아직 들리지 않는다.

쌍용자동차의 경우 엔진과 변속기는 처음부터 외국에서 수입했고, 그들이 사용하는 부품 대부분은 한국 업체로부터 공급받았다. 볼보의 사례와 비교해보면 대단히 흡사하지 않은가? 볼보 부품은 포드자동차가 직접 만들거나 조달한 것이었으므로, 중국기업의 경우 세부 기술을 얻는 것은 애초부터 불가능했다는 사실과 맥을 같이 한다. 중국기업이 해외업체를 인수하면서 중국은 민주자본주의 국가들의 제도를 처음 접하게 된다. 특히 쌍용과 볼보를 운영하면서 노동조합 문제는 현실로 다가왔다. 경험이 없었던 중국기업이 당혹감에 휩싸인 것은 말할 필요가 없다. 하지만 노조 역시 선진국에서는 이미 경제운영의 핵심 메커니즘, 즉 제도로 자리 잡은 지 오래다. 그렇다면 중국의 사정은 어떨까? 단순 노조문제를 넘어 중국경제 전체와 관련된 제도 자체를 살펴봐야 대답이 가능할 것이다.

## 제도화와 제도의 발전은
## 자본주의의 핵심 메커니즘이다

앞서 노스로 대변되는 제도경제학을 소개한 적이 있다. 논의의 핵심은 노스가 지적했듯이 "특화가 상당히 진행된 사회는 효율적이고, 일반적인(impersonal) 계약의 준수를 요구하게 된다"는 것이었다. 중국에 진출한 한국기업 대부분의 경우 중국에서는 꽌시(關係, connection)가 대단히 중요하다는 사실을 알고 있다. 사업을 잘하려면 핵심 인사들과 평소 개인적으로 좋은 관계를 유지해야 한다는 말이다. 여기서 꽌시는 분명 일반적인 관계가 아닌 개인적인(personal) 관계를 의미한다. 그러나 노스는, "(특화 때문에) 복잡하고 일반적인 거래방식이 부각되면서 개인적인 친분, 자발적인 구속, 집단의 규율 등을 이탈하는 사람에 대한 강제추방 등은 더 이상 효과가 없다"고 분명하게 꼬집고 있다. 아무튼 중국의 국내제도나 행동방식이 선진사회와는 다르게 대단히 개인적인 수준에 머무르고 있다는 점은 분명해진다. 여기서 중국의 경제수준에 맞는 사회관계가 그대로 통용되는 것이 아니냐는 질문이 가능해지는데, 대답은 다음과 같다.

노스는 특히 금융산업을 일반적인 계약이 발전할 수밖에 없는 대표적인 사례로 소개하고 있다. 동인도 회사를 통해 발전한 주식시장을 살펴보면, 일반인이 주식을 구매하는 행위는 주식구매 절차를 규정한 법률에 기초하고 있다는 사실을 알 수 있다. 지금은 통신이 워낙 발달하여 인터넷 홈트레이딩 시스템이 활용되고 있는데, 일반인의 경우 주식매수 혹은 매도 주문을 내면, 컴퓨터가 자동으로 처리한 후 최종 결과를 이미 지정된 은행의 구좌에 입금하든지 혹은 구좌에서 인출한다. 여기서 중요한 것은 일반인의 경우 인터넷 자판에 나타나는 정보에 의존, 거래를 할 뿐 그것을 가능하게 하는 주체가 누구인지, 그것이 어떻게 가능한지는 거의 모른다는 사실이다.

상기의 신용거래가 가능하기 위해서는 다양한 제도가 뒷받침돼야 한다. 특히 증권관련법이 중요한 것은 말할 필요가 없다. 여기에는 주식제도의 목적과 운영방식이 자세히 규정되어 있고, 법을 위반하면 당연히 처벌이 뒤를 따른다. 만약 그런 제도적 장치가 없다면 주식을 팔려는 회사와 사려는 사람은 직접 만나 거래를 해야 할 것이다. 그렇게 되면 많은 시간이 소요되면서 시간의 기회비용이 발생할 것이고, 직접 만나는 데 필요한 장소 비용이 드는 것은 물론, 주식을 파는 사람이 사기 치는 것은 아닌지를 확인하는 비용, 거래소까지 가고 구매한 주식을 운반하는 교통 및 운송비용 등이 추가로 들 수밖에 없다. 노스가 말한 거래비용의 상승은 바로 이를 두고 한 말이었다. 아무튼 위와 같은 특징이 있기에 개인 간의 친분에 의한 거래가 아닌 일반적인 거래의 예로 주식이 자주 거론되는 것이다.

그렇다면 같은 논리를 금융산업이 아닌 제조업에 적용해보면 어떤 결과가 나올까? 중국은 애초 단순 제조업에 기초, 산업을 가동시켰다. 그것을 가능하게 한 것은 물론 값싼 노동력이었다. 여기서 노동비용, 즉 인건비가 워낙 싸다면 거래비용이 증가한다고 해도 이를 상쇄시키는 데는 별 문제가 없다. 위의 예에서 드러난 기회비용, 장소비용, 운송비용 등이 대단히 저렴하다면 거래비용의 증가 비율은 무척 낮을 것이고, 그런 경우 우려할 만한 수준의 거래비용은 나타나지 않는다는 뜻이다. 말을 뒤집어 보면 싼 인건비가 거래비용을 상당 부분 상쇄할 수 있다는 의미임을 알 수 있다. 하지만 금융산업에서는 얘기가 달라진다. 금융의 속성 자체가 싼 인건비에 기대어 비용을 낮추는 현상에 한계를 드리우기 때문이다. 이 점은 제조업의 거래와 비교해보면 분명해지는데, 천즈우 교수는 자동차와 금융을 비교한 다음과 같은 흥미로운 사례를 소개하고 있다.

"자동차 제조업을 예로 들어보자. 자동차 구매자와 판매자는 눈에 보이고 만질 수 있는 실물을 거래한다. (다시 말해) 자동차는 유형물이고 구매측이 (외형을 확인하는 것은 물론) 시운전을 할 수 있기 때문에 자동차 거래시장에서 요구되는 정보제공 수준은 비교적 낮다. (따라서) 자동차 거래는 제조물의 책임과 소비자의 권리를 보장하는 사법 시스템에 크게 의존할 필요가 없는데, 여러 번 시운전하고 전문가인 친구와 꼼꼼히 살펴보면 구매자가 속거나 손해를 볼 가능성은 상당히 낮기 때문이다. 그러나 서비스업(3차 산업)은 다르다. 증권시장을 예로 들면 중국에서 첫 번째로 주식을 공개 발행하고 상장한 선전 발전은행이 투자자들에게 판 것은 일종의 금융 계약이자 종이에 쓰인 약속이다. 이런 거래대상은 형태나 색깔도 없고 맛이나 소리도 없다. (여기서) 중요한 것은 제도적 보장이 과연 얼마나 믿을 만한가 하는 점이다. 첫째, 투자자가 선전 발전은행에 대해 공정하고 믿을 만한 정보를 얻을 수 있는가가 중요하다. 둘째, 투자자 권리를 보호하는 법률과 이에 상응하는 사법 시스템 및 소송 절차가 존재하는지 여부다. (다시 말해) 만약 계약 권리를 보장할 만한 제도적 메커니즘이 없다면 주식으로 대표되는 금융 계약은 아무런 의의도 가치도 지닐 수 없다."

이상의 분석에 기초, 천 교수는 다음과 같은 결론을 내리고 있다. "이로 미루어봤을 때 제조업은 3차 산업, 특히 금융업에 비해 쉽게 성장하고 실물시장이 금융시장보다 속이기도 더 어렵기 때문에 제조업 시장의 발전은 제도 메커니즘에 의존하는 정도가 비교적 낮은 것을 알 수 있다.

(얘기를 다시 돌려) 자동차 시장과 증권시장을 비교하면 모두에는 (정보가 소비자에게 정확히 전달되지 않는) 정보의 불완전성과 (좋은 물건을 판매하려는 사람이 정보의 혼탁 때문에 제값을 받지 못하게 되자 시장을 아예 떠나버리는) 역선택의 가능성이 존재한다. 하지만 거래 당사자 간의 정보 비대칭성 정도는 전자가 후자보다 훨씬 낮아, 제도 메커니즘에 대한 요구도 적다. 이것이 중국에서 제조업은 발전할 수 있지만(더군다나 제조업은 중국의 노동력 우위를 십분 활용하고 있다), 증권시장은 발전하기 어려운 이유다."(『중국식 모델은 없다』)."

천 교수의 메시지는 다음과 같이 분명했다. 제조업이 경제의 중심에 자리 잡고 있는 경우 제도 수준이 낮아도 큰 문제가 야기될 가능성은 적고, 또한 제도의 미비 때문에 발생하는 거래비용의 상승은 싼 인건비로 메워진다는 사실이 그것이다. 중국의 각종 제도가 다른 국가에 비해 저발전 상태임에도 고속성장을 할 수 있다는 것은 제조업이 요구하는 제도 수준이 상대적으로 낮다는 것을 의미한다. 여기에 그 낮은 수준조차 싼 노동력으로 상쇄될 수 있다는 현실이 추가되면 그림은 보다 선명해진다. 싼 노동력이란 결국 일은 고되게 하면서도 임금은 대단히 낮은 상황을 뜻하는데, 천교수의 결론은 다음과 같다: "(비록 낮은 수준이라 할지라도) 이러한 제도비용을 보충하고, 거래 위험을 상쇄하려면 더 오래 일하는 수밖에 없다. 매일 몇 시간씩 더 일하면서도 임금은 적게 받아야 하는 것이다. 이것이 중국인이 일주일 내내 밤낮 없이 일하고 밤 11시, 12시에도 업무 전화를 해야 하는 이유이자 제도비용으로 지불하는 대가다." 조금 심한 얘기인지는 모르지만, 한마디로 제도가 발전하지 못하면 몸으로 때우는 것 이외는 방법이 없다는 말이다.

다음의 통계를 보면 중국의 현실은 더욱 확연해진다. 1980년 3차 산업이 국내총생산에서 차지하는 비율은 인도의 경우 36.6%, 그리고 중국은 23.8%였다. 20여 년이 지난 2002년 인도의 비율은 50.7%로 상승한 반면 중국의 그것은 27.5%로 조금 늘어났을 뿐이다. 중국 서비스 산업의 부진과 그것의 문제점은 앞서 소개한 바와 같이 중국경제의 미래에 대해 장밋빛 그림을 자신 있게 그린 청화 대학 후안강 교수의 저서에서도 분명히 지적되고 있다: "2009년에 미국의 서비스 산업이 총 GDP에서 차지하는 비율은 76.9%였는데, 중국의 서비스 산업이 총 GDP에서 차지하는 비율은 42.6%에 불과하다. 그러므로 중국이 미국과의 격차를 더욱 좁히려면 서비스 산업, 특히 현대 서비스 부문의 발전을 가속화해야 한다(『2020년 중국』)."

위의 통계가 의미하는 바는 무엇일까? 인도는 독립 이후 비록 못살았지만 분명 민주국가였다. 이 말은 뒤집어 법의 지배원칙 및 사법제도가 어느 정도 수준은 됐다는 뜻이다. 서비스업 발전의 필수 조건인 사법제도의 발전이 가능했기에 중국보다는 한 발 앞서 서비스 산업이 발전할수 있었다는 해석이 가능해진다. 2009년의 통계를 보면 중국 역시 과거에 비해서는 서비스 산업이 가시적으로 발전한 사실을 알 수 있다. 특히 1990년대 후반 이후 단행된 금융자유화는 그나마 서비스업의 숨통을 트이게 했다. 하지만 GDP에서 서비스 산업이 차지하는 비율은 미국에 비해 현저히 낮은바, 아직은 개도국 수준을 벗어나지 못하고 있는 모양새다.

서비스 산업의 비중이 높아졌다고 문제가 해결된 것은 물론 아니다. 그것의 생산성 또한 향상돼야만 한다. 여기서 그토록 기를 쓰고 있는 한국의 경우도 서비스 산업 생산성이 OECD 국가 중 최하위권이라는 통계는 무엇을 의미할까? 2008년 한국 서비스업의 생산성은 1인당 부가

가치 창출 기준으로 3.6만 달러에 불과했다. 바로 이 수치가 OECD 최저 수준이라는 것인데, 제조업의 경우는 2000년 4.8만 달러에서 2008년 8.2만 달러로 급증한 반면, 같은 기간 서비스업은 3.2만 달러에서 3.6만 달러로 올라가는 데 그쳤다. 선진국 문턱까지 갔다고 으스대는 한국의 수준이 이 정도라면 중국 서비스 산업의 생산성 수준을 짐작하는 데는 무리가 없다. 그렇다면 해결책은 무엇일까? 다음의 분석을 보면 그 길이 얼마나 험난한지를 알 수 있다.

다시 천 교수의 설명으로 돌아가면 아래와 같은 엄중한 현실과 마주치게 된다: "제조업은 경제적 부가가치나 이익률이 낮은 고된 노동에 지나지 않으나 서비스업은 경제적 부가가치나 이익률이 상당히 높은 산업이다. 글로벌화된 국제시장에서는 지인이나 현지인보다 오히려 외지인이나 외국 상인과 더 많이 거래한다. 이제는 도덕규범과 관습법만으로는 불충분하며 보다 효율적인 거래를 위해서는 신뢰할 만한 사법 시스템과 완전히 개방된 언론이 있어야 한다." 결론적으로 "시장을 더 발전시키려면 중국은 법치 시스템과 정보제공 시스템을 개혁해 사람들이 쉽게 정보를 얻거나 계약을 이행할 수 있게 해야 하며, 정부 권력이 시장발전을 가로막지 않도록 실질적으로 제약되어야 한다." 아직 공산당 일당 독재를 유지하고 있는 중국의 현실에 비추어 과연 이것은 가능한 일일까? 특히 금융적 시각에서 보면, "오늘날의 세계경쟁이 누가 금융거래자에게 더 좋은 계약이행 및 정보제공체계를 제공하는지 겨루는 '제도 경쟁'이라는" 사실은 더욱 분명해진다(앞의 책).

통계 역시 중요한 정보라는 사실에 비추어 중국의 통계가 믿을 것이 못 된다는 최근 「뉴욕타임즈(New York Times)」의 지적은 중국의 경우 위에서 언급한 제도적 조건을 충족시킬 준비가 돼 있지는 않다는 사실

을 보여주고 있다: "중국에서 활동하는 기업가나 서방의 경제 전문가들은 지방정부 관리들이 당면한 문제점을 가리기 위해 경제통계를 조작한다고 확신하고 있다. 전기소비가 줄어 화력발전에 사용되는 석탄이 발전소 야적장에 산더미처럼 쌓여가는데도, 발전소 관리인들이 그 사실을 중앙에 보고하지 않도록 강요받고 있다는 점은 대표적인 예다. 하지만 중공업 밀집지역인 산동과 쟝수의 경우 전력소비 자료에 접근이 가능한 한 기업 최고 경영진에 따르면 전력소비는 작년에 비해 최소 10% 줄었다고 한다. 서부지역도 사정은 매한가지다."

"중국과 같이 제조업 중심의 경제에서 전력소비는 곧 경제가 어느 정도 돌아가는지를 알려주는 중요한 지표다. 이 말은 중국경제가 중앙정부가 발표하는 것보다는 대단히 나쁠 수도 있다는 의미인데, 중국통계가 왜곡됐다는 지적은 어제오늘의 일이 아니다. 아무튼 1989년 천안문 사태 이후 경제가 나빠지는 상황과 정권이 교체되는 시점이 시기적으로는 처음 일치한다. 상황이 그러다 보니 위의 일이 벌어지는 것이 당연할 수도 있겠지만, 오죽하면 2007년 폭로 전문 사이트인 위키리크스(WikiLeaks)가 '중국 경제성장의 측정은 단지 사람이 인위적으로 만든 것에 불과, 믿을 것이 못 된다'라는 혹평을 냈겠는가("Chinese Data Mask Depth of Slowdown," June 22, 2012)." 여기서 중요한 것은 그런 가짜 통계가 시장에 그릇된 정보를 제공함으로써 시장 자체를 혼란으로 몰고 갈 수 있다는 사실이다.

다소는 장황한 느낌을 주는 이상의 분석을 요약하면 다음의 결론이 가능해진다. 임금이 상승하는 가운데 제도의 발전 없이 싼 임금에 기초, 경제성장을 지속할 수는 없는 일이다. 따라서 제도의 개선이 시급하지만 그것은 분명 정치적인 결단을 필요로 한다. 간단히 말하면 기존 공산당 중심의 중앙집중식 권력, 혹은 지방정부가 틀어쥐고 있는 또 다른 권력이 분산, 민간에게 이전돼야 한다는 의미다. 해서 법치의 완성, 그리고 같은 연장선에서 뿌리를 내리게 되는 사법제도의 발전과 그것의 생활화는, 정치적인 왜곡 현상이 시정되는 경우에만 가능하다는 사실을 확인할 수 있다. 이렇게 보면 제도적인 관점에서만 보아도 중국경제가 왜곡된 것은 물론, 경제 위에 존재하는 정치분야의 비유연성 때문에 경제왜곡이 다시 한 번 심화되는 현상이 두드러지는 것만은 분명해 보인다. 즉 이중 왜곡 현상이 중국경제는 짓누르고 있는 셈이다.

# 제4장

# 중국의 경제정책 역시
# 경제를 왜곡시켰다

## 중국경제는 어떤 구조로 되어 있을까?

　중국경제가 생산요소의 투입에 의존하고 있다는 사실은 이미 살펴본 바와 같다. 자본, 토지, 노동, 그리고 해외에서 수입한 기계, 곧 기술이 적절히 결합하면서 생산을 늘렸고, 그 결과 국민소득이 높아졌다는 뜻이다. 노동과 토지는 이미 있던 것이므로 새로 추가된 것은 자본과 기술인데, 경제발전 초기의 기술수준이 높을 수는 없었기에 결국 자본, 즉 투자가 결정적인 역할을 했다는 사실을 알 수 있다. 개혁개방 초기 자본이 형성되어 있지는 않았으므로 외국자본에 힘입어 투자가 활성화된 사실은 모두가 아는 바다. 이상을 합해보면 결국 투입(input)에 의한 성장이었음을 알 수 있는데, 그것이 기술발전에 의존, 경제가 진보하는 것과 어떻게 다른지는 총요소 생산성(TFP) 계산을 통해 검증한 바 있다.

　경제학에는 간단하지만 전체를 보여주는 대단히 유용한 등식이 하나 있다. [GDP(총생산) = C(소비) + I(투자) + G(정부지출) + (X-M, 수출-수입)]이 그것인데, 초기 중국경제를 대입해보면 다음의 그림이 그려진다. 개혁개방 당시 국민소득은 세계 최하위 수준이었으므로 국내소비를 기대할 수는 없었다. 국민소득의 부진, 즉 국민이 돈이 없다보니 정부지출을 뒷받침하는 조세수입 또한 부실했을 것이다. 여기서 GDP가 늘어나는 방법은 사실상 둘밖에 남지 않는다. 먼저 투자를 증가시키는 것이 하나의 수단이고, 그렇게 생산된 물품을 해외수요에 의존, 수출하는 것뿐이다. 중국경제를 묘사할 때 늘 따라다니는 투입(투자) 중심의 수출주도형 경제라는 용어의 배경은 이로써 분명해진다.

기존의 사회주의경제를 위의 등식이 보다 잘 적용될 수 있도록 개혁한 것은 분명 권력이었다. 1978년 덩샤오핑의 개혁개방 조치에 그런 의미가 담겨져 있는 것은 물론이다. 문제는 권력에 의해 한 번 확정된 경제체제의 수명이 상당히 길다는 사실이다. 소련은 물론, 개혁개방 이전의 중국경제 역시 공산혁명과 그것으로부터 생성된 권력에 의해 공산주의의 원리가 적용되면서 만들어졌다. 이 체제가 변하게 된 것은 소련의 경우는 체제 붕괴를 통해서였고, 중국의 경우는 갈 때까지 간 경제적 빈곤이 더 이상 피할 수 없는 난제로 부각된 다음이었다. 그렇다면 논리적으로 개혁개방 이후 중국이 확정한 투입중심 수출주도형 경제체제 또한 심각한 문제가 드러나야만 변할 수 있다는 말인데, 앞으로 살펴보겠지만 현재 중국의 상황에 비추어, 그렇게 될 가능성이 높다는 것이 중국을 바라보는 전문가들의 우려 사항이다. 그렇다면 투입중심의 중국경제 모델에는 무슨 문제점이 있을까?

지금은 많이 개선됐지만 중국의 소비는 여전히 약하다. 2010년을 기준으로 위의 등식에서 C(소비)의 비율은 32% 정도였다. 반면 I(투자)는 대단히 높아 50%를 약간 웃돈 반면, G(정부지출)과 X-M(순수출)은 각각 13%와 4%를 기록하고 있다. 미국과 비교해보면 중국의 투입중심 경제체제가 어떤 모습을 하고 있는지는 더욱 선명해진다. 미국의 경우 소비가 차지하는 비율은 무려 73% 정도이고, 1985년 이후 최고치가 기록됐던 2007년의 경우에도 미국의 투자 비율은 16%에 불과했다. 아무튼 GDP 대비 소비 비율의 전 세계 평균이 약 50%라는 통계에 비추어 봐도 중국의 소비가 얼마나 약세인지를 아는 데는 이상이 없다. 일본을 비롯한 다른 동아시아 국가들이 성장세를 이어가던 시절과 비교하는 경우에도 중국의 통계치가 예외인 것만은 분명하다. 성장세가 꺾일 것 같지 않았던 1990년대 중반 동아시아 네 마리 용의 투자는 GDP의 30%를 약간 웃돌고 있었고, 2000년을 전후 일본의 수치는 약 25%였다. 이 정도면 앞서 설명한 동아시아 경제의 특징인 투입-수출 경제모델은 통계 수치로도 드러난 셈이 된다. 일본을 포함한 동아시아 국가 모두의 투자 비율이 미국을 비롯한 서구에 비해서는 월등히 높은 것이 분명하고, 중국은 이들 동아시아 국가보다 훨씬 과도하게 투입에 의존했다는 점을 확인할 수 있기 때문이다.

앞서 라우와 박정수 박사의 연구 결과를 소개한 적이 있다. 한국을 비롯한 동아시아 신흥경제의 경우 투자를 의미하는 유형자본의 경제성장에 대한 기여도가 65-85%였고, 일본 역시 그 비율이 55%로 서구보다는 높았으며, 중국의 경우는 비율이 무려 95%라는 점을 확인할 수 있었다. 위의 통계와 비교해보면 GDP에서 차지하는 투자 비율이 가장 높은 중국이 95%, 그리고 그 다음으로 투자 수치가 높은 동아시아 경제가 65-85%, 마지막으로 투자 수치가 이들보다는 낮은 일본이 55%를 기록하고 있다는 사실이 눈에 띈다. 앞서 소개한 GDP에서 차지하는 투자 비율과는 거의 일치하는데, 즉 투자 비율이 높은 국가일수록 유형자본의 경제성장에 대한 기여도가 높다는 사실이 그것이다. 위의 비교를 통해 일본을 비롯한 동아시아 국가들의 경제성장이 기본적으로는 투자에 의존하고 있으며, 서구와는 달리 기술진보를 의미하는 총요소 생산성 향상에 힘입은 것은 아니라는 점을 확인하는 데는 무리가 없다. 중국의 경우는 그런 경향이 더욱 심해, 생산성 향상이 사실상 전무한 가운데 투자가 성장의 모든 것을 대변한다는 사실을 지우기는 대단히 힘들어진다.

위와 같은 독특한 구조에 뿌리를 내리고 있는 중국경제의 지속적인 성장을 위해서는 투입, 즉 투자가 지속되어야만 한다. 초기에는 외국인 직접투자에 의존했지만, 기업이윤이 창출되고 개인소득이 높아지자 국내적으로 자본축적이 가능해지면서, 국내자본의 대규모 동원 역시 투자의 주요 재원으로 자리 잡을 수 있었다. 외국인 투자 통계는 이미 짚어봤으므로 국내자본을 동원하는 방법을 살펴보면 중국의 투자 메커니즘을 이해하는 데는 무리가 없을 것이다. 중국정부는 국내자본을 동원하기 위해 과거 일본이 사용했던 것과 유사한 방식을 활용하고 있다. 국유은행을 비롯한 시중은행에 국민들의 막대한 예금을 유치한 후, 그것을 투자로 전용하는 방식이기에 그렇다는 말이다.

위의 등식이 보여주듯 국내소비는 여전히 부진했으므로 대규모 투자를 통해 만들어진 제품은 해외에 수출할 수밖에 없었다. 수출을 촉진하는 여러 가지 방법이 적극 활용되고 있는바, 수출보조금 지급 등 다양한 수출촉진정책이 활성화되어 있지만, 수출의 명줄을 쥐고 있는 것은 역시 위안화의 환율, 즉 외환정책이라 할 수 있다. 여기서 국내저축을 유발하여 투자재원을 확보하는 것은 금융정책이 어떠냐에 따라서 달라질 것이고, 위안화 환율을 수출에 유리하도록 조정하는 것은 외환제도와 정책이 어떤 방식으로 잡히느냐에 달려 있다. 그러므로 중국의 금융정책과 외환정책을 살펴보면 상기의 등식을 통해 드러난 투입 중심의 중국경제가 어떻게 운영 및 유지되고 있는지를 가늠해볼 수 있을 것이다.


## 인민과 기업의 돈을 쥐어짜서 경제를 돌리고 있다

중국은 인민의 돈을 효율적으로 모으고 그것을 전략적으로 기획된 투자로 전용하기 위해 과거 공산주의 시절에는 존재하지 않았던 국유상업은행을 만들었다. 덩샤오핑의 개혁개방 선언 직후인 1979년 중국건설은행을 시작으로, 1981년 중국투자은행과 중국농업은행, 그리고 1984년에는 중앙은행인 중국인민은행의 일반은행 업무를 인수한 중국공상은행 등이 각각 설립됐다. 국무원 직속의 4대 전업은행(專業銀行)이란 바로 이들을 두고 한 말인데, 현재까지도 중국 자본시장의 핵심 메커니즘으로 남아 있다. 2009년 4대 전업은행을 포함한 국유은행 모두가 지니고 있는 금융자산은 약 11조 달러로 중국 전체 금융자산의 70%를 상회한다. 여기서 4대 전업은행의 소유분만을 분리해도 규모는 대단해, 전체 금융자산의 43%를 차지하고 있다. 그 후 은행이 하나 더 추가되어 5대 전업은행(건설, 투자, 농업, 공상, 교통)이 됐고, 이들이 금융권 대출 자산의 70%를 점하고 있는 것을 보면, 중국 금융산업의 핵심 기제임에는 틀림이 없다.

일본과 차이점이 있다면, 일본의 경우 우체국에 모인 자금이 시중은행을 통해 기업에 대출된 반면, 중국은 전업은행 등 시중은행이 돈을 모은 후 중간 단계를 거치지 않고 직접 기업에 자금을 빌려준다는 사실일 것이다. 중국의 금융정책은 경제개발 초기 최대 약점이었던 자본부족을 극복하는 데 대단히 효과적이었다. 특히 1990년대로 들어오면서 중국의 총저축, 즉 기업, 가계 및 정부의 저축은 가시적으로 증가하게 된다. 1990년 GDP 대비 저축률이 38%를 기록한 후 꾸준히 상승, 현재는 52%라는 기록적인 수치를 보이고 있다. 1988년 정점에 이른 한국의 저축률이 37%로 당시로서는 타의 추종을 불허하는 수치였다는 사실에 비추어, 중국의 저축률이 얼마나 높은지는 짐작하고도 남음이 있다. 2005년 이후 한국의 저축률은 30% 내외로 뚝 떨어졌고, 2008년의 경우 특히 GDP 대비 가계저축률은 3%에 불과했다. 반면 미국 역시 1985년 이후 20%를 넘는 경우가 한 번도 없었고, 2005년 이후에는 13% 정도를 기록하고 있을 뿐이다.

2006년 이전만 해도 중국의 가계저축은 기업저축을 상회했지만, 그 후 역전되어 2011년에는 기업저축이 가계저축의 약 3배에 이르고 있다. 그렇다면 이런 통계의 의미는 무엇일까? 국유기업이 주를 이루고 있는 중국경제의 특성상 기업이윤이 민간에게 이전되지 않는 가운데 은행에 쌓이고 있다고 보면 된다. 1993년부터 외국인 직접투자가 가시화된 사실은 앞서 살펴본 바와 같다. 흥미로운 것은 직접투자가 연간 약 400억 달러에 이르게 되는 1996년부터는 중국의 금융정책이 변한다는 점이다. 1996년 5월만 해도 보통예금 이자율은 연 2.97%, 1년 정기예금의 경우는 9.18%였다. 그러나 8월 비율이 1.98%와 7.47%로 각각 낮아진 후, 1998년에는 1.44%와 4.55%로 또 다시 추락하게 된다. 외국인 투자가 500억 달러를 넘기 시작한 2002년 2월 이후에는 더욱 낮아져 0.72%와 1.98%를 기록하게 되는데, 이것이 현재까지 기록된 최저치였다. 아무튼 같은 모양새는 현재까지 유지되고 있다. 그렇다면 통계치의 의미는 무엇일까?

1990년대 중반만 해도 예금을 모으기 위해 높은 이자율이 적용됐음을 알 수 있다. 하지만 외국자본의 유입액이 늘어나고, 예금공급 또한 증가하자 더 이상 비싼 이자를 부담할 필요가 없어졌던 것이다. 설사 그렇다 하더라도 이자율이 가시적으로 떨어지면 예금공급은 줄기 마련인데, 반대로 예금이 오히려 증가하는 현상은 어떻게 설명할 수 있을까? 비밀은 두 군데에 숨겨져 있었다. 사회보장제도의 미비로 노후 대책은 사실상 존재하지 않았으므로, 중국 사람들은 노후를 위해 개인적으로 저축하는 것 이외는 달리 방도가 없었다. 나아가 주식, 채권, 보험 등의 상품을 다루는 다른 금융기관의 활동이 미약한 가운데, 은행만이 독점적인 영업을 하고 있었으므로 이자율 경쟁은 사실상 존재하지 않았다. 다양한 금융기관, 특히 외국 금융업체가 있었다면 개인 돈을 유치하기 위한 이자율 경쟁은 불가피했을 것이다. 그런 경우 중국사람들이 낮은 이자율을 지급하는 중국은행에 저축을 할 이유는 당연히 사라지게 된다. 중국의 핵심 기업 역시 국가 소유였으므로 이들의 이윤이 개인에게 이전될 수는 없었고, 따라서 기업이 높은 저축률을 보이는 것은 이상한 일이 아니었다.

영국의 「파이낸셜 타임즈(Financial Times)」지는 그렇게 되는 구조적인 이유를 다음과 같이 요약하고 있다: "중국의 일반사람들은 그들의 돈을 유례가 없이 낮은 이자율로 은행에 꾹꾹 박아 넣는 방식으로 중국회사들에게 보조금을 지급하고 있다. 2004년 이후 경제성장률은 10%였지만, 예금 이자율은 평균 1.5%에 불과했다. 말이 되는 얘긴가? 그러나 불행하게도 중국인들에게는 그들의 돈을 활용할 수 있는 마땅한 대안이 없다. 주식시장이 있기는 하지만, 짜고 치는 고스톱 식의 내부자 거래, 그리고 부패로 얼룩진 기업경영 등의 이유로 돈 뜯기기 십상이므로 주식에 돈을 넣을 수는 없는 일이다. 폐쇄적인 자본시장 정책 때문에 돈을 해외에 투자하기도 대단히 어렵다. 뮤추얼 펀드, 보험산업 역시 후진적이므로 그곳에 돈이 갈 수도 없다. 그러니 저축을 할 수밖에. 그나마 마지막 출구가 있다면 부동산 투자인데, 이것이 바로 중국 부동산이 버블에 휩싸이는 중요한 이유다("A boom driven by distortions," July 17 2012)."

  과거 일본과 유사하지만 중국의 경우는 더욱 심하게 반강제적인 저축을 유도한 사실을 확인할 수 있다. 다음의 통계를 보면 그런 메커니즘의 실체는 더욱 분명해진다. 2011년 중국가계가 소유한 총 금융자산 중 무려 75%가 예금인 반면, 미국의 경우는 20%에 불과했고, 다른 선진국과 비교해 비정상적으로 높다는 일본은 50%, 한국의 경우는 일본보다 오히려 양호해 40% 정도를 기록하고 있다. 논리상 반강제성이 없다면 그런 높은 수치가 나올 수는 당연히 없는 일이다. 언뜻 봐도 중국의 저축이 과잉(saving glut)이라는 점을 눈치 챌 수 있는데, 은행의 대출규모를 보면 그 정도를 알 수 있다. 2002년만 해도 중국의 총예금 대비 대출비율(loan-to-deposit)은 78%로 그런대로 이해가 가는 수준이었지만, 2007년에는 69%로 뚝 떨어지게 된다. 그렇다면 그토록 많은 잉여자금은 어디로 간 것일까? 반대로 그토록 과잉인 저축을 줄이지 못하는 이유는 무엇일까? 저축을 축소, 이를 소비로 돌리는 경우 모든 전문가들이 권고하는 내수확대를 기할 수 있는데도 그렇게 하지 못하는 것을 보면 나름 이유가 있을 것이다. 여기서부터는 얘기가 다소 복잡해진다. 저축을 줄이는 것이 중국경제 전체의 운영체계와 관련이 있어서다. 정상적인 자본주의 국가라면 남아도는 돈은 해외로 빠져나가 해외자산을 취득하는 데 활용될 것이다. 하지만 중국의 경우는 자본의 대외유출을 철저히 통제하고 있으므로, 돈은 결국 국내에서 돌 수밖에 없다. 돈이 해외로 빠져 나가게 되는 것은 시장원리가 그렇다는 말이므로, 뒤집어서 그것을 억제한다는 것은 곧 시장의 작동을 사실상 멈추고 있다는 의미를 담고 있다. 결과적으로 경제구조의 왜곡 현상을 피할 수 없지만, 경제왜곡의 대가로 중국정부는 다음과 같은 이점을 누리고 있다.

위의 통계가 보여주듯 예금 대비 대출비율이 상대적으로 높았던 2002년의 경우 중국은행의 총 자산 중 유동자산의 비율은 10%였다. 하지만 예대 비율이 현저히 낮아진 2007년에는 유동자산 비율이 17%로 상승하게 된다. 금액으로는 9,500억 달러인데, 중국 GDP 대비 37%라는 놀라운 수치를 기록하고 있다. 여기서 유동자산은 시중은행이 중앙은행에 예치한 현금자산과 주로 중앙은행이 발행한 채권으로 구성된다. 2002년만 해도 시중은행의 중앙은행 채권 보유는 거의 없었다. 그러나 2007년에는 두 자산의 비율이 비슷할 정도로 채권을 많이 보유하게 되는데, 그렇다면 그 이유는 무엇일까? 아마 중앙은행이 무언가 급하게 일처리를 한 것이 분명하고, 그 짐을 시중은행이 짊어지게 한 것일 게다.

한 걸음 나아가 중앙은행에 예치한 현금자산이 그토록 높은 이유는 무엇일까? 중앙은행이 시중은행에게 돈을 많이 예치하라고 명령한 이유는 분명 있을 것이다. 이들 질문에 대한 답변은 후술하기로 한다. 여기서 중요한 것은 국민과 기업의 돈을 반 강제적으로 은행이 모았지만, 그 많은 돈이 시장원리에 따라 활용되지 않는 것은 물론, 오히려 반대로 정부의 경제계획에 맞춰 유용되고 있다는 사실이다. 정부가 의도적으로 무엇을 했을 때 나타나는 폐해는 앞서 일본의 사례를 통해 충분히 짚어본 적이 있다. 상식적으로 봐도 중국정부의 반강제 저축과 은행관리체제에는 무리가 따르는 셈이 된다. 그런 행태가 비효율성을 유발할 가능성이 대단히 높다는 사실, 그리고 국민의 희생을 전제로 경제가 운영되고 있다는 엄연한 현실은 일본의 경우와 비슷하게 후일 큰 문제를 자아낸다.


## 투입경제의 비효율성은 수확체감으로 이어진다


중국경제가 투입에 의존하고 있다는 점은 앞서 소개한 공식이 분명히 말해주고 있다. 경제성장을 소비가 아닌 투자에 전적으로 의존하고 있으므로 경제성장, 즉 GDP가 계속 상승하기 위해서는 지속적인 투자가 있어야 한다. 여기서 투자는 기계, 설비, 혹은 주택, 도로, 항만 등 고정자산(fixed capital)에 대한 자금의 투입을 의미하는데, 문제는 그것이 효율적인가이다. 앞서 소개한 랑셴핑 교수는 이 문제를 다음과 같이 적나라하게 파헤치고 있다: "최근 몇 년간 중국의 산업정책은 지나치게 한쪽으로 쏠리고 있다. 중국은 교각 수리나 도로(혹은 주택) 건설에 대규모 자원을 투입하였기 때문에 GDP가 매년 10퍼센트라는 경이적인 속도로 성장할 수 있었다. 이러한 측면에서 현재 중국경제가 대단한 성장세를 보이고 있다고 단정 지어 말하기는 어렵다. GDP를 '견인'하고 있는 것은 바로 철근과 콘크리트 소비이다. 2008년 GDP의 35퍼센트를 차지했던 (일반인의) 소비가 2009년에는 29퍼센트로 다소 하락세를 보였지만 철근 콘크리트 (소비)의 경우, 2008년 (총투자 대비) 57퍼센트에서 2009년 67퍼센트로 상승곡선을 그렸다. 이러한 현상은 무엇을 의미하는가? 전체 사회가 부를 쌓거나 소비할 수 있는 자원을 중국 스스로 철근 콘크리트와 '맞교환'하고 있다는 뜻이다."

중국정부가 성장에 얼마나 집착을 하고 있는지는 이로써 분명해진다. 일반 소비가 다소 위축되어 경제성장률이 떨어질 것 같자, 무리인 줄 알면서도 건축에 돈을 쏟아붓는 행동을 거리낌 없이 실천에 옮겼기 때문이다. 그의 비판은 다음과 같이 계속되고 있다: "중국 화둥(華東)의 한 성에서 일어난 사례를 통해 자세한 내막을 살펴보자. 낡은 농가를 철거한 뒤 정부가 정한 토지 위에 집을 지어야 한다는 규정에 따라 농부는 대략 10만 위안을 내고 집을 지었다. 그리고 농부가 과잉 생산된 철근 콘크리트를 사용함으로써 중국의 GDP는 상승했다. 그렇다면 중국의 농민은 이후 어떤 생활을 할까? 집을 짓는 데 들어간 10만 위안으로 원래 농부는 장사를 할 생각이었다. 즉, 10만 위안은 다른 곳에 소비될 수 있었던 자금으로 생산을 촉진할 수 있었다. 한마디로 소중한 생산성 자원이었던 농부의 10만 위안은 서민들에게 더 많은 수입을 가져다주었을지도 모른다. 하지만 불행하게도 농부의 소중한 자금은 철근과 콘크리트를 사느라 흔적도 없이 사라지고 말았다. 이처럼 철근과 시멘트 소비가 늘어날수록 서민은 가난해진다." 중국경제에서 자원배분의 왜곡 현상을 이보다 더 잘 설명할 수는 없을 것 같다.

위와 같은 인민 돈 쥐어짜기 정책을 확대해보면 다음의 통계가 왜 나오는지를 이해할 수 있다. 우선 농촌지역 소득이 상대적으로 적어지고 있다는 점이 두드러진다. 1978-1988년 농촌의 1인당 연평균 소득증가율은 12%를 약간 웃돌고 있었다. 반면 같은 기간 도시인의 소득 증가율은 6.3%였으므로 농촌이 도시를 압도했음을 알 수 있다. 하지만 경제에 탄력이 붙은 1989-2002년에는 농촌의 경우 증가율이 4%에 불과한 반면, 도시는 7%를 기록, 상황이 역전됐고, 2003-2008년에도 추세는 이어져 도시는 9.3%로 농촌의 6.8%를 상당히 앞서고 있다. 모두에서 1978-2009년 중국경제의 연평균 성장률이 9.9%였다는 통계를 소개한 적이 있다. 외형적으로만 봐도 같은 기간 도시 농촌 가릴 것 없이 중국인민의 소득 증가율이 경제성장률보다는 현저히 낮았다는 사실이 눈에 들어온다. 다시 말해 국가가 부유해진 만큼 인민이 잘살게 되지는 않았다는 뜻이다. 농촌과 도시 간의 소득격차가 날이 갈수록 커진다는 점 역시 분명해진다.

그렇다면 도시지역의 노동자를 분리해보면 사정이 나을까? 다음의 통계를 보면 그렇지 않다는 사실을 알 수 있다. 노동자 총 소득이 중국의 GDP에서 차지하는 비율은 1996년 51.4%였으나, 2007년에는 39.7%로 뚝 떨어졌기 때문이다. 베이징만 분리해봐도 결과는 비슷하게 나온다. 2011년 베이징 총 GDP를 베이징의 인구수로 나눈 1인당 GDP는 1만 2,450달러였지만, 1인 가처분 소득은 그것의 41%밖에 안 되는 5,100달러에 불과했다. 국민 모두를 대상으로 조사해봐도 상황은 비슷하다. 개인 가처분 소득이 GDP에서 차지하는 비율의 경우 1992년 68.6%였지만 2007년에는 52.3%로 낮아진 것을 보면 그렇게 보는 이유는 충분히 있다. 그렇다면 중국정부의 투입식 성장정책에는 과연 효율성이 있을까? 여기서 효율성이란 투자가 이익을 창출하고, 궁극적으로는 국민들의 후생 향상으로 이어진다는 의미를 담고 있다. 하지만 위의 통계는 국가가 축적하는 부와 개인이 취하는 소득 간의 격차가 날이 갈수록 벌어지고 있다는 사실을 보여주고 있다. 언뜻 봐도, 중국정부의 반 강제적인 투자가 효율적이지 않다는 점을 부인할 수 없는 대목이다.

랑셴핑 교수의 다음과 같은 분석은 그런 구조를 더욱 선명하게 보여주고 있다: "열심히 도로를 닦아봤자, 도로 위를 달릴 자동차가 중국에는 있는가? 달릴 자동차가 없는 고속도로는 과잉 생산에 불과하다. 고속도로 건설에 필요한 철강재와 시멘트를 구입하겠다는 정부의 발표 덕분에 시장은 과잉 생산된 2억 톤의 철강재와 5억 톤에 달하는 시멘트를 소화할 수 있었다. 하지만 고속도로를 완성한 뒤에는 어떤 상황이 펼쳐졌을까? 고속도로를 씽씽 달려줄 자동차가 없으니 또 하나의 잉여자원이 생산된 것에 불과했다. 이렇게 되면 관련 업종은 또 다시 '과잉 생산'의 함정에 빠지는 악순환이 반복된다. 그렇다면 지금 중국에는 인프라사업을 대체할 새로운 경제성장 동력원이 있는가? 애석하게도 없다. 이는 2008년 (총투자 대비) 57퍼센트를 차지했던 철근 콘크리트 소비가 2009년에 이르러 67퍼센트로 증가한 반면, (일반인의) 소비는 (GDP 대비 35퍼센트에서) 29퍼센트로 줄어든 현실이 증명한다."

여기서 중국국민이 못살게 되는 구체적인 메커니즘이 밝혀지는데, "결론적으로 인프라 건설에 투입될 자금을 서민에게 주어 그들을 부유하게 만들어야 한다. (이것을 달성하기 위해서는) 기업이 더 많은 수익을 낼 수 있도록 정부가 적극 도와줘야 한다. 기업이 많은 수익을 얻으면 임금이 올라갈 것이고, 궁극적으로는 중국 서민들의 주머니 또한 두둑해질 것이기 때문이다. 이렇게 차근차근 서민들의 소비를 뒷받침하면 내수역시 자연스레 성장하지 않을까? (여기서 중요한 것은) 기업의 이윤을 소비로 전환하는 방식만이 (장기적인 관점에서) 중국경제를 이끌어갈 수 있는 방안이라는 사실이다. (그러나 뒤집어 보면 일이 그렇게 안 되고 있는 현실이) 다른 국가에서는 소비가 GDP의 무려 70-80퍼센트를 차지하는데 반해 중국은 35퍼센트를 넘기지 못하는 이유이기도 하다(이상, 『부자 중국 가난한 중국인』)." 아무튼 이 정도면 소비자 후생이라는 관점에서 중국정부가 국민에게 어떤 희생을 강요하고 있는지는 분명해진다. 그 결과 경제의 가장 큰 목표인 소비자 후생 증진과는 별 상관없이 경제가 운영되면서, 중국경제가 어떻게 왜곡되는지를 파악하는 데도 무리는 없다.

그렇다면 중국기업의 사정은 어떨까? 중국에 막강한 국유기업이 있다는 사실은 모두가 아는 바다(2009년 5월 국가출자기업으로 명칭 변경). 과거보다는 그 비중이 줄어들었지만 작년에 발간된 미중 경제안보검토 위원회의 보고서는 그 위상이 여전함을 보여주고 있다. 2010년의 경우 중국 전체 GDP의 약 50%가 국유기업이나 국유기업이 통제하는 기업으로부터 산출되었기 때문이다(농업 부문 제외). 특히 국민의 실생활과 직접 관련이 있는 석유, 전기, 천연가스, 수도, 전자, 통신 자동차, 은행 등 전 분야에 국유기업이 진출해 있는 것을 보면 중국경제에서 국유기업의 위상은 짐작하고도 남음이 있다. 과거 유럽이나 한국에서 국영기업의 부실화가 늘 문제가 됐던 것처럼 중국 국유기업이 효율적으로 운영되고 있는지도 논쟁거리임에 틀림이 없다. 여기서는 이익을 제대로 실현하는지가 관건인데, 그렇지 않은 경우 밑 빠진 독에 물 붓기식의 자원낭비가 초래될 수 있기 때문이다.

금융적 관점에서 보면, 자원이 낭비된다는 것은 은행의 돈이 이익이 나지 않는 곳으로 흐른다는 의미다. 국유기업이 중국은행들의 자금을 얼마나 많이 가져다 쓰는지를 알아보면 놀라운 사실을 접할 수 있다. 2000년대 중반 중국은행 전체 대출의 약 70%를 국유기업이 차지한 반면, 민간에게는 단지 30%만이 돌아갔다. 최근 영국의「파이낸셜 타임즈」는 그렇게 될 수밖에 없는 중국 특유의 메커니즘을 다음과 같이 설명하고 있다: "국유기업으로 대변되는 큰 규모의 회사, 혹은 정부가 뒤를 봐주고 있는 기업 등은 은행으로부터 의도적으로 낮게 조정된 이자율을 적용받아 싼값에 돈을 쉽게 빌릴 수 있다. 그 결과 무모한 지출이 뒤를 잇는 것은 당연하다. 반면 전체 고용의 80%를 담당하며 국가경제에 피와 같은 역할을 하는 중소기업은 정부의 뒤 봐주기가 없다는 이유로 돈 꾸어주기에는 위험한 대상으로 인식되고 있다. 따라서 이들의 돈 빌리기가 대단히 어려운 것은 이상한 일이 아니다("A boom driven by distortions").”

　여기서 국민 돈 거두기의 목적은 일반 소비자 금융이 억제된 가운데 기업의 진흥을 위해, 그것도 대기업에 편향된 방식으로 돈의 흐름이 잡히는 것으로 귀결된다. 개인소비가 선진국의 반에도 못 미친다는 랑센핑 교수의 지적에는 소비자 금융의 의도적인 억제라는 금융상의 이유도 있는 셈이다. 같은 시기의 통계지만, 국유은행 총대출의 95%가 국유기업으로 흘러들어갔다는 통계를 보면 국유기업에 엄청난 자금이 몰리고 있는 것만은 분명하다. 이 정도면 중국경제에서 국유기업의 위상이 어떤 것인지, 그리고 그것을 뒷받침하고 있는 금융시스템의 성격과 구조는 무엇인지를 아는 데는 어려움이 없을 것이다. 여하튼 외형적으로 봐도 국가권력에 의해 자원이 한군데 쏠리는 현상은 확실하고, 그 결과 산업과 금융이 한데 어우러지면서 경제가 왜곡되는 상황을 숨기는 것 또한 당연히 어려워진다.


## 수확체감의 실제 모습은 어떤 것일까?


　개인기업의 경우는 부실화되면 원리상 기업이 망하면 그만이다. 그렇다면 국유기업은 어떨까? 이 말은 국유기업이 이익을 잘 내고 있느냐와 밀접하게 연계되어 있다. 중국정부의 발표이므로 모두 믿을 수는 없지만, 다음의 통계를 보면 국유기업의 수익률이 개인기업에 비해 떨어지는 것만은 분명하다. 2000-2004년 국유기업의 총자산 대비 이익률은 당시 석유가격의 상승으로 횡재 수준의 이익을 실현한 석유·천연가스 등 채굴업을 제외하는 경우 평균 3.81%였다. 반면 개인기업인 외자기업과 민간기업의 이익률은 각각 7.2%와 5.6%를 기록, 국유기업보다는 높았다. 하지만 위의 수치도 외형상 그렇다는 것이고, 국유기업 이익률 역시 생산성 향상에 기초한 것은 아니었다. 국유기업의 은행채무를 주식으로 전환하여 이자지급을 면제하는 방식, 혹은 지방정부가 소유한 저수익 국유 중소기업의 매각 시 중앙정부가 그것을 사주든가 혹은 보조금을 지급하는 방식 등 정부의 특혜성 지원에 힘입은 바 컸기 때문이다. 어쨌든 1998년 이후 국유기업의 수익률이 외자기업과 민간기업을 앞선 적은 한번도 없었다.

현 시점에서 국유기업의 비중이 과거보다 낮아진 것은 사실이지만, 위에서 살펴본 바와 같이 핵심 사업의 상당 부분은 아직 국유기업이 관장하고 있다. 외자기업 및 순수 개인기업을 제외하고는 민간기업이라 할지라도 정부의 영향력하에 있는 것은 부인할 수 없으므로 중국기업을 외형상 서구 기준으로 구분하는 것 역시 쉬운 일은 아니다. 국유기업의 수익률이 저조한 데는 또 다른 구조적인 이유가 있다. 우선 국유기업의 경우 원래는 국가가 부담해야만 하는 근로자 복지비용을 대신 짊어지는 경우가 많다. 그 비용이 피고용 노동자 임금 수준의 40%를 초과할 정도로 높다는 통계를 접하면 국유기업이 이익을 내는 것이 얼마나 어려운지는 자명해진다. 도시주민의 고용문제를 해결하기 위한 수단으로 정부가 국유기업을 활용하고 있는 것도 문제임은 물론이다. 이 모든 것은 결국 국유기업이 평균 20-30%의 과잉 노동력, 즉 과잉 고용률에 시달리는 현상으로 귀결된다. 독과점 형태를 취하고 있는 국유기업에 경쟁원리를 적용하는 것 또한 불가능한데, 이 점 역시 심각한 문제로 남아 있다.

상황이 이럴진대 앞서 소개한 정부 발표, 즉 국유기업의 이익률이 3.81%라는 통계를 액면 그대로 믿을 수 있을까? 그렇다면 어떤 방법으로 국유기업의 부실 정도를 알아볼 수 있을까? 이유야 어떠하든 국유기업도 분명 은행 돈에 의존하고 있다. 원리상 이익이 충분히 난다면 그렇게 빌려 쓴 돈이 부실화, 즉 은행 입장에서 회수 불가능한 채권이 될 수는 없는 일이다. 따라서 은행의 부실채권 비율을 알아보면 기업의 부실 정도를 역으로 추적해볼 수 있는데, 이에 대한 연구는 놀라운 사실을 전해주고 있다. 중국정부가 은행 부실 문제를 처음 실토한 것은 1998년이었다. 당시 중국 국유은행의 부실채권(NPL: non-performing loan) 비율은 무려 40%였다. 앞서 짚어본 바와 같이 국유은행의 대출 거의 전부가 국유기업에 흘러들어간 것이 사실이므로, 이 말은 곧 국유기업의 수익률이 형편없다는 의미로 해석될 수밖에 없다.

상황이 그런 경우 부실 국유기업은 당연히 폐쇄되어야 하지만, 중국에서 10년 이상 금융업에 종사하며 중국금융체제를 예리하게 분석한 저서를 최근 출판한 월터(Carl Walter)와 하우이(Fraser Howie)는 그것이 어려운 이유를 다음과 같이 꼬집고 있다: "중국 공산당은 은행을 상대로 국영기업에 대출하라고 말하지만, 국영기업에 대해서는 빚을 갚으라고 말 할 처지가 아닌 것 같다. 따라서 국유기업이 빚을 갚지 못하는 경우에도 돈을 잃은 은행을 질타하지는 않는다. 반면 시키는 대로 대출이 이루어지지 않을 때는 오히려 은행을 질책한다. 구조적인 관점에서 은행의 개혁으로는 문제를 해결할 수 없고, 공산당 자체가 혁신되어야 함을 알 수 있다(*Red Capitalism*)." 한마디로 정경유착이든 혹은 또 다른 형태의 밀착이든, 국유기업과 국영은행 사이의 떼려야 뗄 수 없는 관계가 부실기업을 질질 끌고 갈 수밖에 없는 구조적인 원인이라는 의미다.

그렇다면 상기의 어마어마한 부실채권은 어떻게 처리됐을까? 이 문제는 중국의 금융체제를 설명할 때 자세히 짚어보기로 한다. 아무튼 부실채권이 많다는 것은 결국 기업이 이익을 제대로 못 낸다는 의미이고, 뒤집어 보면 요소비용의 상승, 특히 임금의 상승을 상쇄할 만큼 제품가격을 추가로 올려 시장에 판매하는 것이 불가능하다는 뜻이다. 그런 상황을 극복하는 길은 물론 하나밖에 없다. 앞서 자세히 살펴본 바와 같이 제품의 값을 올릴 수 있는 새로운 기술이 개발되면 된다. 하지만 중국기업의 부실 정도가 위와 같다면, 기술이라는 핵심의 이윤 요소가 지속적으로 향상됐다고 보기는 어려운 것이 현실이다. 결국 중국기업 역시 1990년대 이후부터는 서서히 수확체감의 법칙에 걸린 셈이 되는데, 수확체감의 법칙을 유발하는 가장 중요한 요인은 다른 생산요소의 변화가 없는 가운데 돈이 지속적으로 투입되는 경우이므로, 외형적으로는 과잉 중복투자가 중국기업이 겪는 수익률 저하의 원인이라고 볼 수도 있다.

중국보다는 앞서 있고, 중국의 경제발전 모델 역할을 한 한국의 과거 상황은 위의 문제가 어떻게 현실화되는지를 보여주고 있다. 박정희 대통령은 1973년 초 중화학공업 육성이라는 정치적 결단을 내리게 된다. 과거 섬유산업 등 경공업 중심에서 중화학 공업으로 한국의 경제수준을 한 단계 올려 변화시키겠다는 의지였다. 중화학 공업은 대표적인 장치산업이므로, 경공업과는 비교할 수조차 없는 막대한 초기 투자가 필요했다. 돈이 부족했으므로 외자를 끌어들여 대대적인 투자가 이루어졌는데, 문제는 이것을 지금의 중국과 비슷하게 정부가 주도했다는 사실이다. 그렇다면 정부는 적정 규모의 투자를 계산할 수 있을까? 아울러 중화학 공업에 가장 적합한 기업을 선정할 수 있을까? 정부의 능력에는 한계가 있다는 것이 지금까지 이 글에서 살려본 결론이다.

1977년부터 중화학공업에 대한 과잉중복투자 문제가 심각하게 불거지면서 위의 논리는 그대로 현실화됐다. 기업의 경우 은행돈은 결국 자

기 돈이 아니었고, 대출 역시 정부의 지시를 따르고 있었으므로 투자를
하는 데 은행의 위험은 사실상 없었다. 따라서 너도나도 정부 혹은 은행
에 줄을 대고 돈을 끌어다 공장을 지으면 그만이었다. 과잉중복투자는
결국 1977년부터 다음의 모습을 띠며 한국경제를 덮치게 된다. 제품의
생산량이 워낙 많다 보니 소비가 안 되는 것은 당연했고, 때문에 기업
역시 손해 보는 장사를 피하기 힘들어졌다. 은행 또한 관계금융의 특성
상 막대한 자금이 기업에 물린 셈이었으므로, 상황에 맞춰 질질 끌려가
는 것 이외는 대안이 없었다.

현재의 중국과 흡사하게 기업에 대한 대출비율을 보면 당시의 왜곡
상황을 엿볼 수 있다. 1973-1974년 은행 총 대출 중 중화학 기업에 대
한 대출은 30%였다. 그러던 것이 1975-1977년에는 비율이 두 배가 넘
는 65%로 폭증하게 된다. 같은 기간 섬유산업에 대한 대출은 40%에서
20%로 줄어들었다. 이 말은 가용자원의 상당 부분이 중화학 공업에 투
입됐지만 이익을 낼 수는 없었다는 의미고, 반대로 노동집약 산업인 섬
유업에는 충분한 자원이 공급되지 않아 사업상 고통이 불가피했다는 뜻
이다. 당연한 결과로 경제는 나락으로 떨어졌다. 1980년 경제개발이 본
격화된 1960년대 이후 처음으로 -3.7% 성장률이 기록된 것을 보면 상
황이 어땠는지가 분명해진다. 대대적인 구조조정, 즉 중화학 산업에 대
한 통폐합이라는 뼈아픈 과정을 겪은 후에야 경제는 어느 정도 정상화
될 수 있었다. 여기서 새로운 조치의 핵심은 산업과 금융의 연계고리에
시장원리를 대폭 집어넣는 것이었다. 한국경제 역사상 처음으로 안정, 자
율, 그리고 개방의 원칙이 적용된 배경을 알 수 있는 대목이다(이장규, 『경
제는 당신이 대통령이야』).

가시적인 개혁에 힘입어 경제는 다시 살아났고, 1990년대 초반까지는

연평균 9% 이상의 고성장이 실현됐다. 하지만 위기는 다시 찾아왔다. 겉으로는 위의 사례와 달라 보이지만, 그렇게 되는 원리는 비슷한 것이었다. 당시의 한국경제 역시 소비가 아닌 투입에 의존하고 있었으므로 경제성장을 위해서는 싫으나 좋으나 돈이 계속해서 투자돼야만 했다. 수확체감의 법칙에 따라서 다시 한 번 기업의 수익률 저하 현상이 재현됐는데, 1990대 초중반부터 문제는 불거지게 된다. 1997년 한국 30대 기업의 평균 부채비율은 무려 500%를 넘고 있었다. 빚이 그렇게 많다는 것은 앞서 설명한 바와 같이 기업의 수익률이 낮다는 것을 뜻한다. 기술혁신이 없는 가운데 자본이 계속 투자된 경우이므로, 원리상 한국경제가 다시 한 번 수확체감의 법칙에 걸리는 것은 당연한 결과였다. 여기서 1990년대 외환자유화의 결과 국내 금융권이 쉽게 외자를 유치할 수 있게 되자, 너도나도 싼 이자의 외국자본을 들여왔고, 대출이 쉬워진 상황, 즉 자본투입이 용이해진 환경이 수확체감을 촉진했다고 보면 된다.

전체 기업의 부실 정도가 몇몇 재벌의 부도로 표면적으로 드러나기 시작하자, 겁을 먹은 외국의 단기 차입자본이 급작스레 도망가면서 외환시장에는 큰 충격이 전해졌다. 결국 결제 외환이 바닥이 났고, 한국경제는 과거에는 듣도 보도 못한 IMF의 경제신탁통치를 받게 된다. 과거 중화학 공업의 부실을 떨치기 위해 엄청난 규모의 구조조정이 단행됐듯이, 이번에도 강도 높은 개혁은 피할 수 없었다. 구조조정이 단행된 후, 30개 그룹의 반이 해체됐거나, 살기 위해 알짜 기업을 매각한 후 유명무실해졌다는 통계는 구조조정의 강도를 보여주고 있다. 관계형 금융의 특성상 기업의 허약성은 당연히 은행 부실로 이어졌고, 그 결과 지방은행을 포함 총 26개의 대형 시중은행 가운데 절반이 폐쇄됐다. 이 정도면 투입중심의 산업육성 정책이 어떤 결과를 야기하는지에 대한 그림은 그려진 셈이 아닐까? 그래도 한국은 건국 시부터 자본주의 국가였다. 그런 한국의 수준이 위와 같다면, 사회주의 체제를 완전히 벗어버리지 못한 중국의 경우 왜곡의 정도가 한국과 비교해 덜할 수는 분명 없는 일이다. 중국이 지금 어떤 길을 가는지는 이로써 분명해지므로, 심각한 불황을 겪어보지 않은 것이 중국경제의 최대 약점이라는 전문가들의 지적은 당연히 이치에 어긋나지 않는다.

## 과잉 투자와 수익률 하락의 또 다른 모습

현재 중국이 견지하고 있는 투입중심 경제의 한가운데는 주택의 과잉공급과 사회간접자본에 대한 비효율적인 투자가 자리 잡고 있다. 다리, 공항, 주택건설 등은 중국식 고정투자의 핵심 내용인 철근과 콘크리트를 사용하는 대표적인 프로젝트다. 그러므로 논리상 중국 경제성장의 중추를 이루고 있는 고정자산에 대한 과도한 투입이 개선되지 않는 한, 사회간접자본 및 주택에 대한 투자를 줄이는 것은 힘들어진다. 사회간접자본에 대한 투자의 비효율성을 알아보면 과잉투자의 또 다른 허점을 엿볼 수 있는데, 「파이낸셜 타임즈」는 실례를 통해 문제점을 다음과 같이 적나라하게 파헤치고 있다.

"상상을 초월하는 교통체증에 시달리는 나라, 그런 중국이 있는가 하면, 세계에서 가장 긴 다리를 지은 또 다른 중국의 모습도 존재한다. 긴 다리는 경제성공의 상징으로 간주되고 있다. 물론 지체 없이 빨리 완성했다는 점에서는 그렇지만, 문제는 그 위를 달리는 차가 거의 없다는 사실이다. 1년 전 칭다오 시의 동쪽 항구와 농촌지역을 연결하는 6차선

42.5km의 다리가 개통됐다. 길이는 도버해협을 연결하는 영국터널에 필적하지만, 이 터널은 너무도 분주하여 낭비의 여지가 없는 반면 중국의 긴 다리는 그렇지 않은 것이 현실이다. 칭다오 시의 중심과 멀리 떨어져 있고, 사람이 없는 농촌지역을 연결했으니 자동차가 다닐 리는 만무하다. 여기서 다음의 질문이 나오는 것은 이상한 일이 아닐 것이다. 중국은 이미 너무 많은 다리를 지어 어디에도 갈 곳이 없는 수준에 도달한 것이 아닐까?"

얘기는 계속 이어진다: "중국의 많은 공직자와 투자가들은 도로, 공항, 공장, 주택 등 이른바 고정자본(capital stock)을 더 확충해야만 한다고 굳게 믿고 있다. 그래야 미래에 선진국을 따라잡을 수 있다는 것이 그들의 논리다. 하지만 그런 낙관적인 견해는 지금 시험대에 올라 있다. 문제는 중국이 이미 효율적인 투자를 많이 하여 좋은 투자처를 소진했다는 것이 아니라, 특히 자산분야에 지나치게 많은 비효율적인 투자를 너무 오랫동안 지속했다는 사실이다. 이에 대한 대가는 당연히 경제의 추락일 수밖에 없다. 아무튼 역사적으로 투자가 GDP 대비 40%를 넘는 국가는 한 번도 없었다("The road to nowhere," July 17 2012)." 사회간접자본에 대한 투자가 위와 같듯이 주택산업에서도 자원은 낭비되고 있다. 이렇게 보면 앞서 소개한 공업생산이 과잉이 되는 원리가 사회간접자본 투자와 주택산업에도 비슷하게 적용된다는 사실을 알 수 있다. 주택의 경우 중국 농부가 어떤 식으로 주택시장에 엮여 들어가고, 그것이 왜 자원 낭비로 이어지는지는 이미 설명한 바와 같다. 그렇다면 농부의 이야기를 넘는 중국 주택시장 전체는 어떤 모습을 하고 있을까?

중국은 사회주의 시장경제라는 독특한 명칭에 걸맞게 자본주의 사회에서는 상상하기 어려운 주택정책을 취하고 있다. 중국 사람들은 우선 돈이 있더라도 땅을 사서 그 위에 주택을 지을 수 없다. 대신 주택개발업자가 지은 집을 구입해야만 한다. 이렇게 되면 무슨 일이 일어날까? 주택업자는 경제용어로 독점적인 위치에 서게 된다. 여기에 토지 전체가 국가 소유이므로 국가로부터 이 토지를 사서 집을 짓고, 그 가격을 책정하는 데도 독점적인 권한의 행사는 여전히 유효하다. 국유지의 상당 부분은 지방정부의 소유이므로 지방정부가 업자에 땅을 팔면 재정수입이 생길 것이고, 그 수입으로 지방정부를 운영할 수 있으니 지방정부 또한 땅 판매에 대한 독점적인 지위를 보장받게 된다.

국가가 토지를 팔아 챙기는 돈은 2009년 중국 전체 GDP의 무려 4.5%였다. 베이징의 경우는 시 재정수입의 50%를 토지를 팔아 메우고 있는데, 대부분의 지방정부가 재정수입 중 50% 정도를 토지 판매대금에 의존하고 있다는 2010년 말 「인민일보」의 보도를 접하면, 다른 곳도 상황은 비슷하다는 사실을 알 수 있다. 환경이 그러하기에 지방정부가 토지 매각에 열을 올리는 것은 이상할 것이 없다. 해서 2010년 국유토지의 유상분양으로 인한 수입이 전년 대비 106% 증가한 3조 위안(약 5,000억 달러)을 기록했다거나, 같은 해 전체 토지공급 면적이 전년에 비해 34% 증가한 42만 8,200헥타르였다는 통계 역시 자연스런 현상으로 받아들일 수 있다. 상황이 이럴진대 정부는 과연 개인이 토지를 소유하고 그 위에 집을 짓는 것을 허락할 수 있을까? 지방정부의 건전재정이 확립되기 전에는 현실화되기 힘든 일이다.

여기에 중국의 투입식 성장모델을 대입해보면 다음의 그림을 그릴 수 있다. 앞서 설명한 바와 같이 철근과 콘크리트의 주 소비처는 당연히 주택건설이다. 따라서 경기가 침체 기미를 보이는 경우, 정부가 경기를 부양시킬 의도가 있다면, 정부는 당연히 주택시장을 건드릴 수밖에 없다.

2008년에도 바로 이 메커니즘이 작동했는데, 미국 금융위기에 대한 대응으로 중국정부는 2008년부터 2년 동안 무려 4조 위안을 방출한 적이 있다. 최근 미국 시사주간지 「타임(Time)」지에 따르면 2011년 전반기 6개월 동안 부동산에 대한 투자는 전년 같은 기간에 비해 무려 33%나 증가했다고 한다. 나아가 지난 5년 동안 부동산 가격이 평균 3배 상승했다는 통계치도 전해주고 있다. 많은 유동성 때문에 자산가치가 치솟은 2009-2010년만 분리해봐도 부동산 가격은 정상이 아니었다. 중국 전체 부동산 가격은 무려 32% 상승했고, 도시지역의 상승률은 더욱 가팔랐기 때문이다. 같은 기간 베이징이 42%, 그리고 상하이가 40%의 상승률을 기록했다고 알려지고 있지만, 일부 중국 경제전문가의 경우 두 도시의 상승률이 100%였다고 주장하는 것을 보면 버블의 정도를 이해하는 데는 어려움이 없다. 중국정부 역시 바보가 아닌 이상, 그런 정책이 부동산 버블로 이어진다는 사실을 모를 리는 없을 것이다. 하지만 경제성장이라는 절체 절명의 목표를 위해서는 제조업에 돈을 쏟아붓는 것과 비슷하게, 어쩔 수 없이 주택시장을 건드려야 하는 것이 투입중심 경제발전의 운명이라 보면 무방할 것 같다.

주택시장에 거품이 끼는 또 다른 이유는 금융 측면에서도 조명할 수 있다. 앞서, "중국사람은 저축을 할 수밖에 없다. 그나마 마지막 출구가 있다면 부동산 투자인데, 이것이 중국 부동산의 경우 버블에 휩싸이는 중요한 이유다"라는 설명을 소개한 적이 있다. 하지만 문제는 이에 그치지 않는다. 다음과 같이 주택시장이 구조적으로 왜곡되기 때문이다: "연구 조사에 따르면 중국의 도시 거주자는 평균 1.2채의 집을 소유하고 있다. 거주 주택 이외의 주택을 소유하고 있는 것은 투자 혹은 투기의 목적이 있는 셈인데, 당연히 이치로 부유한 사람은 더 많은 집을 가지게 된다. 집값이 상승하는 한 시세 차액으로 이득을 취하는 데는 문제가 없으므로 집이 비어도 개의치 않는다. 급기야 돈과 권력이 있는 공직자가 4-5채의 집을 소유하는 것은 일상화가 된 지 이미 오래다("A boom driven by distortions")."

하지만 과거 일본이 그것 때문에 붕괴된 사례에 비추어 중국정부 역시 주택시장의 거품에 겁을 먹을 수밖에 없었다. 돈줄을 힘껏 다시 죄기 시작했는데, 그 결과가 어떠했는지는 위의 구조를 통해 이미 나온 셈이 된다. 우선 주택업자들이 도산했을 가능성이 높고, 지방정부의 재정 또한 압박을 받았을 것이다. 이렇게 되면 은행이 지방정부의 도산을 막기 위해 더 많은 돈을 융자해주어야만 하고, 그렇게 흘러들어간 부채는 많은 경우 부실화의 길을 걷게 된다. 앞서 소개한 중국은행의 막대한 부실채권이 산업은 물론, 부동산과 연계된 지방정부의 재정을 통해서도 확대된다는 사실을 알 수 있는 대목이다.

주택사업의 경우도 사회간접자본에 대한 투자와 비슷하게 투자에 상응하는 이윤을 확보하는 것이 대단히 어렵다는 사실을 확인할 수 있다. 「타임」지의 다음과 같은 예리한 지적을 보면 그림은 저절로 그려진다: "한 가지 분명한 것은 중국경제가 투자 대비 수익이 감소하는 현상을 이미 겪고 있다는 사실이다. 이런 경우 그와 같은 가치저하 현상을 막기 위해서는 더 많이 돈이 투입될 수밖에 없지만, 결과는 당연히 부실채권의 증가로 나타날 수밖에 없다. 결국 경제의 원리상 부실을 국민으로부터 싼 이자를 주고 반강제로 끌어들인 예금으로 막고 있다는 뜻인데, 한 걸음 나가면 부실채권의 궁극적인 정리를 위해서는 중국국민의 귀한 돈이 희생된다는 의미가 내포되어 있다. 바로 여기서 악순환의 고리가 만들어지는 것은 물론이다. 상황이 그러하니 중국국민들의 소득은 다시 낮아질 것이고, 결과적으로 내수 진작도 기대할 수 없어서다. 거품은 터지기 전에는 모른다는 유명한 말이 있다. 하지만 중국의 거품은 조금 심한 것이 아닐까("What if the China Bubble Bursts?" October 17, 2011).

지방정부의 재정을 살펴보면 주택경기, 지방정부의 재정상태, 그리고 은행의 부실화 가능성이 밀접하게 연계되어 있다는 사실을 부인하기는 힘들어진다. 2010년 말 지방정부 총 채무액은 10조 7천억 위안이었다. 같은 시기 중국 전체 GDP의 약 40%에 해당하는 큰 규모였다. 그중 약 80%가 은행대출이었으므로 은행과 지방정부의 연계고리는 이로써 확실해진다. 때문에 지방정부의 재정부실이 은행에 치명적인 상처를 입힐 수 있는 구조는 이미 만들어진 셈이 된다. 여기서 특히 흥미로운 점은 2008년 5조 5,700억 위안이었던 지방정부 채무가 2009년에는 무려 62% 증가한 9조 200억 위안을 기록하고 있다는 사실이다. 앞서 살펴본 2008년의 경기부양 자금 4조 위안 가운데 상당 부분이 은행의 대출확대 형태를 띠며 지방정부에 흘러들어 갔음을 알 수 있다.

2011년 이후 2015년까지 지방부채는 연평균 13% 정도 증가, 2015년에는 19조 7천억 위안으로 늘어난다는 것이 현재의 예측이다. 앞으로도 중국경제가 연평균 9% 이상 성장할 수 있는 비밀을 알 수 있는 대목이지만, 분명한 것은 빚에 기대어 지방경제가 운영되는 상황은 개선되지 않는 채 더욱 악화되고 있다는 사실이다. 은행이 대출한 지방정부 채무 중 2011-2015년에 상환해야 할 금액은 7조 5천억 위안으로 대단히 많다. 앞서 살펴본 지방정부의 재정구조에 비추어, 대출 상환의 가능 여부는 지방정부 수입의 절반을 치지하고 있는 택지분양 수입에 달려 있을 수밖에 없다. 바로 이것이 다소 과잉으로 비춰질지라도 주택사업이 지속되어야 하는 이유인데, 여하간 현재 부동산 과열을 잠재우기 위해 긴축정책을 유지하고 있는 상황을 고려하면, 중앙정부가 돈 고삐를 다시 늦추어야 주택경기가 살아날 수 있는 것만은 분명하다. 과연 가능한 일일까? 문제가 잘 안 풀리면 은행부실은 현실화될 것이고, 그것의 부담은 결국 국민에게 돌아간다. 앞서 소개한 「타임」지의 분석은 바로 그것을 두고 한 말이었다.

과잉경제의 또 다른 문제점은 유동성 팽창과 인플레이션, 그리고 자산버블의 기묘한 삼각관계를 통해서도 모습을 드러낸다. 2000년 이후 10년 동안 중국의 광의 통화, 즉 M2는 매년 18% 증가했다. 경제성장률의 거의 두 배에 이르는 유동성 팽창이 있었던 셈이다. 특히 2009-2010년 정부의 적극적인 경기부양 정책과 외환보유고 확대로, 2010년 9월에는 M2 잔액이 당시 GDP의 2.7배에 이르는 69조 6천억 위안으로 늘어났다. 비슷한 시기 미국의 비율이 0.55배, 그리고 한국이 약 1.5배였던 것에 비추어보면, 투자수요가 대단히 많은 중국경제라 할지라도 유동성이 과잉인 것은 분명 사실이었다. 상식적으로 봐도 인플레이션 압력을 피할 수 없을 터였는데, 다 믿을 수는 없지만 중국 당국이 밝힌 당시 물가상승률은 3%에 불과했다. 위에서 살펴본 바와 같이 2000-2010년 연평균 M2 증가율이 18%였음에도 불구하고, 같은 기간 소비자 물가지수는 단지 23%가 증가했을 뿐이다.

만약 중국 당국의 발표가 맞다면, 인플레이션이란 소비가 촉진되면서 나타나는 현상으로 이해할 수도 있으므로, 앞서 살펴본 대로 중국의 소비가 대단히 약하다는 사실을 통해 이 문제를 짚어보는 것도 가능하다. 다시 말해 풀린 돈의 상당 부분이 소비가 아닌 생산을 위해 활용됐다는 뜻이다. 맞는 얘기지만 이 말은 대단히 점잖은 평가에 불과하다. 얘기를 뒤집으면 다소는 황당한 결론이 도출되는데, 몇 년 전 『월스트리트의 반격』이라는 책으로 명성을 날린 후 작년에 중국경제의 모순을 예리하게 파헤친 책을 또 다시 출간한 중국의 증권 및 경제 전문가 류쥔뤄(劉軍洛)는 상황을 뒤집어 다음과 같이 진단하고 있다: "인도의 가계지출은 전체 인도 경제의 60퍼센트를 차지하고 있는데 반해 중국의 가계지출은 고작 중국 전체 경제의 32퍼센트에 그치고 있다. 여기서 이 책에서 마주하고자 하는 가장 큰 '진실'의 문제가 드러난다. 겉으로 보면 중국 중산층과 저소득층은 현재 물가 고공 행진과 인플레이션으로 고통을 받고 있는데, 이 책의 관점에서 바라본 가장 심각한 문제는 중국의 실제 상황에 비해 인플레이션이 낮다는 모순된 사실이다. 이는 현재 중국이 가계지출 능력이 없거나 대부분의 사람이 '비정상적으로' 절약을 하고 있음을 의미한다(『블랙 차이나』)."

결국 중국인민의 슬픈 모습을 엿볼 수 있는바, 중국 특유의 경제구조가 인플레이션을 억제하고 있다는 사실을 부인하기는 힘들어진다. 그렇다면 문제는 풀린 것일까? 인간 만사가 그렇듯이 일단 일이 저질러지면 어디선가는 부작용이 있기 마련이다. 과잉경제는 이를 대변하고 있는데, 다시 말해 과도한 투자는 앞서 살펴본 바와 같이 자산버블로 이어진다는 의미다. 주택가격의 급증, 주식가격의 상승, 그리고 자동차도 별로 다니지 않는 고속도로의 증설 등을 보면 소비억제와 과잉투자의 부작용을 짐작하는 데는 별 문제가 없다. 여기서 중요한 것은 중국경제의 미래를 위해 그토록 중요한 국내소비 진작이 구조적으로는 대단히 어렵다는 사실이다. 과잉투자에 기댄 경제성장을 일부 포기하고, 국민의 가처분 소득을 증대시키는 감세정책을 취하면 어떨까? 국유기업의 이득이 개인에게 돌아갈 수 있도록 새로운 제도를 도입하는 것 역시 좋은 생각이 아닐까? 금융업체 간 경쟁을 통해 이자율이 시장에서 결정되게 함으로써, 개인자금에 대한 수익률을 지금보다는 높게 책정하는 방식의 도입 역시 대안이 되지 않을까? 질문에 대한 해법이 없는 한 소비가 늘어나는 것은 불가능하다. 하지만 개혁은 지금의 중국식 발전모델을 대폭 수정해야만 하는 큰 작업이므로, 고도의 정치적 결단 없이는 가능한 일이 아니다.

## 중국의 금융시장은 많이 왜곡되어 있다

모두에서 인간이 잘살게 되는 방법을 소개한 적이 있다. 금융의 역할이 특히 강조되고 있는데, 다른 많은 요소가 있음에도 불구하고 금융만을 분리해서 설명한 이유는 자본주의 사회에서는 금융이 그만큼 중요하기 때문이다. 금융은 서비스업을 대표하는 산업이다. 13세기부터 이탈리아의 도시국가들을 중심으로 근대 금융이 뿌리내린 것을 보면, 한참 후에나 모습을 드러내는 산업의 진보와는 상관없이 나름의 동력에 의해 금융이 발전했다는 사실을 알 수 있다. "금융의 진화가 (나름의) 지적인 기획에 의존한다"는 퍼거슨의 지적은 바로 이를 두고 한 말이었다. 여기서 특정의 목적을 위한 '지적인 기획'은 다음의 의미를 지니고 있다고 보면 된다. 금융 나름의 특성에 기초, 인간이 금융을 통해 부유해질 수 있도록, 금융에 종사하는 혹은 금융을 연구하는 전문가들이 금융의 속성과 금융의 긍정적인 역할이 최대한 발휘될 수 있도록 머리를 짜냈다는 뜻이다.

다음의 통계는 중국 금융시장의 기본 구조를 보여주고 있다. 2009년 중국인민은행이 보유한 자산 3조 3,200억 달러를 합하는 경우, 중국의 국유 및 민간은행이 보유한 자산 규모는 중국 전체 금융자산의 무려 94%였다. 이것의 의미는 무엇일까? 증권회사가 나머지 1.9%, 그리고 보험회사의 경우 4.1%를 보유하고 있다는 통계를 대입해보면 전체 그림은 저절로 그려진다. 먼저 중국의 경우 개발도상국 혹은 초기 동아시아 국가들의 금융제도인 간접 또는 관계형 금융시스템을 그대로 유지하고 있다는 사실을 알 수 있다. 관계금융의 폐해는 앞서 일본의 예를 통해 확인한 적이 있는데, 선진국의 경우 은행이 보유한 총 금융자산 비율이 60% 이하라는 통계에 비추어 보면, 중국의 관계형 금융에 대한 의존도는 더욱 분명해진다. 중국의 총 금융자산 중 외국인 소유지분을 살펴봐도 중국금융의 폐쇄성은 금방 드러난다. 비율은 단지 1.7%에 불과했고, 이는 저소득 국가들의 국제 평균비율인 37%와 비교해도 현저히 낮은 수치다.

중국은 결국 시중은행, 그것도 앞서 살펴본 바와 같이 국유은행 중심의 관계형 금융시스템에 기대고 있는 셈인데, 금융산업이 대외적으로 거의 개방되지 않았다는 또 다른 특징도 발견할 수 있다. 중국이 그런 제도를 필요로 하는 이유가 초고속 경제성장 정책에 대한 집착에 있음은 말할 필요가 없다. 정부가 경제발전에 필요한 산업을 선정하고, 그것을 전략적으로 키우기 위해서는 대규모 자본 동원과 자금을 신속하게 집행할 수 있는 메커니즘이 있어야 한다. 그러니 국유은행은 물론, 정부의 영향력이 미치는 그 밖의 시중은행이 중요해지는 것은 이상한 일이 아니다. 하지만 이 제도의 폐해가 심각하다는 것이 역사의 교훈임은 물론 그동안의 연구 결과이므로, 중국 역시 그런 엄연한 법칙을 비켜갈 수는 당연히 없는 일이다.

경제성장을 위해 필요한 국내자본의 주공급원이 은행이라는 사실과 그것의 문제점은 중국공상은행 총재인 양카이셍(Yang Kaisheng)에 의해서도 다음과 같이 확인된 바 있다: "현 수준의 발전을 지속하기 위해서는 연간 8%의 성장률을 유지해야만 하지만, 이는 필연적으로 그 수준에 맞는 자본투자를 필요로 한다. 그것을 뒷받침하는 중국의 금융시스템은 은행을 통한 간접금융으로 되어 있다. 당연한 결과로 자본시장을 통한 직접금융은 극히 제한될 수밖에 없다." 바로 여기서 금융 위험이 한 군데로 집중된다는 사실이 문제로 남게 되는데, "은행 자체가 금융체제의 사실상 전부인 그런 환경에서는 거의 모든 금융위험이 은행의 대차대조표에 집중될 수밖에 없기 때문이다(*Red Capitalism*)." 주식, 채권 등과 같은 직접금융의 부재로 위험이 분산될 수 없는 구조가 중국의 금융체제 안에 숨겨져 있다는 점은 이로써 분명해진다. 경제에 충격이 가해지는 경우 위와 같은 은행 집중식 금융제도가 어떤 문제점을 노출하는지는 1990년대 일본과 한국의 사례가 분명히 보여주고 있다. 충격이 가해지는 경우 은행이 사실상 전부인 금융체계 전체가 흔들릴 수 있다는 뜻이다.

기능과 권한이 분산되지 않은 경제체제가 위기 시 어떤 비극을 초래하는지는 이미 살펴본 바와 같다. 그렇다면, "다른 사례에 비추어 중국의 사례가 독특한 이유는 대약진 운동의 비극이 중앙 계획경제의 속성에서 비롯된 체제적인 실패의 결과라는 데 있다"라는 분석은 대약진 운동에만 한정된 설명일까?("The Great Leap Forward")." 그럴 리가 있겠는가. "권력이 중앙에 집중되는 방식으로 경제가 심하게 왜곡된 상황에서 충격이 가해지면 그 충격은 분할된 특정의 영역에서 막을 수 없고, 결국 체제 전체로 파장이 전달된다는 의미"를 담고 있기에 그렇다는 말이다. 과거 일본은 물론 한국도 이 법칙으로부터 벗어날 수는 없었다. 선진 자본주의, 특히 영미식 경제체제가 주식, 채권, 보험 등 다양한 금융기관을 발달시킨 이유를 알 수 있는 대목이다. 얘기가 여기에 이르면 중국의 금융개혁은 시급한 과제임에 틀림없지만, 정치 및 경제적 장애 요인이 높게 드리워져 있다는 점은 여전히 중국의 딜레마로 남아 있다. 그렇게 되는 구체적인 이유는 이야기가 전개되면서 서서히 드러나게 될 것이다.

중국의 은행을 통한 대규모 자본 동원과 그것에 의존, 고정자산에 대한 투자가 엄청나게 이루어지고 있다는 사실은 앞서 살펴본 바와 같다. 다음과 같은 이유에서 라잔 교수 역시 이 점을 중국경제의 가장 큰 문제점으로 인식하고 있다: "장기적인 수익률에 대한 고려 없이 최근에 와서는 과거에 했던 방식을 오히려 강화하는 모습을 보이고 있다. 다시 말해 국유은행으로부터 자금을 지방정부와 국영기업에 밀어 넣고 있는 형국이다(앞의 책)." '밀어 넣기'라는 말에는 국유기업 혹은 지방정부가 행하고 있는 투자의 효율성이 떨어진다는 의미가 담겨져 있다. 그러므로 논리상 그런 행위가 은행의 부실채권으로 이어지는 것은 이상한 일이 아니다. 그렇다면 앞서 살펴본 부실채권의 경우, 그 규모는 어느 정도이고, 문제는 어떻게 해결되고 있는 것일까?

중국 당국은 1998년 국유은행의 (전체 대출 대비) 부실 채권 비율이 무려 40%라고 밝힌 적이 있다. 1999년 부실채권 처리를 위해 4개의 자산관리공사(AMC: Asset Management Company)를 설립한 것은 해법을 찾기 위한 첫 수순이었다. 우선 4대 전업은행 총여신의 18%에 해당하는 금액을 이들 은행으로부터 장부가로 인수하는 조치가 취해졌다. 여기서 자산관리공사가 사용한 부실채권 인수자금의 45%는 중앙은행의 신용공여로, 그리고 나머지 55%는 자산관리공사가 부실채권을 보유한 은행에 채권을 판매한 금액으로 충당됐다. 겉으로는 국민 세금이 안 들어간 셈이어서 마술처럼 보일 수도 있을 것이다.

　앞서 시중은행의 과도한 예금을 모두 대출로 전환하지 못하고 있다는 현실을 살펴본 적이 있다. 2007년의 경우 유동자산 비율은 총 은행자산의 무려 17%였다. 유동자산은 시중은행이 중앙은행에 예치한 현금자산과 주로 중앙은행이 발행한 채권으로 구성되어 있었다. 그렇다면 그 정도의 금액이 시중은행으로부터 중앙은행으로 이전된 셈이 되는바, 자산관리공사에 대한 중앙은행의 자금 지원은 바로 위의 시중은행 예치금, 혹은 중앙은행의 시중은행에 대한 채권판매 금액으로 충당됐음을 알 수 있다. 다음 은행이 자산관리공사로부터 채권을 인수했다는 말은 은행에 쌓여 있는 과잉저축을 일부 활용했다는 의미이므로, 이 모든 돈은 결국 국민의 예금으로부터 나왔다는 사실을 부인할 수 없게 된다. 앞서 「타임」지가 지적한 "경제의 원리상 부실을 국민으로부터 싼 이자를 주고 반강제로 끌어들인 예금으로 막고 있다"는 지적이 괜한 트집은 아니었다. 간단히 말하면 돌려막기를 하고 있는 것이다.

　결과 역시 신통치 않아 2006년 부실채권에 대한 현금 회수율은 21%에 머무르고 있다. 당시 정리된 부실채권의 약 80%가 회수가 안 되고 있다는 의미다. 해결책 마련이 그토록 쉽다면 애초 부실이 발생하지도 않았을 것이다. 결국 부실채권의 원인인 특히 국유기업에 대한 대대적인 구조조정이 있어야 하지만, 그런 화끈한 소식은 아직 들리지 않고 있다. 물론 그동안 국유기업에 대한 구조조정이 몇 차례 있었던 것은 사실이지만, 그것은 외환위기 이후 한국의 구조조정과는 비교할 수 없는 수준이었다. 1999년 부실채권 정리를 위해 발행된 채권은 10년짜리였다. 따라서 2009년에 만기가 돌아왔으나 이를 청산하지는 못한 채 채권기간을 다시 연장하는 편법을 통해 문제를 임시방편으로 봉하고 있다. 선진

자본주의 국가와는 다르게 은행이 주주의 이익을 위해 운영되는 것이 아니라 국가정책의 수단으로 활용되기에 그런 문제가 발생한다고 보면 된다. 당연한 결과로 해법 역시 지난한 과제가 될 수밖에 없다.

이 정도면 중국정부가 왜 국유은행을 민영화시키지 못하는지, 다시 말해 무슨 연유로 국가가 운영권을 꽉 쥐고 있는지를 이해하는 데는 별 무리가 없다. 한마디로 국유은행의 자금을 정부가 마치 쌈짓돈처럼 활용해야만 하는 이유가 너무도 큰 것이 문제였다. 그러나 2012년 초 중국정부가 공식 발표한 부실채권 비율은 1%를 약간 상회하는 수준이었다. 이 말을 믿을 수 있을까? 통계치가 사실이 되려면 국유기업의 수익률이 과거 10년 동안 엄청나게 향상되어야 하고, 아울러 지방정부의 재정이 가시적으로 개선되어야 하지만, 그걸 입증할 만한 객관적인 자료가 있는 것은 아니므로, 중국정부의 발표를 그대로 받아들일 수는 없는 일이다.

여기서 전문가들의 의견은 부실채권 문제가 전혀 개선되지 않았다는 현실에 힘을 실어주고 있다. 이 문제와 관련 가장 전문적인 분석을 제공한 인물은 미국의 셋서(Brad Setser)인데, 그는 다음과 같은 독특한 방법을 활용, 문제점을 파헤치고 있다. 1998년 정부가 발표한 부실채권의 경우는 은행 총 여신에서 부실채권이 차지하는 비율을 기준으로 부실채권 규모가 계산됐다. 하지만 2000년대 들어와서는 은행 여신이 폭발적으로 증가하게 된다. 여기서 신규 여신의 팽창이 두드러지는 경우 비율이 아닌 절대 수치에 있어 그것이 부실화될 가능성이 과거와 비슷하다고 가정하면, 총여신 대비 부실채권 비율은 여신의 급속한 증가 때문에 낮아질 수 있다는 것이 그의 지적이다.

따라서 국내총생산 대비 부실채권 비율이라는 보다 안정적인 지표가 활용됐는데, 중국 당국의 공식 통계에 기초하여 계산된 부실채권 규모는 2002년 GDP의 65%에서 2005년에는 45%로 축소됐다. 그러나 셋서 박사는 이 통계가 새로운 대출이 부실화되지 않는다는 가정에 기초하고 있으므로 그것을 액면 그대로 받아들일 수는 없다고 반박한다. 때문에 2002년 이후 매년 새로 대출되는 신용의 일정 부분이 부실화된다고 가정하면, 부실 국유기업의 정리가 있었고 부실 채권의 회수율 또한 21% 정도 되는 것은 사실이므로, 과거보다는 낮은 대단히 보수적인 수치인 부실 확률 25%를 적용하는 경우에도 2005년 중국 부실채권 규모는 중국 GDP의 약 57%로 늘어난다는 사실을 밝히고 있다("The Chinese Conundrum: External financial strength, Domestic financial weakness," 2005). 나중에 소개하겠지만 감추어진 빚을 모두 합하면 수치는 76%까지 치솟는다는 계산이 있는 것도 사실이다.

그렇다면 경제 전체에 비추어 이런 상황이 의미하는 바는 무엇일까? 우선 중국 금융기관의 체력이 대단히 약하다는 사실을 알 수 있다. 문제는 금융기관의 허약 체질이 종당에는 중국 중앙은행의 회계장부로 귀결된다는 사실이다. 셋서 박사의 설명은 다음과 같다: "중앙은행의 회계장부는 당연히 국내 이자율 상승에 취약할 수밖에 없고, 나아가 위안화 채무와 수출로 벌어들이는 이득을 동시에 지니고 있는 기업들 역시 위안화의 평가절상과 수출 부진이 현실화되면 같은 이치로 위험에 노출되는 것을 피할 수 없다(같은 글)." 중앙은행의 회계장부에는 부실채권을 정리하기 위해 집행한 엄청난 자금이 기록되어 있다. 따라서 경기 과열을 방지하기 위해서건, 다른 이유에서건 이자율을 높이는 경우 높은 이자 부담 때문에 빌린 돈을 못 갚는 부실채권 규모는 더욱 커지게 된다. 이 말은 뒤집어 중앙은행조차 이미 기록된 회계장부상의 마이너스 기록 때문에 최후에는 돈을 찍어낼 수밖에 없는 위험한 상황에 처할 수 있다는 뜻이다. 수출기업 역시 위안화가 절상되거나, 현재 진행 중인 유럽의 경제위기 또는 세계경제의 침체 등의 이유로 수출이 축소되면, 매출과 수익률 저하 때문에 그들이 짊어지고 있는 위안화 채무를 변제할 능력이 떨어지면서 중앙은행에 압박이 전해질 수 있다는 것이 셋서의 설명이다.

앞서 소개한 천즈우 교수 역시 이 문제를 심각하게 보는 전문가다: "제 예측으로는 4-5년 내에 중국경제가 심각한 위기에 빠질 겁니다. 경기 부양책으로 최근 2년 사이 4조 위안 이상의 돈이 풀렸습니다. 이중 절반 이상이 지방정부로, 나머지의 대부분은 국영기업에 대출됐습니다. 이런 대출은 3-5년 뒤 만기가 돌아오는데, 제가 보기에 그중 상당수는 부실채권이 될 가능성이 있습니다. (그렇다면 중국정부가 충격을 분산시켜 소프트랜딩(연착륙)을 유도할 수 있지 않을까요?) 쉽지 않을 겁니다. 지금이라도 파국을 막기 위해서는 앞서 말씀 드린 세 가지 개혁을 해야 합니다. 하지만 현재 중국 정부는 정치적인 의지가 없습니다. 30년 전에는 모두가 가난했고 가진 게 없었기 때문에 개혁도 가능했겠지만, 지금 중국은 그렇지 않습니다. 현 체제 속에서 이득을 얻는 이익집단이 존재하기 때문입니다. 현실적으로 중국 정부가 가까운 미래에 자발적으로 나서서 근본적인 개혁을 할 가능성은 아주 낮아요(「조선일보」, 2010.10.23-24)."

가장 최근에는 금융 현장에서 직접 투자를 하고 있는 미국의 유명한 헤지펀드 키니코스의 채노스(Jim Chanos) 회장 역시 이 문제에 대한 자신의 견해를 밝히며, 투자 방향을 제시한 적이 있다: "과잉 여신과 거대 구조물 콤플렉스(edifice complex)에 빠진 중국경제가 추락 카운트다운에 들어갔다. 중국 버블 붕괴에 배팅하라. 아직 터지지는 않고 있지만 중국경제에 거품이 끼어 있다는 점은 분명하다. 중국이 (거대구조물의 건축에 집착하는) 콤플렉스에 빠져 있다는 점이 거품의 증거다. 국내총생산 대비 중국의 고정자산 투자규모는 50% 선으로 전례가 없는 수준이고, (이는 바로 콤플렉스의 정도를 보여주고 있다). 대규모 건설과 맞물린 과도한 대출로 인해 은행시스템에 과부하가 걸리고 있는데, 은행 전체 대출 중 부실화된 자산은 40%에 달하고 있다. 중국 신규 대출이 매년 GDP의 30%만큼 늘어나고 이 중 40%가 부실화되고 부실자산 중 25%만이 회복이 가능하다면 (어떻게 될까?) 특히 지난 2009년 중국의 신규대출 규모는 GDP의 40%에 달했다. 아무튼 중국경제는 이 같은 과잉 대출을 기반으로 성장하는 경제(credit-driven economy)다. 그만큼 신용 거품이 커지고 있고 그 같은 거품은 조만간 터지게 돼 있다(「매일경제」, 2012.06.26)."

아무튼 다음과 같은 추가 자료를 보면 채노스가 우려하는 바가 무엇인지는 더욱 확연해진다. 2008년 말 GDP 대비 은행 대출금 비율은 122%였지만, 불과 2년 만에 171%로 늘어났기 때문이다. 가히 은행 대출의 폭발이라 할 수 있는데, 이 정도면 중국 금융체제가 어떻게 돌아가는지를 파악하는 데는 무리가 없다. 우선 산업의 수익률 하락 현상, 그리고 그것의 결과인 투자의 비효율성은 부실채권 규모를 통해 분명히 확인할 수 있다. 앞서 「타임」지의 "중국경제가 투자에 대한 수익이 감소하는 현상을 이미 겪고 있고, 그런 경우 더 많이 돈이 투입될 수밖에 없지만, 결과는 당연히 부실채권의 증가로 나타날 수밖에 없다"는 분석이 트집만은 아닌 셈이다. 위의 분석이 전해주는 가장 중요한 메시지는 다음의 현실에서 찾을 수 있다. 모든 것이 시중은행에 집중되어 있기에 충격이 가해지는 경우 그 파장은 금융산업이 다원화되어 있는 국가보다는 더욱 클 수밖에 없다는 사실이 그것이다. 여기서 중국 외환정책 역시 금융시스템과 밀접하게 연계되어 있다는 현실을 고려하면, 얘기는 아래와 같이 더욱 복잡해진다.

## 수출의 버팀목인 외환정책 역시
## 중국경제를 왜곡시키고 있다

투입중심 수출주도형 정책을 중국의 기본 경제전략으로 간주하는 경우 위의 설명은 투입에 맞춰졌다고 볼 수 있다. 그렇다면 남은 또 다른 변수, 즉 수출에 초점을 맞추는 경우는 어떤 그림이 그려질까? 수출이 잘되려면 일단 국제시장에서 제품의 품질 대비 가격 경쟁력이 있으면 된다. 경제개발 초기 싼 임금 덕택에 중국제품이 얼마나 저가였는지에 대해서는 설명이 필요 없을 것이다. 그러나 시간이 지나자 임금은 올라갔고 제품 값 역시 동반 상승할 수밖에 없었다. 앞서 자세히 알아봤지만, 이 경우 기술이 발전하여 부가가치가 더욱 높은 제품을 팔면 상황은 극복된다. 하지만 그것이 여의치 않는 경우는 어떻게 될까? 어느 정부든 전가의 보도처럼 활용하는 방법이 하나 있다. 자국 화폐를 평가절하시켜 수출상품의 가격 경쟁력을 유지하는 방안이 바로 그것이다. 기본적으로는 이것이 환율과 무역 관계를 결정짓는 가장 간단한 함수라 보면 무방하다.

환율을 경제정책의 목적에 맞게 조작하는 행위는 어제오늘의 일이 아니다. 제2차 세계대전이 발발하기 전에는 세계 거의 모든 국가가 이 경쟁을 벌인 적이 있다. 결과는 당연히 세계경제의 파멸이었다. 몇 개 국가가 그 짓을 하면 봐줄 만하지만 대부분의 국가가 같은 짓을 반복하면 상황은 심각해진다. 국제무역의 필수 조건인 시장가격의 산정 자체가 어려워지면서 무역은 물론 금융거래까지 불가능한 상황이 연출되기 때문이다. 아무튼 얼마나 진저리가 났으면 제2차 세계대전이 끝난 후 들어선 브레튼우즈 체제에서는 환율을 움직이지 못하게 아예 묶어버렸겠는가.

위의 논의를 보면 통화를 평가절하시키는 것이 자국의 이해를 위해서는 대단히 유리한 정책으로 들릴 수도 있을 것이다. 과연 그럴까? 모든 것에는 대가가 따른다는 진리가 보여주듯 반드시 그렇지는 않다. 중요한 것은 바로 그런 원칙이 중국의 외환정책을 평가하는 논점이 된다는 사실이다.

대외무역과 외국인 투자의 활성화가 덩샤오핑이 시행한 개혁개방의 핵심 내용이었으므로 중국도 위안화 가치를 새로이 정해야만 했다. 1979년 3월 국가외환관리국이 신설되면서 작업에 착수했는데, 1981년 1월 기존의 공식 환율인 미화 1달러 대 1.53위안을 2.80위안으로 무려 80%나 평가절하하는 첫 조치가 취해졌다. 환율은 물론 고정되어 있었다. 1985년부터는 환율을 다시 올리기 시작하여 1986년의 환율은 1달러 대 3.71위안이었다. 고속성장이 본격화되기 시작하던 1990년 초에는 환율이 더욱 상승하여 5.22위안이 됐고, 1994년에는 드디어 8.7위안에 이르며 정점을 찍게 된다. 이렇게 보면 개혁개방 초기에 비해서는 위안화 환율이 거의 6배 상승한 셈이 된다. 그럼에도 다른 국가들이 난리를 피우지 않은 것을 보면 거의 모든 국가에서 중국의 저가 상품에 대한 매력은 대단했던 것으로 보인다. 하지만 미국이 중국의 환율조작에 대해 시비를 걸기 시작하자 눈치가 보였는지, 2007년에는 7.6위안, 2011년 말에는 6.35위안을 기록하며 오늘에 이르고 있다.

중국제품의 가격경쟁력, 그리고 정부의 환율정책에 힘입어 수출은 폭발적으로 늘어났다. 수출에서 수입을 뺀 것과 외국으로부터 들어오는 투자자금 등을 모두 합하는 경우, 장부상으로는 대외수지 흑자가 되는데, 이는 곧 외환보유고의 증가로 나타난다. 아무튼 다음의 예를 보면 그렇게 되는 이유는 분명해진다. 수출업자는 수출 대금을 달러화를 비롯한 외환으로 받는다. 국내에서 돈을 사용하려면 환전이 필요하므로 수출업자는 외환을 취급하는 시중은행에서 보유 외환을 위안화로 바꾸게 된다. 시중은행 또한 영업을 하려면 위안화가 필요하므로 보유한 외환을 중앙은행에 가져가 다시 환전할 것이고, 그 결과 외환이 중앙은행에 쌓이면서 외환보유고가 증가하는 것이다. 수입이나 해외투자의 경우는 위의 과정이 반대로 진행되는 것이므로 중앙은행의 외환보유고는 당연히 감소세로 돌아선다.

이상의 설명을 보면 무언가 짚이는 것이 있을 것이다. 국내로 들어오는 외환과 외국으로 빠져나가는 외환 중 전자가 많은 경우, 그렇게 쌓인 잉여 외환은 결국 외환보유고가 되므로, 환전을 통해 외환보유고만큼 국내통화가 팽창한다는 사실을 알 수 있다. 통화팽창을 가만두는 경우 당연히 인플레이션 혹은 자산버블이 일어날 것이므로 중앙은행은 책임지고 과잉통화를 흡수, 중화시켜야 하는데, 이 작업을 전문용어로는 불태화간섭(sterilizing intervention)이라고 한다. 2012년 초 중국의 외환보유고는 무려 3조 2,000억 달러였다. 그렇다면 그만큼의 국내통화가 팽창했다는 뜻이므로 다음과 같은 질문이 이어지는 것도 무리는 아니다. 역사상 그토록 큰 규모의 외환보유고는 존재한 적이 없었다. 그렇다면 중국 정부는 어떻게 통화팽창을 중화시키고 있을까?

중앙은행은 일반적으로 외환보유고만큼의 채권을 시중에 팔아 과잉통화를 흡수하게 된다. 국내 금융시장이 잘 발달한 국가일수록 채권의 시장 소화율 또한 높을 것이므로 과잉통화를 중화하는 능력이 뛰어난 것은 당연한 일이다. 라빈(Robert Lavigne)과 장(Zhichao Zhang)이 각각 개별적으로 수행한 연구 결과에 따르면 외환보유고가 3,000억 달러 수준인 한국의 경우는 99%의 불태화율을 기록, 외환 때문에 발생하는 통화폐팽창을 거의 완벽하게 차단하는 것으로 알려지고 있다. 반면 중국의 경우는 82%의 비율을 보이고 있는데, 다른 개발도상국과 비교해보면 그리 나쁜 상황은 아니다("Sterilized Intervention in Emerging-Market Economies," *Bank of Canada*; "Sterilization in China," *The Warton School*). 물론 2003-2010년의 평균치가 그렇다는 말이므로 외환보유고가 폭발적으로 증가한 최근 3년 동안은 그 비율이 다소 떨어졌을 것이다. 여기서 중요한 것은 채권 판매를 위해서는 적정 이자를 지불해야 하고, 따라서 이는 중앙은행의 비용이 된다는 사실이다. 한국의 경우는 그 비용이 연간 약 10조 원 내외로 알려져 있다. 더욱 관심을 끄는 것은 한국은 거의 대부분 채권 판매를 통해 불태화를 시행하지만, 중국의 경우는 그렇지 않다는 사실이다.

중국은 위의 외환보유고 증가분 중 20%만을 채권 판매를 통해, 나머지 62%는 예금 인출을 대비해 시중은행이 중앙은행에 예치하는 지불준비금을 올림으로써 불태화를 달성하고 있다. 한국의 경우 총예금에 대한 중앙은행 예치 비율을 의미하는 지불준비율은 저축성 예금과 요구불 예금에 차이가 있지만, 평균 5% 내외였다. 그러나 중국의 지준율은 상당히 높아 2011년 6월 현재 무려 21.5%라는 수치를 보이고 있다. 은행 예금을 강제로 중앙은행에 예치시킴으로써 유동성 팽창을 억제하고 있는 셈이다. 과거와 비교해보면 현재의 비율이 어느 정도 높은지를 알 수 있는데, 2003년 3/4분기의 경우 지준율은 6%로 대단히 낮았다. 하지만 그 후 지속적으로 상승, 2008년에는 17.5%로 올라가게 되고, 2011년 중반에는 위의 최고치에 이르게 된다. 그렇다면 이상의 통계가 의미하는 바는 무엇일까?

앞서 "2002년만 해도 중국의 총 예금 대비 대출 비율은 78%로 그런

대로 이해가 가는 수준이었지만, 2007에는 69%로 뚝 떨어진다"는 통계를 제시한 바 있다. 여기서 대출이 안 된 그 많은 자금이 어디로 갔느냐는 의문이 제기됐는데, 답변으로는 "2002년의 경우 중국 은행의 총 자산 중 유동자산의 비율은 10%였고 이에는 중앙은행 발행 채권은 없었지만, 예대 비율이 현저히 낮아진 2007년에는 유동자산 비율이 17%로 상승, 중앙은행 채권이 기존에 보유하고 있던 예치금과 비슷한 비율로 증가한다"는 통계치가 제시됐다. "아마 중앙은행이 무언가 급하게 일 처리를 한 것이 분명하고 그 짐을 시중은행에 짊어지게 한 것일 게다"가 당시의 결론이었다. 덧붙여 "특히 2009-2010년에는 유동성, 즉 M2가 급팽창하면서 2010년 9월 현재 M2 잔액이 GDP의 2.7배에 이르는 69조 6천억 위안"라는 통계를 통해서 유동성이 만족할 만한 수준에서 통제되지는 않는다는 사실도 확인할 수 있었다.

여기에 중국 외환보유고 통계치를 추가하면 그림은 선명해진다. 중국 외환보유고가 1조 달러를 돌파한 것은 2006년 10월이었다. 2조 달러는 2009년 8월에 간단히 넘었고, 2012년 현재는 3조 2,000억 달러를 상회하고 있다. 2006년 이후 외환보유고가 급팽창한 사실을 알 수 있는바, 따라서 위의 다양한 통계들은 외환보유고의 상승추세와 거의 일치한다는 사실이 눈에 들어온다. 외환보유고 증가로 국내통화가 팽창하자, 이를 막기 위해 중앙은행은 시중은행의 지불준비율을 대폭 올렸고, 아울러 중국의 증권시장이 통화안정 채권을 흡수하는 데 한계를 보이자, 이 채권을 시중은행에 강매했다는 사실을 확인할 수 있다. 불태화율 82%를 제외한 나머지 18%는 결국 회수하지 못한 셈이므로, M2 증가율이 2009년 이후 가시적으로 증가한 이유 또한 자명해진다.

앞서 "아마 중앙은행이 무언가 급하게 일 처리를 한 것이 분명하다"

는 언급은 바로 외환보유고의 급증이 유발한 통화팽창을 막기 위한 행동이었다. 결국 중국인민들의 돈을 반강제적으로 동원한 것으로 볼 수 있는 시중은행의 과잉예금을 정부가 마치 쌈짓돈처럼 그들의 목적을 위해 사용한 셈이 된다. 이 말은 뒤집어 국민의 물질적 희생을 전제로 통화 및 금융정책이 시행된다는 의미인데, 다음의 설명을 보면 실상은 더욱 분명해진다. 우선 국민으로부터 반강제로 예금을 과잉으로 받아들인 후 그 자금을 정부가 매우 싼 이자로 활용하고 있다는 사실이 그렇게 보는 첫 번째 이유다. 수출과 외국인 투자의 활성화를 위해 위안화 환율을 저평가하고 있는 것도 그렇게 보는 또 다른 까닭이다. 다시 말해 후자의 경우, 환율조작이 수출에는 유리할지 모르지만 수입물가는 반대로 높게 책정되기 때문에 중국국민들은 더 비싼 가격에 수입품을 구매할 수밖에 없고, 따라서 물질적인 손해가 국민들에게 전가된다는 의미다. 덧붙여 바로 그런 외환정책에 힘입어 외화보유고가 늘어났으나 이를 중화시키기 위해 국민의 값싼 예금을 활용하기에 위의 논리가 성립된다는 점도 확인할 수 있다.

다른 나라와는 달리 중국 중앙은행이 지불준비율에 그토록 의존하는 이유는 무엇일까? 비밀은 이자율에 숨겨져 있었다. 일반은행의 중앙은행에 대한 예치금은 의무적인 것과 자발적인 것으로 나누어진다. 1996년 5월만 해도 전자의 이자율은 8.82%였고, 후자 역시 8.82%로 대단히 높았다. 그러던 것이 1998년 이후 추락하기 시작해 2008년 11월에는 각각 1.62%, 0.72%라는 대단히 낮은 이자율이 적용되고 있다. 여기서 중앙은행이 유동성 팽창을 억제하기 위해 발행하는 중앙은행증권의 사정을 고려하면 그림은 선명해진다. 만기일에 따라 다르긴 하지만 증권에는 연평균 2-3%의 이자율이 적용되고 있다. 특히 2008년 12월부터 이자율은 가시적으로 낮아지기 시작했는데, 그 이전 4.5%였던 1년 만기 채권의 경우 2008년 말부터 떨어지기 시작한 다음, 2010년 12월에는 약 2.8%까지 하락하게 된다. 같은 시점 3개월 만기 채권은 이자율이 더욱 낮아 1.5%에 불과했다.

위의 통계는 다음과 같이 이해할 수 있을 것이다. 우선 1990년대 후반부터 외환보유고가 가시적으로 증가하자 중앙은행이 지준율을 인상하면서 일반은행의 예금을 싼 값에 이용하며 통화팽창을 억제시켰다는 사실을 알 수 있다. 다음 2006년 10월 외환보유고가 1조 달러를 돌파하며 유동성이 급팽창하자, 2008년부터는 중앙은행이 통화채권 이자율을 또 다시 낮추며 불태환 간섭에 채권을 적극적으로 활용한 사실도 확인할 수 있다. 하지만 통화안정 채권뿐만 아니라 다른 채권 역시 시장에서 유통되고 있으므로 통화채권 이자율만을 2.8% 이하로 낮추는 것은 어려웠을 것이다. 아무튼 위의 통계가 보여주듯 지불준비금에 대한 이자율은 통화채권의 그것보다 현저히 낮은 수준이었다. 따라서 중앙은행의 입장에서 돈 값이 훨씬 싼 지불준비금에 기대는 것이 손쉬운 방법임은 말할 필요가 없다. 앞서 "외환보유고 증가분 중 20%만을 채권 판매를 통해, 나머지 62%는 지불준비금을 올림으로써 불태화를 달성하고 있다"는 설명은 바로 이를 두고 한 말이었다.

이상의 분석을 통해 시중은행의 과잉예금을 정부가 대단히 헐값에 활용하고 있다는 사실을 알 수 있다. 한국 혹은 선진국의 경우 일반은행은 분명 주주의 이해를 대변해야만 한다. 다시 말해 수익성이 떨어지는 곳에 돈이 갈수는 없다는 말이다. 중국의 경우 국유은행은 말할 것도 고, 다른 시중은행 역시 많은 경우 국가가 일정 지분을 소유하고 있는 사실상 국영은행의 모습을 띠고 있다. 선진국과는 달리 주주들의 눈치를 볼 필요가 없는 셈인바, 바로 이 메커니즘이 중국정부가 일반은행의 예금을 싼 값에 마치 쌈짓돈처럼 사용할 수 있는 이유임은 물론이다. 여하간 위의 논의를 통해 중국의 외환정책이 어떤 방식으로 금융체계를 왜곡시키고 있는지를 아는 데는 무리가 없다. 아울러 중국정부가 시중은행을 수중에 두어야만 하는 까닭 역시 분명해진다.

국민의 희생이 없다면 상기의 예외적인 금융 메커니즘은 작동할 수가 없다. 그렇다면 개선책은 이미 나온 셈이 아닐까? 우선 수출을 자제하거나 외국인 투자를 억제하여 외환보유고를 축소시켜야 할 것이다. 가장 효율적인 방법은 역시 위안화를 평가절상시키는 것이지만, 중국정부가 그것을 주저하기에 현재까지 위와 같은 비정상적인 상황이 지속되고 있다고 보면 된다. 나름 이유는 있다. 모두에서 살펴본 바와 같이 중국의 경우 GDP 대비 소비의 비율은 30% 정도로 대단히 낮은 반면 투자는 50%로 대단히 높고, 순수출 역시 4%라는 무시할 수 없는 비율을 보이고 있다. 여기서 위안화를 평가절상시켜 외국인 투자를 일부 꺾는다는 것은 투자 비율을 낮춘다는 뜻이고, 수출이 줄어든다는 것은 순수출 비율이 떨어진다는 말과 동격이다. 이것은 뒤집어 GDP 성장률이 낮아진다는 것을 의미하므로, 중국정부가 고성장을 일부 포기할 각오가 돼 있지 않으면 사실상 실천 불가능한 제안임을 알 수 있다.


## 위기의식과 멀고 먼 금융 정상화의 길


위에서는 자세히 언급돼 있지 않지만 개혁개방 이후 중국이 취한 금융 및 외환정책을 살펴보면, 중국 관료 혹은 전문가들의 사고가 어떤 식으로 잡혀 있는지를 엿볼 수 있다. 중국의 위안화는 개혁개방 이후 지속적으로 평가절하됐다. 환율은 사실상 고정됐으나, 대외경제관계가 비약적으로 발전하면서 환율의 유연성이 요구되자 중국정부도 상응하는 조치를 취하게 된다. 1994년 공식 환율과 실제의 대외거래에 적용되는 스왑시장 환율을 일원화시킨 후, 외환시장에서 환율변동 폭을 하루 기준 0.3%까지 처음 허용한 것은 가장 획기적인 개혁이었다. 전문용어로는 이런 제도를 관리변동환율제라고 한다. 문제는 그 후 개혁은 이루지지 않은 채, 오히려 빗장을 거는 조치가 거듭됐다는 사실이다.

1997년 한국을 포함한 동아시아의 경제위기는 중국 정책 담당자들에게 대단히 부정적인 인식을 심어줬다. 변동환율제하에서 위기 시 환율은 요동을 치게 되고, 그 결과 막대한 외환보유고가 소진되면서 경제는 나락으로 떨어질 수 있다는 사실을 알게 된 것이다. 중국 당국은 1달러 대 8.21위안이라는 위안화의 저평가 상황을 유지한 채 환율을 다시 고정시키게 되는데, 기존의 개혁으로부터 뒷걸음질 치는 첫 사례로 기억되고 있다. 사태가 잠잠해지자 개혁은 다시 한 번 이루어졌다. 달러화에 의존, 환율이 결정되는 달러 페그제를 버리고 주요 11개국 통화가치의 평균치로 위안화 환율이 결정되는 바스켓 제도에 기초, 환율변동 폭 역시 0.5%까지 허용하는 관리변동환율제가 2005년에 다시 채택된 것은 또 한 번의 개혁이었다. 개혁이 단행된 후 4년 동안 위안화 환율이 17.5% 평가절상된 것을 보면 개혁의 효과를 엿보는 데는 무리가 없다.

하지만 2007년 후반 미국에 금융위기가 닥치자, 1997년과 비슷하게 또 한번 문을 걸어 잠그는 조치가 취해졌다. 환율을 1달러 대 6.8위안으로 고정시킨 채 다시 고정환율제로 회기한 것이다. 다른 국가들의 불만이 고조되자 2010년에는 다시 과거의 제도로 돌아갔고, 2012년 4월

환율변동 폭을 일일 기준 1.0%까지 확대한 후 오늘에 이르고 있다. 흥미로운 점은 금융자유화 역시 거의 같은 길을 걸어왔다는 사실이다. 앞서 소개한 월터와 하우이는 초기의 상황을 다음과 같이 묘사하고 있다: "1980년대의 등소평, 1990년대의 장쩌민(江澤民) 주석 및 주룽지(朱鎔基) 총리 시절만 해도 중국정부의 금융자유화에 대한 의지는 분명했다. 1980년대에 20개의 은행, 745개의 신탁회사, 34개의 증권회사가 설립된 것을 보면 그 의지를 엿볼 수 있다. 금융의 속성이 원래 그렇듯 혼란은 불가피했다. 1990년대 들어와서는 제멋대로 영업을 한 금융기관이 부실화되면서 위기가 찾아왔다. 지방정부와 유착한 수백 개의 금융기관이 문을 닫는 등 대규모 구조조정이 뒤를 이었다. 구조조정이 여파로 실업자 수가 증가하면서 중국경제는 침체를 겪게 된다. 시기적으로는 천안문 사태를 전후하여 그런 일이 불거졌다는 사실을 알 수 있는데, 하지만 고통에도 불구하고 개혁은 계속됐다(Red Capitalism)."

1990년대 금융개혁을 보면 위의 분석이 구체적으로 무엇을 의미하는지를 알 수 있다. 1992년 남순강화가 끝난 후 금융개혁에는 더욱 속도가 붙었다. 1996년 12월 중국이 IMF 규약 제8조에 명시된 경상수지 거래에서의 제약을 폐기한 것은 대표적인 사례로 기억되고 있다. 조치는 무역거래를 위한 자금 이전 및 지불과 관련된 규정의 완전 자유화를 의미했다. 원래의 약속 기한은 1999년이었는데, 무려 3년 앞서 그런 조치를 취한 사실, 그리고 자본수지의 자유화도 서서히 이룰 것이라고 공언한 점에 비추어 금융자유화의 의지를 읽는 데는 별 무리가 없었다. 하지만 앞서 살펴본 환율정책과 유사하게 1997년 동아시아 외환위기가 닥치자 중국의 태도는 돌변하게 된다. 1997년에만 590억 달러, 그리고 다음 해에는 무려 870억 달러의 자본이 중국으로부터 유출(capital flight)

됐다는 통계는 중국 당국이 위축될 수밖에 없는 이유를 설명해주고 있다. 1995-1996년의 자본이탈 규모가 각각 170억, 160억 달러를 기록했다는 통계를 보면, 동아시아 외환위기 시 그전보다는 무려 3.5-5배의 자금이 일시적으로 빠져나간 셈이 되는데, 아무튼 충격이 중국경제에 전달된 것만은 분명했다.

여기서 중국 관리들은 다음의 교훈을 얻게 된다. 우선 외국인 직접투자를 제외한 단기자본 유입은 대단히 위험하다는 사실이 하나이고, 외환보유고를 충분히 쌓아놔야 한다는 점도 그들의 뇌리를 파고들었다. 특히 중요한 것은 자본이동을 통제해야 한다는 강박관념이었다. 당연한 결과로 자본수지 및 자본시장의 개방은 현재까지 이루어지지 않고 있다. 많은 부작용이 있음에도 중국이 외환보유고에 그토록 집착하는 이유 역시 위의 사실로써 분명해진다. 같은 연장선에서 이후 경쟁적인 자본시장을 구축하는 데는 실패했고, 그 결과 은행 중심의 관계형 금융체제가 지금까지 이어지면서 금융체계 전체에 과부하가 걸리는 상황이 계속되고 있다고 보면 된다. 앞서 소개한 바와 같이, "중국의 총 금융자산 중 외국인 소유지분이 단지 1.7%에 불과한데, 이는 저소득 국가들의 국제 평균 비율인 37%와 비교해도 현저히 낮은 수치"라는 설명은 상황을 잘 대변하고 있다. "중국의 국유 및 민간은행의 자산은 중국 전체 금융자산의 무려 94%를 점하고 있는 반면, 증권회사가 나머지 1.9%, 그리고 보험회사의 경우 4.1%를 보유하고 있다는 통계"를 통해서도 중국의 기형적인 금융 현실을 들여다보는 데는 문제가 없다.

정치경제적 관점에서 위의 상황을 다음과 같이 멋지게 요약한 분석이 눈길을 끈다: "문제는 금융 발전이 그나마 2005년과 2006년에 정점을 찍은 후 더 이상은 가시화되지 않았다는 사실이다. 그때는 이미 후진타오

(胡錦濤)의 시대였다. 발전이 안 된 금융기관으로부터 야기되는 위협보다는 확대일로에 있는 소득 불평등과 사회동요에 더욱 신경을 써야 한다는 오판을 하게 된다. 따라서 시장 특유의 극심한 변동성(brutal volatility)에 가뜩이나 질린 상태에서 변동성을 없애는 폐쇄적인 정책을 시행한 것은 이상한 일이 아니었다. 아무튼 이상이 후진타오의 정치 슬로건인 '조화로운 사회(harmonious society)'가 나온 배경이다. 하지만 금융개혁을 미루게 되면 다음과 같은 심각한 문제를 피하기는 힘들어진다."

"우선 외국과의 경쟁이 없는 가운데 국영은행의 영업상의 위험은 지방의 금융기관으로 은밀히 이전되어 감추어지는 경우가 많다. 공식적으로는 정부의 부채가 GDP의 20%에 불과해 양호한 것처럼 보이지만 감춰진 빚을 모두 합하면 수치는 76%까지 치솟는다. 거래가 자기들끼리 이루어짐으로써 부채와 각종 금융상품의 적정 가격에 대한 정보 또한 감추어질 수밖에 없다. 외국인도 참가하는 경쟁입찰 제도가 있어야 적정 가격이 매겨지고 정보가 공개되지만, 그것이 없다 보니 그렇게 되는 것이다. 당연한 결과로 자본배분의 왜곡 현상이 이어지는데, 결국에는 곪아 터지지 않을까? 많은 고위 관료가 문제점을 인식하고 있는 것은 사실이다. 그러나 이제는 문제가 너무 얽혀 개혁은 정치문제로 비화될 가능성이 높다. 성(省) 단위의 지방정부 모두가 모든 금융사업에 깊이 관여, 이득을 취하고 있는 것은 분명 사실이고, 해서 기존의 체제를 개혁하거나 혹은 자본시장의 개방을 통해 개혁을 유도하는 등의 조치는 지방이 중앙정부에 등을 돌리게 되는 결정적인 상황을 만들어내기 때문이다(Red Capitalism)."

앞서 자오쯔양 총서기의 회고록을 소개한 적이 있다. 여기서 다음과 같은 예리한 분석은 주목을 끌기에 충분하다: "1981년 정부공작보고에서

나는 다음과 같이 회고한 적이 있다. 1980년과 1952년을 비교해보면 농공업 총생산량은 8.1배 증가했고, 국민소득은 4.2배 성장했으며, 공업고정자산은 26배 늘어났지만 전국 인민의 평균 소비 수준은 단지 2배 증가했다. 고정자산은 그렇게나 많이 증가했지만, 농공업 총생산량과 국민소득은 이에 상응하여 성장하지 못했다는 것을 알 수 있다. 이러한 현상은 우리나라 경제 건설이 이상적이지 않고, 투여한 노동만큼 인민대중의 생활이 개선되지 않았다는 점을 보여준다. 따라서 나는 우리나라 경제의 난점은 경제적 효율의 문제이지, 표면적인 성장 속도가 아니라고 생각했다."

그의 분석은 이에 그치지 않는다. 현재 문제가 되고 있는 금융 왜곡 현상을 오래전에 다음과 같이 짚은 것은 놀라운 일이 아닐 수 없다: "이어서 나는 1982년 톈진에서 개최된 전국공업교통회의에서 경제효율 문제를 집중적으로 얘기했다. 공업생산 분야에서 오랫동안 효율을 중시하지 않고 맹목적으로 생산량과 성장속도만을 추구하는 어리석은 짓을 했으며, 종종 공업은 좋지만 상업은 좋지 않고, 창고는 쌓여가지만 재정은 바닥이 나는 상황이 되어, 결국 은행에 의존해 적자를 메우고 이로 인해 국가와 인민들에게 막대한 손해를 끼쳤음을 지적했다(『국가의 죄수』)." 이렇게 보면 투입식 경제운영이 오늘만의 문제는 아니었음을 알 수 있다. 공산주의의 오랜 관습이 지금도 남아 있다는 말이므로, 금융 및 산업개혁이 얼마나 어려운지는 짐작하고도 남음이 있다.

위의 상황에서 자본시장이 대외적으로 개방되면 어떤 일이 일어날까? 자본시장 개방은 먼저 외국인이 중국 외환시장에서 외국화폐와 위안화를 언제고 원하는 만큼 제약 없이 바꿀 수 있는 상황을 전제로 한다. 전문용어로는 위안화의 시장태환(market convertibility)이라 하는데, 중국

측에서 볼 때는 외환시장 통제를 거두어들여야 한다는 의미다. 당연한 결과로 위안화 환율 역시 시장의 수급에 의해 자유롭게 결정될 것이다. 뒤집어 보면 현재 주로 달러화와 연계되어 결정되는 중국의 환율체계가 근본적으로 바뀌어야 그렇게 될 수 있다. 그렇다면 중국의 경우 외형상으로는 다양한 외국통화로 구성되어 있는 외환 바스켓을 통해 환율이 결정되는 것처럼 보이지만, 사실상 달러 페그제를 유지하고 있는 이유는 무엇일까?

수출증진, 대외자산 가치의 유지, 그리고 외국인 투자의 활성화 등이 중요한 이유일 것이다. 위안화 가치를 달러화에 묶어놨기 때문에 다른 외환시장에서는 달러 가치가 떨어진다 하더라도 중국에서는 그런 현상이 발행하지 않는다. 달러 가치가 떨어지면 위안화 가치는 올라야 하지만, 위안화 가치를 달러화의 그것에 연동시켜놨기에 달러 가치가 떨어지면 위안화 가치도 하락하고, 가치가 오르는 경우도 같은 현상이 일어난다. 그렇게 되면 외환보유고의 약 70%를 달러화로 가지고 있는 중국의 입장에서 위안화로 환산한 중국의 대외자산 가치는 떨어지지 않는다. 물론 가장 큰 시장인 미국에 대한 수출도 줄지 않게 된다. 외국인 투자 역시 달러화를 기준으로 저평가된 위안화에 힘입어 위축되는 상황을 피할 수 있다. 당연한 결과로 달러 보유고는 늘어날 수밖에 없는데, 여기서 달러 페그제 대신 자유변동환율제를 실시한다는 것은 무엇을 의미할까? 위의 세 가지 목표를 달성하는 것은 당연히 힘들어진다. 그렇다면 중국은 과연 이것을 실천할 수 있을까?

1997년 동아시아 외환위기의 파급 효과는 대단히 컸다. 자본시장이 자유화되기 위해서는 시장은 투명해야 하고, 은행은 완전히 민영화되어 국가의 지시가 아닌 그들의 이해에 따라 운영되어야 하며, 재정 및 통화

정책 역시 안정적이어야 한다는 교훈을 남기고 있다. 시장이 투명하다는 것은 우선 정보의 왜곡이 없는 상황을 뜻한다. 중국의 경우 금융정보의 왜곡 정도가 앞서 살펴본 바와 같을진대, 과연 이를 극복하는 것이 가능할까? 은행이 민영화된다는 것은 중국이 그토록 의지하는 국유은행이 사라진다는 의미다. 즉 정부 주도 투입중심의 경제운영을 포기해야 한다는 말이므로 가능한 대안일 수는 없다.

자본시장이 개방되면 외국의 증권회사, 보험회사 등 다양한 금융업체가 중국으로 쏟아져 들어올 것이다. 다음의 예를 통해 어떤 일이 일어나는지를 그려볼 수 있다. 과거보다 상대적으로 자유화된 것은 사실이지만, 현재 위안화 표시 채권(bonds)은 중국 내에서만 그것도 중국계 은행만이 판매하고 있다. 여기서 자본시장이 개방되면 외국 증권회사들은 기본 가치가 위안화로 보장되고, 적정 이자가 추가되며, 경기가 좋은 경우 프리미엄까지 가산되는 채권을 중국 사람들에게 선보일 것이다. 이 경우 연평균 1.5% 이자율로 사실상 강제저축을 강요당하고 있는 중국 사람들이 가만히 있을 것이라고 가정하는 것은 현실이 아니다. 중국은행에서 예금을 빼내 이익이 더 많은 외국회사의 채권이나 그 밖의 금융상품으로 당장 갈아타는 것은 당연한 일이 된다. 중요한 것은 투입중심 경제운영을 뒷받침하고 있는 시중은행들을 활용한 거대한 자본동원 메커니즘이 자연스레 붕괴된다는 사실이다. 고성장의 핵심 엔진이 과거처럼 작동하지는 않는다는 의미이므로, 중국 당국은 고성장 정책을 포기해야만 하는 상황으로 몰릴 수밖에 없다.

주식시장의 경우도 사정은 매한가지다. 외국자본이 대규모로 시장에 들어오려면 중국회사의 경영환경과 성과에 대한 정보가 투명하게 공개돼야 한다. 현재 중국에서 횡행하고 있는 불법 내부자 거래 역시 당연히 근절의 대상이다. 그런 것들이 제대로 이루어지지 않으면 외국 금융회사들은 회사 경영상황을 속인 것과 불공정 주식거래 등을 중국의 사법당국에 고발할 것이고, 그래도 문제가 해결되지 않으면 자국 정부를 통해 압력을 넣든가, 아니면 중국시장의 한심함을 국제적으로 낙인찍은 후 투자한 돈을 회수, 도망가게 될 것이다. 대규모 자본이 이탈한 후 어떤 일이 벌어지는지는 한국의 외환위기가 분명히 보여주고 있다. 앞서 자세히 살펴본 사회적 기술 혹은 제도자본이란 바로 이를 두고 한 말이었다. 보험의 경우도 상황은 비슷하게 돌아갈 수밖에 없다. 수익성이 높은 매력적인 보험상품이 출시될 것이므로 중국인들의 돈이 새로운 금융상품에 쏠리는 것은 이상한 일이 아니다. 좋은 보험상품을 활용 중국인들이 노후를 대비하는 것 역시 가능해질 것이므로, 강제 저축의 기본 가정인 노후 대비라는 절박한 상황이 사라지면서 중국의 저축률은 당연히 떨어질 수밖에 없다. 그렇다면 중국의 고도 경제성장에 비추어 위의 모든 상황이 의미하는 바는 무엇일까? 현재 국가가 주도하는 신용분배 모델이 대폭 수정되어야 하는 큰 문제임을 알 수 있다. 상황이 그토록 복잡하기에 이 절의 제목을 '멀고 먼 금융 정상화의 길'로 붙인 것이다.

상기의 분석에서도 드러나듯이, 제어가 어려운 시장의 변동성, 일본의 경기침체, 그리고 동아시아의 외환위기를 지켜보면서 중국 지도자들이 자본주의, 특히 시장에 대해 어느 정도 겁을 먹은 것은 분명해 보인다. 미국 등 선진국들이 위안화 저평가를 그토록 공격하고 자본시장 개방을 끈질기게 요구하는 데도, 이를 받아들이지 않는 중국의 태도를 보면 상황을 짐작하는 데는 무리가 없다. 특히 일본의 경기침체와 관련, 1980년대 미국의 압력에 굴복, 엔화가 순식간에 평가절상된 것이 불황의 단초였다는 인식은 중국 지도자들의 뇌리에 뿌리 깊게 자리 잡고 있는 것으로 알려지고 있다. 물론 당시 일본의 상황을 돌이켜 보면 그렇게 되는 이유가 전혀 없는 것은 아니다.

세계경제 불균형을 해소하기 위해 1985년 미국 뉴욕의 플라자 호텔에서 열린 선진국 재무장관 회의에서는 대외수지 적자국 미국과 흑자국인 일본 및 독일의 환율을 조정한다는 데 합의가 이루어졌다. 당시 엔화의 환율은 1달러 대 260엔이었지만, 3년 만에 120엔으로 급상승했고, 1995년에는 달러당 80엔까지 평가절상됐다. 일본의 전성시절, 즉 거품이 최고조에 달했던 1989년 일본의 주식가격, 즉 니케이 지수는 39,000을 기록하고 있었다. 그러나 불과 3년 후인 1992년 14,000으로 폭락했고, 2004년에는 7,000까지 내려가게 된다. 주택용 땅 값 역시 예외는 아니어서 1985년 39.2였던 가격지수는 1990년 105.8로 급등했고, 상업용 부지는 더 심해 같은 기간 27.9에서 104.5로 상승했다. 그 후 가격이 폭락하며 부동산 가격이 반 토막을 넘어 1/3까지 추락한 것은 누구나 아는 바다. 당연한 결과로 불황이 일본경제를 급습했고, 일본은 지금도 잃어버린 20년을 한탄하며 경기침체를 벗어나지 못하고 있다. 이런 상황에 기초, 미국의 압력에 때문에 일본이 환율을 잘못 다루면서 문제가 불거졌다는 것이 중국인들의 판단이다. 그렇다면 중국인들의 인식은 합리적인 것일까? 다음의 분석을 보면 반드시 그렇지 않다는 사실을 알 수 있다.

앞서 1990년대 초 일본의 자산 붕괴는 겉으로 드러난 현상에 불과하다는 점을 밝힌 적이 있다. 일본의 생산성이 점차 떨어지면서 일본경제가 수확체감의 법칙에 걸린 것이 문제의 본질이라는 의미였다. 뒤집어 보면 중국 지도층은 나무의 뿌리가 아닌 잎사귀만을 보고 상황을 판단했다는 말인데, 일본문제를 오랫동안 관찰한 후 내린 전문가의 견해는 다음과 같다: "중국은 일본이 미국의 압력으로 1980년대 후반 엔화를 급격히 평가절상시켰기 때문에 오늘날의 위기를 자초했다고 생각한다. 하지만 일본의 경우는 그 이전 수출주도형 정책에서 균형정책으로 더 늦기 전에 옮아갔어야 했다. 중국인들 예외일 수 있겠는가?"

개혁의 시기를 놓치면 다음의 문제가 기다린다는 사실도 지적하고 있다: "일본은 지금 위와 같이 경제체제 자체가 달라지는 현상, 즉 불균형에서 균형체제로의 전환과 인구 고령화라는 두 문제와 싸우고 있다. 중국도 인구의 평균 연령이 상대적으로 젊을 때 경제체제가 바뀌어야 한다는 점을 암시하는 대목이다(*Fault Lines*)." 결국 수출에 초점을 맞춘 외환 및 환율정책 때문에 경제가 왜곡된 것은 분명하고, 그것을 바로잡을 수 있는 시기는 그나마 경제가 잘나갈 때로 한정된다는 점이 강조되고 있다. 따라서 문제의 본질은 그런 엄중한 법칙을 일본이 간과했다는 사실, 그리고 중국 역시 여유가 많지 않은데도 미적거리고 있는 현실로 좁혀지는 셈이 된다. 그렇다면 중국 지도부는 위와 같은 구조적인 문제를 인식하고 있을까? 알고 있다면 빨리 실천하지 못하는 이유는 무엇일까? 이 점에 대해서는 후술하기로 한다.


## 노동시장 역시 왜곡되어 있다
## 중국인들은 과연 불평등을 감수할까?


중국의 고속 경제성장이 향후 상당 기간 가능할 것이라는 예측의 근거로 중국의 방대한 노동력을 드는 경우가 있다. 최근 영국의 시사주간지 「이코노미스트(The Economist)」는 바로 이 점을 부각시키고 있는데, 내용은 다음과 같다: "낮은 이자율과 국민 돈 짜내기, 즉 경쟁이 없는 가운데 국유기업의 생산품이 국민에게 비싸게 팔리는 현실, 호구제 때문에 거주 이전의 자유가 없는 이상한 제도, 자의적인 토지관계법으로 인해 지방정부가 쉽게 땅을 취득할 수 있는 행정 편의주의 등 중국에는 너무도 많은 불공정(unfairness) 행위가 존재한다. 하지만 바로 그런 불공정이 중국에게 꺾이지 않는 힘을 선사하고 있는 것은 아이러니가 아닐 수 없다. 애초부터 중국의 고도성장은 엄청난 노동력을 활용한 것이었다. 50%를 넘는 저축률 역시 중국이 언제 빠져나갈지 모르는 변덕스런 외국자본에 대한 종속을 현저히 완화시켜주고 있다. 과거 한국을 비롯한 다른 동아시아와 비교해보면 이 둘은 분명 다른 점이 아닐까("How strong is China's economy," May 26th 2012)."

같은 맥락에서 중국의 노동력을 최대한 이용하는 방안도 다음과 같이 제시되고 있다: "현재 51.3%인 도시화율을 목표 수준인 65%로 끌어올리는 정책을 통해 중국은 향후 10년 동안 8% 이상 성장률을 확보할 수 있을 것이다. 매년 30만 명 규모의 도시를 50개 이상 건설하면서 인프라와 주택건설을 통해 일자리를 만들고 지역 간 격차를 줄이고 내수도 진작할 수 있다는 시각이다(지해범, 「조선일보」)." 아무튼 아직도 여유가 있는 중국의 노동력을 활용하면, 고도성장이 가능하다는 논리가 두 설명의 공통점임을 알 수 있다. 50%가 넘는 저축률 또한 외국에 대한 자본 종속을 억제함으로써 중국정부가 외부의 충격에 취약하지 않도록 보호해주는 역할을 하고 있고, 따라서 급작스런 외국자본의 이탈이 있는 경우에도 중국경제는 상대적으로 안전하다는 논리도 눈에 띈다.

우선 50%가 넘는 저축률이 얼마나 비정상적이고 그것의 폐해가 어느 정도인지는 앞서 자세히 살펴본 바와 같다. 중국국민이 희생을 감수하며 계속 같은 행동을 이어간다면 할 말이 없지만, 그래도 논리상 모순은

남을 수밖에 없다. 이미 짚어본 바와 같이 과거 동아시아 외환위기가 겉으로는 외국자본의 급속한 이탈 때문에 외환시장이 붕괴되면서 초래된 것처럼 보이지만, 문제의 근본 원인은 수확체감의 법칙을 극복하지 못한 동아시아 경제의 허약 체질이었다. 일본의 경우도 예외가 아님은 물론이다. 때문에 중국의 저축률이 높아 외국자본에 종속되지 않는다는 주장은 경제의 겉만 보고 판단한 것이 된다. 다시 말해 중국경제가 향후 수확체감의 법칙에 걸리지 않고 계속 나갈 수 있다는 증거가 제시되어야만, 고도성장의 지속 가능성에 대한 설득력 있는 논리가 개진된다는 뜻이다.

다른 각도에서 문제를 짚어볼 수도 있다. 과잉저축은 중국국민의 희생을 전제하고 있으므로, 그런 희생을 언제까지 강요할 수 있는지를 살펴보면 어떨까? 앞서 소개한 크루그먼은 질문에 대해 다음과 같은 입장을 밝힌 적이 있다: "동아시아의 신흥경제는 지난 세월 축적된 경제이론이 예측하는 것보다는 훨씬 높은 수준에서 자원을 예외적으로 잘 동원했다는 칭찬을 받을 만하다. 하지만 그렇게 될 수 있는 비밀이 있다면, 그것은 (과잉저축이 설명해주듯) 단순히 미래의 수익을 위해 지금을 철저히 희생한 후일 보상(deferred gratification)의 원칙이 적용된 것 그 이상도 이하도 아니다. 지금도 정부 적자는 줄이고 대신 저축을 늘리는 지겨운 작업으로부터 뒷걸음질을 치고 있는 미국의 정책 지식인의 입장에서 위의 원칙은 받아들이기 힘든 것이 사실이다. 경제학은 흐릿한 학문이 아니다. 경제학자들이 후일 보상의 원칙을 받아들이기 힘든 이유는 전문가들의 경우 궁극적으로는 단순 숫자가 아닌 숫자가 보여주고 있는 논리에 복종해야만 하기 때문이다("The Myth of Asia's Miracle")."

그토록 현재를 희생해봤자 결과는 수확체감으로 나타나고, 더 이상의 발전을 기대할 수도 없게 되는데, 서구의 관점에서는 받아들이기 힘든 현재의 희생이 어떤 대단한 의미가 있느냐는 냉소, 그리고 중국 역시 인간들이 사는 사회라는 점에 비추어 현재의 희생을 언제까지 강요할 수 있겠느냐는 회의가 위의 언급에 드리워져 있는 셈이다. 일본의 유명한 희생정신에 대해 프리드먼(George Friedman) 역시 다음과 같은 혹평을 한 적이 있다: "과거 일본의 저축률이 높았던 것은 전혀 이상할 것이 없다. 당시 일본에는 은퇴 후 반드시 필요한 사회보장제도가 사실상 없었고, 기업연금 역시 부재했다. 그러니 노후 대비를 위해 저축을 하는 것은 당연한 일이었다. 솔직히 말해 이것은 검소하다기보다는 본인은 원하지 않는 절박한 현실을 극복하기 위한 필사적인 몸부림에 불과했다. 즉 낮은 이자율을 감수하고 은행에 저축하는 것 이외에는 다른 대안이 없었던 것이다(*The Next 100 Years*)."

최근 미국의 「타임」지는 중국 신세대의 과거와 다른 경제가치관을 다음과 같이 전하고 있다: "요즘 중국의 젊은이들을 한데 묶는 단어가 있다면 그것은 개인주의 혹은 스스로가 나임을 의미하는 개인의 정체성(self-definition)이다. 물론 젊은이들에 한정된 것은 아니지만 2020년까지는 약 1억 명의 중국인들이 외국을 여행할 것이라고 한다. 만약 중국인들이 국내에서 자신을 발견할 수 없다면, 해외에 나가 그것을 실현하려 할 것이다. 최근 몇 년간 대졸 실업률이 25%에 이르는 데는 다음과 같은 이유가 있다. 고등교육의 팽창이 첫 번째 원인인바, 1998년 83만 명이던 대졸자 수는 2011년 660만 명으로 늘어났다. 더욱 중요한 것은 대졸자들의 경우 자신의 기대치에 못 미치는 직업은 거부한다는 사실이다. 이 점에 대해 대졸자들은 우리 부모들이 그토록 비싼 등록금을 대줬는데, 우리가 어떻게 봉급이 수준에 못 미치는 직업을 택하겠냐고 반문한다."

얘기는 다음과 같이 다시 이어진다: "대졸자든 아니면 일반 직공이든, 오늘날의 근로자들은 시골에 있는 친인척을 부양해야만 한다는 심리적 압박을 과거보다는 훨씬 덜 받고 있다. 바로 이런 새로운 변화가 꾀죄죄한 학교 기숙사임에도 불구하고 그곳에 값비싼 랩톱이나 스캐너가 놓여 있는 이유임은 물론이다. 특히 1990년 이후 태어난 젊은이들에게는 큰 도시에서의 생활이 개인적인 만족을 추구하는 형태로 가는 것만은 분명하다. 젊은이들 모두는 1가구 1자녀 정책이 시행된 후 태어났는데, 어려서부터 집에서 귀한 태자 혹은 공주 대접을 받아서인지, 지금의 상황에 불만이 있는 경우 이를 외부로 표출하는 데도 거리낌이 없다. 유명대학을 졸업한 후 베이징에 4년 전 도착한 옌정칭의 경우 예상보다는 좋은 직업을 잡는 것이 쉽지 않아 현재 빈둥거리고 있지만, 젊은 세대의 가치관에 대해서는 입장이 다음과 같이 분명했다: '우리 부모 세대는 굶지 않는 것으로 족했지만, 우리 세대는 그것으로 충분치 않다. 우리는 더 많은 것을 원한다'("In their hands," June 18, 2012)."

이래도 현재의 희생을 기대할 수 있을까? 과거 굶지 않는 것으로 만족했던 부모님 세대의 노동력에 기초, 고도성장이 이루어졌다는 것은 그들이 현재의 희생을 감수했다는 사실을 의미한다. 하지만 새로운 세대의 태도가 위와 같다면 앞서 「이코노미스트」지가 지적한 바와 같이 저렴한 노동력을 더 많이 발굴하는 경우 중국경제가 고성장을 지속할 수 있다는 가정은 설득력을 잃을 수밖에 없다. 만약 그런 가정이 가능하다면, 중국의 임금이 계속 오르는 현상은 어떻게 설명할 수 있을까? 한마디로 더 이상의 희생은 참을 수 없다는 것이 아닐까. 또한 2010년부터 2011년 1월까지 광둥성에 있는 포스콘에서 무려 14명이 노동조건에 항의 자살한 노동쟁의, 2010년 7월의 다롄지구 일본공장 연쇄 파업, 혹은 2011년

4월 상하이 항구 컨테이너 기사의 또 다른 파업 등과 같이 노동분쟁의 규모와 빈도가 나날이 증가하는 현상은 어떻게 이해할 수 있을까?

현재 공회라는 이름으로 불리는 노동조합에는 단체행동권이 허용되지 않고 있지만, 한국과 같이 번듯한 노동조합이 정식으로 들어서게 되면 임금이 가파르게 오르는 것은 불 보듯 뻔한 일이다. 다음의 통계를 보면 중국의 임금수준이 최근에 얼마나 상승했는지 알 수 있다. 중국정부의 발표로도 2000년 이후 2009년까지 도시 노동자들의 평균 임금은 연간 12.6% 상승했다. 중국의 경제성장률보다도 높은 수치였다. 최근의 임금 상승률은 더욱 높아 2011년 1분기에만 13개 성시의 최저임금은 평균 20.6% 올랐다. 중국정부는 한술 더 떠 2012년을 기준으로 향후 5년간 최저임금을 매년 13%씩 올리겠고 공언하고 있다. 최근 미국 「타임」지의 경우는 3년 후인 2015년 중국 평균임금이 미국의 69%까지 치솟을 것으로 예측할 정도다("The End of Cheap Labor in China," June 27, 2011).

2010년을 기준으로 하노이의 제조업 월 평균 임금은 96달러였지만, 베이징의 경우는 거의 3배에 이르는 287달러였다. 한국은행의 조사에 따르면 2012년 초 현재 중국의 임금수준은 말레이시아와 태국을 제외한 주변국에 비해 2-5배 정도 높다고 한다. 임금이 가파르게 상승하는 현상은 루이스 전환점(Lewisian turning point)이라는 전문용어로 설명되는데, '임금상승 압력이 없이 농촌지역 잉여노동력이 완전히 흡수되는 시점'을 의미한다. 이 분기점을 지나면 임금인상이 가시화되고, 당연한 결과로 저임금 노동에 의존한 제조업 발전이 한계에 이르면서 경제성장 역시 둔화된다는 해석이다. 임금소득/GDP 비율을 살펴보면 1990년대에는 지속적으로 하락했지만 2000년부터는 상황이 서서히 역전되기 시작, 급기야 2004년에는 중국도 루이스 전환점에 도달한 것으로 파악되고 있다(「중국 노동시장의 특징」). 더 이상의 값싼 노동력을 공급할 수 없다는 의미인바, 위에서 살펴본 것처럼 2000년 이후 임금이 가파르게 상승한 데는 나름 이유가 있었던 셈이다.

농촌지역의 잉여인력을 도시로 데려와 활용하면 될 것이 아니냐는 질문을 던질 수도 있을 것이다. 농촌에는 대략 약 7억 명 정도가 있는 것으로 추산된다. 국제 농업 생산성 기준을 적용하는 경우 중국 농지 전체를 경작하는 데 5-6천만 명이면 족하다는 통계는 농촌인력을 활용할 여지가 많다는 사실을 암시하고 있다. 그렇다면 중국 노동시장의 현실은 어떨까? 우선 농촌인력의 상당수가 이미 도시로 와 있다는 사실이 고려되어야만 한다. 2010년 현재 그 수가 2-2.4억 명이라면 믿을 수 있겠는가? 이들이 바로 농민공인바, 법적으로는 농촌지역에 거주하는 것으로 돼 있지만 도시에서 저임금으로 일하는 노동자를 일컫는 말이다. 불법 거주자다 보니 세금을 낼 필요는 없다. 그러나 반대로 도시가 주는 혜택을 누릴 수 없는 것은 물론, 당연한 결과로 제대로 된 직장을 잡는 것 역시 대단히 어렵다. 1958년 이래 거주이전의 자유를 허용하지 않고 있는 호구제가 원인임은 모두가 아는 바다. 다른 민주자본주의 국가에서는 상상할 수 없는 제도인데, 그렇다면 노동시장의 유연성을 위해서도 바람직한 호구제 폐지를 중국정부가 마다하는 이유는 무엇일까?

호구제 때문에 중국의 노동시장이 분절되어 있다는 사실을 먼저 직시할 필요가 있다. 도시 노동자의 임금은 가파르게 오르지만 이를 상쇄할 수 있는 농촌 잉여인력의 도시 유입이 법적으로는 어렵다는 의미다. 호구제를 없애면 문제를 극복할 수 있지만, 그 다음에는 무슨 일이 일어날까? 거주이전의 자유가 보장된다면, 일자리도 별로 없고 임금수준 또한 도시의 30%에 불과한 농촌지역에 주저앉아 있을 사람은 거의 없을 것이다. 많은 사람이 합법적으로 도시로 이주하면, 논리상 도시의 임금은 당연히 제어될 수 있고, 혹은 떨어질 수도 있다. 도시지역 근로자는 그런 상황을 가만히 앉아서 보고만 있을까? 자신의 기득권이 침해되는데 그냥 있을 사람은 자고로 없다. 지금도 도시에서는 못살겠다고 파업이 일어나는데, 농촌 사람의 대규모 도시 이주를 아무 불평 없이 보고만 있을 도시 노동자를 그리는 것은 분명 현실이 아니다. 아마 십중팔구 폭동은 피할 수 없을 것이다. 중국 지도부가 목을 걸지 않고서는 실행하기 어려운 정책임이 분명해진다. 호구제가 사라지면 도시는 이주민들에게 현 도시 거주민과 동일한 혜택을 제공해야만 한다. 지금도 막대한 부채에 시달리는 도시 행정부는 무슨 재원으로 이를 감당할까?

청두(成都) 모델이 있다고 한다. 농민이 도시로 진출하더라도 농민의 토지 관련 권리는 그대로 인정한다는 것이 새로운 모델의 내용이다. 다시 말해 농민은 토지 관련 권리를 마음대로 처리할 수 있고, 바로 그 이권 때문에 농민의 도시 진출이 억제된다는 논리를 담고 있다. 긴 설명은 생략하겠지만, 우선 지금처럼 불분명한 농민의 토지 소유권 문제가 말끔히 정리되어야 하고, 땅 장사가 주 수입원인 지방정부의 재정문제를 풀 수 있는 묘수가 있어야 한다. 중국의 현실에 비추어 과연 가능한 일일까? 앞서 도시화율을 65%까지 끌어올리면 된다는 주장은 호구제를 허물지 않는 가운데 농촌 인력을 도시화시킨다는 것을 의미한다. 새로운 도시를 짓자면 당연히 철근과 콘크리트가 필요할 것이다. 투입식 경제성장의 핵심 내용인 위의 두 단어는 이미 익숙한 용어가 됐다. 그렇다면 앞서 지루할 정도로 그 폐해를 설명한 과잉투자를 계속 이어가자는 말인데, 그것이 불가능하다는 것은 이미 설명한 바와 같다. 설사 무리를 한다 하더라도 완성된 도시로 몰려드는 인력을 고용할 수 있는 방법은 있을까? 기업을 유치하면 된다고 할 것이다. 물론 맞는 말이지만 이는 입주기업의 수익이 보장되는 경우에만 가능한 일이다. 여하튼 지리적인 요소, 즉 위치 및 그것과 연계되어 있는 운송비용, 대상지의 인프라, 그곳의 인력과 임금수준 등 다양한 수익 조건이 충족되어야만 한다.

그럴 가능성은 낮지만, 만약 위의 모든 조건이 맞아떨어져 기업의 수익이 보장된다면 연안 혹은 기존의 대도시에 있는 기업은 가만히 있을까? 그곳으로 이주할 것이다. 그러면 반대로 이번에는 이미 개발된 지역에서 산업 공동화 현상이 나타나게 된다. 이에 대한 대책은 무엇일까? 사업을 중국에서 펼치는 데 둘째가라면 서러울 한국 사업가들의 모임인 상공회의소가 2011년 3월에 발표한 조사 보고서는 충격적인 내용을 전하고 있다. 중국에 진출해 있는 한국기업 220개사를 대상으로 '중국의 저임금 투자 매력이 언제 소멸될 것인가'라는 질문을 했더니, 다음의 결과가 나왔다고 한다: 이미 소멸 14.2%, 1-2년 내 29.2%, 3-5년 내 45.6%, 그리고 6-10년 내 11.0%. 무려 89%의 응답자가 5년 이내에 저임금의 매력이 사라진다고 대답했는데, 현지에서 사업을 하며 몸으로 느낀 바를 표현한 것이므로 믿지 못할 이유는 당연히 없다. 새로 만드는 신도시에 업체를 옮겨 사업을 계속할 수 있다면 위의 결과는 나오지 않았을 것이다.

중국의 실업률 통계 또한 상황이 녹록치 않음을 보여주고 있다. 2004년 이후 현재까지 중국의 실업률은 줄곧 4% 초반대를 유지하고 있다. 하지만 그것은 정부의 공식 발표가 그렇다는 말이고, 중국 사회과학원조차 국제노동기구(ILO) 기준으로 실업률을 재평가하는 경우 수치는 14%로 올라간다는 점을 인정하고 있다. 여기에 사실상 실업 상태인 농촌의 유휴인력, 그리고 도시공장의 구조조정으로 일자리를 잃고 지방으로 돌아간 하강 근로자 등 다른 국가에는 없는 변수를 고려하면 실업률이 20%를 넘는다는 연구 결과가 있기는 하지만, 추론일 뿐 정확한 수치는 알려진 적이 없다. 중요한 것은 1997년 이후 10%가 넘는 고도성장이 이어졌음에도 실업률은 점점 더 높아졌다는 사실이다. 고도 성장기 한국과 일본의 경우 실업률이 1-2%였다는 통계에 비추어 문제가 있는 것만은 분명하다.

2005년의 경우 1,2,3차 산업이 GDP에서 차지하는 비율은 각각 12.6%, 47.5%, 그리고 39.9%였다. 하지만 각 산업이 흡수한 인력은 총 취업자 대비 44.8%, 23.8%, 그리고 31.4%를 기록하고 있다. 비슷한 추세가 현재도 비슷하게 이어지고 있는데, 우선 투자를 그토록 많이 해 생산력이 비약적으로 향상된 제조업 중심의 2차 산업이 약진했다는 점이 눈에 띈다. 그러나 그것에 비례해서 노동력을 흡수하지는 못하고 있으므로 고성장을 해도 실업문제를 해결할 수는 없는 일이다. 통계가 보여주듯 서비스 산업이 발전하지 않으면 해결책을 찾는 것은 불가능해진다. 이 점은 앞서 소개한 바와 같이 중국 낙관론의 대부인 후안강 교수도 인정한 바 있다. 하지만 불균형 성장의 부작용을 그대로 안고 있는 일본과 한국이 유사한 상황을 극복하지 못하고 있는 것을 보면, 그것이 얼마나 어려운지를 짐작하는 데는 어려움이 없다. 제조업에서는 제도자본의 역할이 그리 크지 않지만 서비스 산업에서는 결정적인 변수가 된다는 천즈우 교수의 설명을 감안하면, 각종 사회제도가 엉망인 중국에서 서비스 산업의 진전을 기대하는 것은 아무래도 무리가 아닐까?

위의 통계는 고성장을 했을 때 그렇다는 것이므로 고성장이 꺾이는 경우 실업문제의 심각한 모습을 상상하는 것은 어려운 일이 아니다. 바로 이것이 중국정부가 모든 무리를 감수하고라도 고성장을 추진하는 이유임은 물론이다. 다음의 연구 결과를 보면 중국정부의 절박한 심정에는 이해가 가는 측면이 있다. 앞서 대학 졸업자의 실업률이 25%라는 사실을 소개했지만, 매해 신규 대졸자 660만 명을 포함 연간 1,000만 개의 일자리를 만들기 위해서는 8% 이상의 경제성장이 꼭 필요하다고 하니, 중국정부가 강박관념에 휩싸이는 것도 이치에 어긋나지는 않는다. 농촌 인구의 비중을 20%로 낮추려면 현재 9%를 넘는 성장 추세가 향후 20년은 지속되어야 한다는 계산 역시 같은 사정을 대변하고 있다. 상황이 이럴진대 중국정부가 고성장에 집착하지 않는다면 그것이 오히려 이상한 일이 아닐까?

고령화 문제 또한 피할 수 없는 중국의 고민으로 남아 있다. 선진국의 전유물인 고령화 문제를 중국과 같은 개발도상국이 짊어지고 있다면 놀랄 것이다. 1980년부터 시행된 1가구 1자녀 정책이 문제의 출발이었다. 아이는 적게 낳고 기존의 사람들은 더욱 오래 살다보니, 유아나 젊은 사람에 비해 노인 인구수가 많아지는 것은 당연한 이치다. 2011년 중국 국가통계국에 따르면 유아·청소년 인구비율은 1970년 39.7%에서 2010년에는 16.6%까지 낮아졌다. 반면 60세 이상 노인의 비율은 과거 5%에서 2010년에는 13.26%로 높아졌다고 한다. 2025년에는 노인인구가 3억 명을 돌파할 것이라 예측이 나온 것을 보면, 중국에 고령화 문제가 있다는 사실을 부인하기는 힘들어진다.

일반적으로 고령화 사회의 기준은 65세 이상의 인구 비율이 7%를 넘는 경우를 의미하고, 고령사회는 그 비율이 14% 이상인 사회를 뜻한다. 이런 기준을 중국에 대입해보면 중국은 이미 2001년에 고령화 사회가 됐고, 2026년에는 고령사회로 진입한다는 결론이 나온다. 일본과 한국은 일인당 국민소득이 대략 3만 달러와 2만 달러에서 고령화 사회가 됐지만, 중국의 경우는 5,000달러도 안 되는 수준에서 같은 문제가 불거졌다는 특징이 있다. 인구가 고령화되는 경우 생산인구의 감소와 사회보장 확대의 당연한 귀결인 부양인구의 증가로 경제가 저성장으로 빠지는 것은 상식에 속하는 문제다. 앞서 라잔 교수의 진심 어린 충고는 바로 이를 두고 한 말이었다: "일본은 지금 위와 같이 경제체제 자체가 달라지는 현상, 즉 불균형에서 균형체제로의 전환과 인구 고령화라는 두 문제와 싸우고 있다. 중국도 인구의 평균 연령이 상대적으로 젊을 때 경제체제가 바뀌어야 한다는 사실을 암시하는 대목이다."

## 알고는 있지만 돌파구를 못 찾는 딱한 상황

중국경제에 대해 많은 우려가 있는 것은 분명 사실이다. 중국경제를 분석한 전문가들은 공통적으로 정부주도의 투입중심 수출지향형 경제성장 모델을 소비·내수 중심 경제체제로 바꿔야 한다고 주문하고 있다. 2012년 2월 말에는 세계은행과 중국 국무원 산하 발전연구중심이 작성한 무려 448쪽에 달하는 방대한 연구 결과가 발표된 적이 있다. 중국이 앞으로 잘 나가려면 어떻게 해야 하나가 주제였다. 보고서에 실린 여섯 분야에 대한 개혁 내용은 다음과 같다: 시장중심(market-based) 경제의 기초를 강화하기 위한 개혁, (기술) 혁신(innovation)을 가속화시키기 위한 정책의 입안, 녹색성장(to go green)의 기회를 확보하는 전략의 수립, 모든 국민에게 사회보장제도(social security)의 확대 적용, 재정지출 증대에 부응할 수 있는 재정시스템(fiscal system)의 강화, 그리고 세계 다른 국가들과 상호 호혜적(mutually beneficial)인 관계 추구 등(『China 2030』).

위의 내용 중 중국의 악화될 대로 악화된 환경문제에 대한 대응책 성격을 띠고 있는 녹색성장과 국제관계에 대한 제언 이외에 이 글에서 다루지 않는 주제가 있을까? 우선 시장중심 경제가 필요한 이유는 이미 장황하게 설명한 바 있다. 중국정부의 지나친 개입, 그것의 결과인 과잉저축과 투자의 폐해에 대한 이해가 있으면 위의 지적이 무엇을 의미하는지를 아는 데는 문제가 없다. 기술 역시 이 글의 핵심 논제였다. 기술혁신 없이는 수확체감의 법칙에 지배를 받게 되고, 결국에는 지속적인 경제성장이 불가능하다는 경제의 엄연한 법칙은 이미 살펴본 바와 같다. 빚더미 위에 올라선 특히 지방정부의 부채 문제를 해결하지 않으면, 국유은행 또한 부실화될 수밖에 없다는 점도 이 글에서는 자세히 다루어지고 있다. 그러니 새로운 세원을 발굴하여 재정부실을 극복하라는 충고가 뒤를 잇는 것은 당연한 일이다. 사회보장제도의 미비는 강제저축의 핵심 수단이라는 것이 이 글의 판단이었다. 따라서 시장중심 경제를 만들려면 사회보장제도를 확립하여 중국인들이 은행에 반강제적으로 저축하는 일만은 피해야 한다. 시장경제란 결국 투입이 아닌 소비중심의 경제를 의미하므로, 사회보장제도의 강화를 통해 소비증대를 유도하는 것도 틀린 말은 아니다.

보고서는 위의 내용을 중국을 위한 진심의 충고라는 커버를 씌운 채 대단히 완곡한 어조로 기술하고 있다. 열심히 하면 중국이 위의 과제들을 성취 못 할 이유는 없고, 그렇게 되면 세계적인 강국으로 입지를 구축하는 데도 별 어려움이 없다는 식이다. 말은 그래도 과연 쉬운 일일까? 이 글이 구조적 분석에 치중한 이유는 질문에 대한 답을 구하기 위해서였다. 앞서 다양한 설명을 통해 알 수 있듯이, 일단 구조가 왜곡되면 그것을 바로잡기 전에 경제가 온전하게 돌아가기는 힘들어진다. 특히 금융분야의 왜곡 현상에 대한 분석에서는 그렇게 되는 이유가 확연히 드러난다. 외환 및 환율정책, 이자율과 예금정책, 그리고 대출정책 등은 서로 얽혀 사실상 하나의 바구니에 담겨져 있다. 다시 말해 하나를 건드리면 다른 것들도 같이 움직인다는 뜻이다. 상황이 이와 같을진대, 세계은행의 조언을 실천하는 것은 과연 가능한 일일까? 아무튼 시장중심의 경제란, 정부의 개입이 전혀 없는 것은 아니지만, 이자율 등 모든 것이 사실상 시장의 경쟁을 통해 결정되는 것을 의미한다. 한마디로 중국경제의 구조 자체를 뿌리째 바꾸기 전에는 그렇게 되는 것이 불가능하다는 사실을 알 수 있다. 아무튼 보고서를 통해 누가 중국경제를 들여다봐도 위와 같이 판단할 수밖에 없다는 점은 분명히 드러난 셈이므로, 보고서의 공헌을 찾는 데는 무리가 없다.

중국 지도부 역시 그런 문제를 오랜 전부터 인식하고 있었다. 초기의 개혁론자였던 자오쯔양 총서기의 언급에 문제의 해법이 각인되어 있다는 점은 의문의 여지가 없다. 월터와 하우이 역시 자신들의 저서에서 주룽지 총리 시절만 해도 시장중심 금융체제의 구축에 열심이었다는 사실을 소개하고 있다. 하지만 그 후 정책상의 진전은 없었는데, 상황은 그렇게 돌아갔어도 중국 지도부 또한 영민한 사람들로 채워져 있으므로 문제점을 간과할 수는 없는 일이었다. 아무튼 2006년 제16기 중앙위원회 제6차 전체회의는 중국정부의 문제의식이 공개적으로 처음 확인된 장소였다.

당시 채택된 보고서를 살펴보면, 인치에서 법치로의 전환, 경제 격차 확대의 시정, 취업과 사회보장제도 정비, 공공서비스 향상, 도덕과 학습 장려, 창조력 향상, 사회질서 유지, 환경보호, 높은 수준의 소강사회(小康社會: 중산층이 두터워 비교적 여유 있는 세상) 건설 등을 발견할 수 있다. 외형상으로는 위의 세계은행 보고서 혹은 이 글에서 지금까지 논의된 내용과 사뭇 달라 보이지만, 자세히 뜯어보면 반드시 그렇지는 않다. 법치의 확대는 중국사회의 특징인 꽌시를 넘겠다는 의지로 받아들일 수 있다. 서구의 기준으로는 고도 자본주의의 핵심 기제인 제도자본을 확충하겠다는 의미다. 경제 격차 확대의 시정은 도농 간의 임금 격차, 그리고 경제성장은 하지만 인민의 가처분 소득은 별로 늘어나지 않는 현상을 개선하겠다는 의지로 보인다. 물론 그렇게 해야만 소비중심 경제의 물고가 터지게 된다. 공공서비스의 향상에는 사회복지의 확대가 포함되어 있다. 창조력 향상은 기술부진을 타파하려는 의도인데, 지속적인 경제성장이 기술혁신에 기초하고 있다는 엄연한 법칙에 비추어 보면 당연한 지적일 수밖에 없다. 환경보호를 포함, 이 모든 것이 합쳐진 것이 소강사회의 건설이 아닐까?

위의 사실에 비추어, 이 글에서 다룬 다양한 논제와 세계은행 보고서가 담고 있는 의미를 중국 지도부가 이미 인식하고 있었다는 점은 분명해 보인다. 5년 후인 2011년 개최된 인민정치협상회의와 전국인민대표대회에서는 보다 구체적인 개혁방안이 제시됐다. 2011-2015년의 제12차 5개년 개발계획을 의미하는 12·5 규획이 그것인데, 핵심 내용은 양적 성장에서 질적 성장으로의 전환이었다. 여기서 질적 성장이라는 용어가 등장하는 것을 보면, 중국경제의 문제점이 무엇인지는 사실상 모두 짚은 셈이 된다. 한마디로 경제구조 자체를 바꾸어야 한다는 뜻이다. 투자중심에서 소비중심 경제로의 전환, 2차 산업으로부터 탈피, 3차 산업 중심의 선진경제 구축, 과거 조잡한 기술을 의미하는 조방형(粗放型) 경제를 뒤로하고 기술혁신 기반 경제로 진입하는 것 등이 제시되고 있다. 한마디로 이 글과 세계은행 보고서의 지적을 거의 모두 수용하고 있는 셈이다.

이상이 경제의 기본구도에 대한 중국 당국의 처방이라면, 그것을 뒷받침하는 구체적인 정책 역시 빠지지 않았다. 소득분배, 사회보장제도 개선, 의료보험 확대, 그리고 인플레이션 억제 등 일반인의 소득 향상은 물론 내수를 진작시킬 수 있는 구체적인 내용이 열거되어 있다. 연평균 GDP 증가율 목표치도 7%대로 낮추겠다는 구체적인 대안도 제시됐다. 최저임금제를 상향, 확대하겠다는 약속도 뒤를 잇는다. 하지만 현재까지 그런 목표를 실현시키기 위한 가시적인 조치가 취해졌다는 말은 들을 수가 없다. 앞서 누누이 강조했지만, 경제구조 자체를 변화시키는 것은 쉬운 일이 아니다. 다음과 같은 구체적인 분석은 그것이 얼마나 어려운지를 이해하는 데 도움을 준다.

중국의 리창안(李長安) 박사는 12·5 규획이 발표된 직후 한국 대외경제정책연구원에 기고한 글에서, "새로운 경제배경과 내외부 환경에서 수출에만 의존해 경제발전을 촉진하는 전략을 조정하지 않는다면 경제발전방식 전환의 실현은 공염불에 지나지 않는다"고 일침을 가하고 있다. 고물가의 원인인 저평가된 환율과 과다 유동성 문제에 대해 중국정부의 경우 말은 위와 같이 하지만 해법을 제시한 적은 결코 없다는 것이다. 기업이윤의 비효율적 배분 역시 분명한 현실인데, 2009년의 경우 정부 조세수입은 6조 3,000억 위안이었지만, 정부의 총 수입은 10조 위안을 상회했다. 조세 이외의 정부수입이 조세수입과 거의 맞먹은 이유는 무엇일까? 국유기업(혹은 사실상 국영기업)의 수익 혹은 내부 유보금을 정부가 거둬 쓴 것이 원인이었다. 따라서 그런 왜곡 현상에 대한 획기적인 개선책이 나와야 하지만, 과연 가능한 일일까?

위의 현실이 녹록치 않다는 점은 리 박사의 다음과 같은 구체적인 설명을 통해 알 수 있다: 최근 노동자 임금이 상승하는 것은 사실이지만,

중국의 경우 "기업의 이윤이 저하돼 있는 가운데, 노동자의 평균소득 또한 지나치게 낮아 '저임금' '고물가' 국면이 형성됐다." 여기에 "과다 외환 보유고 때문에 발생하는 인플레이션 압력이 더해지면서 상황이 더욱 악화된 것은 물론이다." 아무튼 이 모든 것의 귀결점은 "중국의 저임금, 저이윤으로 선진국들의 소비자들을 보조해주는 아이러니한 상황일 수밖에 없다." 참고로 2010년 1-3분기 수출부가세 환급(면제) 금액은 무려 5,928억 위안을 기록하고 있다. 결국 정부가 재정 부담을 감내하면서 외국 소비자들에게 보조금을 지급한 셈이다.

환급 세액이 클수록 국가 재정으로부터 보조금으로 빠져나가는 금액은 당연히 증가하게 된다. 그 결과 재정부담이 가중되면서 수출촉진 정책이 국내경제의 손실로 귀착되는 것은 피할 수 없는 수순이다. 수출주도형 정책을 근본적으로 수정하기 전에는 중국의 경제적 모순을 해소하기 어려워지지만, 그런 정책을 발견하기 힘들다는 지적이다. 구체적으로 수출규모의 과다를 정책 판단의 기준으로 간주하는 특히 지방정부의 인식이 변해야 하고, 수출 독려를 위해 시행 중인 수출환급세 제도 역시 폐지 혹은 개혁돼야 하며, 나아가 수출증대에 유리하게 조정되어 있는 환율제도에 대한 대대적인 수술도 있어야 하지만, 12·5 규획에서는 이런 것들을 찾아볼 수 없다는 것이 리 박사의 핵심 논지다(*CFS중국전문가포럼*).

이상은 수출주도형 정책과 말로만 외치는 중국 당국의 개혁 사이에 존재하는 괴리 현상에 초점을 맞춘 분석이었다. 하지만 중국경제가 투입 중심 수출주도형 전략에 기초하고 있다는 현실에 비추어보면, 리 박사의 분석은 중국경제의 거의 절반을 설명한 셈이 된다. 수출에만 초점을 맞춰도 문제가 위처럼 복잡한데, 하물며 자본시장 자유화, 지방정부 재정

문제의 개선, 부실채권 정리, 토지의 사유권 인정, 호구제의 폐지 등 또다른 굵직굵직한 사안에 대한 해법을 마련하는 것이 쉬울 수는 당연히 없는 일이다. 내수 중심의 경제발전을 하겠다는 포부를 해부해봐도 문제는 간단치 않다. 여기서 내수확대란 중국 사람들의 소득이 올라가고, 따라서 돈을 더 많이 쓰는 상황을 의미한다. 이를 위해 동원할 수 있는 정책에는 다음과 같은 것이 있을 것이다.

우선 정부가 국민 세금을 감면해주면 어떨까? 중국인들이 수중에 더 많은 돈을 갖게 되면서 소비 역시 늘어날 것이다. 하지만 반대로 정부지출은 줄어들어야 한다. 정부가 주도하는 대규모 국책사업이 위축된다는 의미를 담고 있으므로 투입중심 경제의 한축을 포기하는 셈이 된다. 가뜩이나 좋지 않은 지방정부의 재정 또한 더욱 나빠질 것이다. 가능한 선택일까? 지나치게 많은 예금을 소비로 돌리는 방안도 생각해볼 수 있다. 논리상 반강제 예금 조건을 풀어줘야 하는데, 우선 노후대책을 위한 제대로 된 사회보장제도의 구축은 출발점이 될 수 있다. 보험업을 활성화시켜 값싼 연금보험 상품을 제공하는 것도 하나의 방법이다. 여기서 사회보장을 확대하는 것은 위에서 말한 감세안과는 당연히 상충된다. 보험회사를 활성화시키는 것은 금융시장의 개방 및 자유화를 의미하는바, 그것이 경제 전체에 어떤 충격을 줄지는 앞서 살펴본 바와 같다.

그렇다면 발상을 역으로 하여 예금은 줄이지 않는 대신 이자율을 올려주면 어떨까? 예금자들의 이자소득이 높아질 것이므로 소비는 늘어날 것이다. 하지만 기업에 대한 대출 이자율 역시 올라갈 수밖에 없으므로, 가뜩이나 수익률이 나쁜 국유기업이 더욱 부실화되는 상황은 피할 수 없게 된다. 당연한 결과로 부실채권 문제 또한 악화될 수밖에 없다. 결국 투입경제의 한 축을 담당하는 국유기업 전체가 위축될 것인바, 그것을 감수하지 않고는 상상하기 힘든 정책이다. 미국처럼 소비자 금융을 발전시키는 것도 대안이 될 수 있다. 금융기관의 돈을 부동산 모기지, 혹은 다른 형태로 쉽게 빌릴 수 있게 하면 소비는 자연히 늘어날 수 있다. 하지만 이것 역시 금융권의 자금이 소비자에게 많이 가는 것을 의미하므로, 기업에 대출이 집중되어 있는 지금의 관행이 바뀌지 않고는 현실화되기 어렵다. 국유기업 중심 투입경제를 일부 포기해야 가능진다는 말이다.

중국정부도 공언했다시피, 노동자들의 임금을 올리는 것도 국내소비 촉진의 한 방법이 된다. 그러나 가뜩이나 좋지 않은 기업 수익률은 더욱 악화될 것이고, 특히 투입경제의 한 축을 이루고 있는 외자기업이 외국으로 탈출할 가능성이 높아진다. 환율을 평가절상하여 수입물가를 내림으로써 소비를 유도, 소비심리를 자극할 수도 있다. 앞서 리 박사가 제안한 방법이기도 한데, 문제는 중국이 목을 매고 있는 수출이 감소해야 이것이 가능해진다는 사실이다. 기업 이윤을 국민에게 환원하는 방법도 생각해볼 수 있다. 그렇게 되려면 우선 주식시장이 발달해야 하고, 주식거래는 깨끗하고 투명하게 이루어져야 하며, 국유기업을 포함한 거의 모든 중국기업이 상장된 후 경영성과가 공개되면서 그 결과에 따라 이윤이 주주들에게 이전되어야 한다. 한마디로 자본시장이 자유화되고 개방돼야 가능한 일이다. 중국의 폐쇄성에 비추어 과연 중국 지도부는 그런 용단을 내릴 수 있을까? 또 결심이 섰다고 해도 가장 발전된 제도자본을 의미하는 주식시장이 활성화되는 것은 가능할까? 국유기업의 경영성과가 공개되면 그동안 내부의 치부를 적당히 숨기던 관행이 사라지면서 기업 경영상의 어려움이 배가 될 텐데, 그런 문제는 어떻게 극복할까? 말은 쉬워도 내수중심으로의 전환은 위와 같이 난제 중에 난제일 수밖에 없다.

여기서 라잔 교수의 다음과 같은 스케일이 큰 분석을 보면, 고속성장의 대가인 경제왜곡 현상을 치유하지 않고는 경제가 제대로 돌아갈 수 없다는 법칙이 힘을 받는 데는 문제가 없다: "20세기 중반 이후의 역사는 경제가 저소득에서 중간 수준의 소득으로 옮겨갈 때 겪는 어려움인 이른바 중진국 함정(middle income trap)을 성공적으로 넘은 국가가 극소수에 불과하다는 사실을 보여주고 있다. 대부분의 국가는 지금도 어려움을 겪고 있는데, 라틴 아메리카 국가들이 대표적이다. 여기서 중국의 규모와 줄줄이 넘어야 할 다단계 구조조정이라는 난제 등을 고려하면 중국이 이를 성공적으로 넘을 수 있다고 단정하는 것은 무리일 수밖에 없다." 다음의 역사적 사실 역시 가치판단의 중요한 기준이 될 것이다: "오늘날의 부유한 국가들은 빨리 성장한 것이 아니라 천천히 오랫동안 성장했기 때문에 부자가 됐다는 사실을 인지하는 사람은 극히 드물다. 예컨대 1820-1870년 당시 가장 빠르게 성장하고 있던 신흥경제, 호주와 미국의 경우 연평균 성장률은 각각 1.8%와 1.3%에 불과했다." 하지만 제2차 세계대전 이후 특정 기간 신흥경제의 연평균 성장률은 10% 내외였고, 이미 강국이었던 "일본의 경우도 1950-1973년의 성장률은 무려 8%였다." 따라서 "후발 주자들이 성장속도라는 관점에서 선발 주자들과 다른 길을 걸은 것만은 분명하다." 그 결과가 앞서 살펴본 불균형 성장임은 말할 필요가 없다. 결론적으로 특히 동아시아 경제의 경험은 "수출지향형 경제에서 균형경제로 옮겨가는 것이 자연스럽고, 고통이 없이 이루어지지는 않는다는 사실을 보여주고 있다(*Fault Lines*)."

문제가 평면적인 것이라면 외형상 드러난 문제점을 제거하면 그만이다. 하지만 구조적인 것이라면 얘기는 전혀 달라진다. 복잡하게 얽힌 미로와 같은 왜곡된 구조 자체를 바로잡아야 하므로 개선책이 간단하다고 기대하는 것은 당연히 현실이 아니다. 다시 말해 '구조'라는 말에는 해결책이 어렵다는 의미가 이미 포함되어 있는 셈이다. 한국과 일본의 왜곡된 경제구조가 지금도 두 나라를 어떤 방식으로 짓누르고 있는지는 앞서 살펴본 바와 같다. 이해를 돕기 위해 모두에서는 구조적인 문제가 무엇인지를 저수지의 수로에 빗대어 설명한 적이 있다. 여기서 문제가 평면적이라는 것은 큰 돌이 곧게 나 있는 저수지의 수로를 막고 있는 상황이라고 보면 된다. 이 경우 큰 돌을 치우는 것으로 문제는 해결될 수 있으므로 수로를 변형시키거나 다시 팔 필요는 없다. 하지만 구조의 왜곡은 수로 자체가 휘어져 있다는 뜻이므로, 휘어진 수로는 직선으로 바로잡혀야만 한다. 어느 것이 더 어려운 작업일까?

여기서부터 논쟁은 경제 논리를 벗어나게 된다. 수로를 바로잡는 것과 유사한 시장중심 경제로의 전환을 꾀한다고 할 때, 자본시장의 개방과 자유화는 그런 목적을 위한 가장 핵심적인 정책 수단이 될 수 있다. 하지만 이를 시행하는 경우 어떤 일이 발생하는지는 앞서 자세히 살펴본 바와 같다. 한마디로 지금의 고속성장을 포기하고 대신 안정화 정책을 추진해야 하는데, 경제성장률은 당연히 낮아질 것이므로 실업률 상승 또한 피할 수 없게 된다. 이 경우 폭동이 안 난다고 누가 보장할 수 있을까? 중국 집권층이 목을 걸기 전에는 쉽게 선택할 수 있는 대안이 아닌 셈이다. 호구제 혹은 국유기업 개혁과 같은 혁신적인 조치 역시 기존의 기득권을 침해할 수밖에 없다. 경제적인 변화를 꾀하는 행위가 정치화되는 이유를 알 수 있는 대목인데, 중국 정치체제는 과연 그런 무거운 과제를 다룰 능력이 있을까? 지금부터 질문에 대한 답변을 구해보기로 한다.

# 제5장

# 중국정치의 왜곡은
# 더 큰 문제다

## 권력과 시장은 서로 다른 방향을
## 쳐다보고 있는 동전의 양면이다

권력과 자본주의는 어떤 관계일까? 근대 정치학은 이 질문에 대한 대답을 제시하고 있다. 모든 사화과학 논리가 그렇듯, 과거의 사례는 현재를 이해하는 거울이다. 얘기는 중세 자유도시로 거슬러 올라가는데, 바로 여기서부터 돈이 기존의 정치체제에 투사되면서 과거에는 없던 새로운 사회변혁이 현실화된다. 종교와 속세 권력이 사실상 혼합된 정치체제, 즉 정교일치의 희귀한 정치현상은 중세 유럽을 압도하고 있었다. 하지만 여러 가지 이유로 종교의 힘이 조금씩 약해지자 속세에 사는 사람들의 숨 쉴 공간은 반대로 점차 넓어졌다. 새로운 흐름은 특히 도시를 중심으로 상업이 발전하는 모습을 띠며 가시화됐다.

당시 유럽은 아시아와 같이 황제 혹은 왕 등의 절대권력이 방대한 영토를 통치하는 경우가 드물었다. 크기가 고만고만한 영주들이 서로 경쟁하며 자신의 영향권 내에 있는 사람들을 관할했다. 다시 말해 속세 권력이 아시아처럼 강하지는 않았다는 말이다. 그런 상황에서 도시가 점차 형성되고, 그곳에서 상인들이 장사로 돈을 모으게 되자, 상업의 가장 기본 전제인 자유는 더욱 절실해졌다. 그렇게 모은 재산을 보호하는 것 역시 중요한 과제로 떠올랐다. 권력이 있어야 가능한 일이었는데, 어떤 권한은 영주로부터 돈을 주고 샀고, 또 다른 것은 영주에 압력을 가해 쟁취하는 경우도 있었다. 이들 도시가 더욱 확장, 규모가 커지자 '자유도시'라는 새로운 이름이 붙여졌다. 자유도시란 문자 그대로 속세 권력의 통제를 벗어나 경제활동의 자유가 어느 정도 보장된 지역이란 뜻이다.

중세 시절 주인이 영주라는 것이 다르긴 하지만, 마치 마오쩌둥의 인민공사와 비슷하게 장원이라는 농경 단위를 중심으로 일반인들을 사실상 노예처럼 묶어 놓은 농노제도가 있었던 것은 모두가 아는 사실이다. 여기서 중요한 것은 똑똑한 농노의 경우 자유도시로 도망갈 수 있었고, 대략 1년 정도 지나면 자유인이 됐다는 사실이다. 철옹성 같았던 농노제도가 무너지는 단초가 제공된 셈이었는데, 아무튼 자유도시들은 상당한 수준의 자치권을 확보하고 있었다. 외형적으로는 주변에 성을 쌓아 자신들의 권력과 부를 보호했으므로, 성 안 도시에 사는 사람이라는 의미를 지닌 부르주아지(bourgeoisie), 즉 시민계급이라는 말이 이들을 지칭하는 용어로 사용됐다. 흥미롭게도 자유도시가 발전하면서 그것에 발맞춰 아시아와 비슷한 형태의 절대권력, 즉 왕을 중심으로 방대한 영토를 다스리는 속세 권력 역시 팽창했다. 교권(敎權)이 약화된 것이 일차적인 원인이었지만, 이번에는 영주라는 작은 권력을 넘어 더욱 막강한 제왕의 권력과 자유도시에서 성장한 시민계급이 대립하게 됐는데, 바로 이것이 근대 민주자본주의의 성립 배경이다.

논의를 위의 설명에 한정하는 경우에도 돈과 권력의 관계는 비교적 분명해진다. 자유도시민들이 영주로부터 자유를 사거나 획득했다는 것은 결국 영주의 권력이 시민계급에게 일정 부분 이양 혹은 전이됐다는 것을 의미한다. 경제적인 관점에서 보면 도시민의 자유는 상업상의 자유로운 행위와 동격이었다. 상업상의 자유를 통해 부의 축적이 가능하므로 자유의 전제 조건인 권력 분산 혹은 이양은 곧 돈의 자유, 즉 돈을 벌 수 있는 자유 및 번 돈을 지닐 수 있는 권리와 의미가 같아진다. 시장의 발전과 그것을 위해, 혹은 그것 때문에 발생하는 속세권력의 분산과 이양은 자본주의의 또 다른 축인 재산권의 보호와 맥을 같이 한다는 뜻이다. 자유도시의 출현과 더불어 형성되기 시작한 이른바 인본주의가 더해지면서 모든 사고는 인간 중심이어야 한다는 생각이 뿌리를 내린 점도 중요한 변화였다. 새로운 사고가 후일 민주자본주의를 합리화시키는 근대 정치철학의 모태가 된다는 점은 누구나 아는 바다.

근대정치는 이미 싹을 틔우고 있던 위의 자유화 현상이 영주가 아닌 왕이라는 더 큰 권력과 충돌하며 제 모습을 갖추게 된다. 영국 역사는 이 과정을 잘 보여주고 있는데, 다음의 세 가지 정치혁명은 변화의 결정적인 동인이었다. 자고로 절대 권력을 지닌 왕의 횡포는 어제오늘의 일이 아니다. 영국의 경우는 특히 세금을 마음대로 거둬들이는 왕의 행동이 문제였다. 1215년 왕권 제한을 목적으로 제정된 대헌장, 즉 마그나 카르타(Magna Carta)는 그런 왕의 행동에 처음으로 족쇄를 채운 역사적인 사건이었다. 후일 자본주의 발전에 획기적인 공헌을 하게 되는 다음의 구절은 지금도 생생히 전해지고 있다: "일반 평의회의 승인 없이 군역대납금(軍役代納金) 및 공과금을 부과하지 못하고, 또한 자유인은 같은 신분을 가진 사람에 의한 재판이나 국법에 의하지 않으면 체포, 감금되지 않는다." 전자는 후일 의회의 승인 없이 과세할 수 없다는 논리의 근거가 됐고, 후자는 사법권의 독립으로 이어졌다.

당시만 해도 시민계급이 성장한 것은 아니었으므로 왕을 압박한 주체는 런던 시민을 등에 업은 귀족들이었다. 따라서 시민혁명의 성격을 띠고 있지는 않았지만, 왕의 권한이 재산권과 연계되어 억제됐다는 점은 대단히 중요한 진전이었다. 13세기에 이미 경제력이 전통적인 권력을 누른 셈이 되므로, 영국이 근대 민주자본주의를 처음 개척했다고 보는 데는 이론이 없다. 그러나 왕권은 여전히 막강해서 대헌장의 기본 정신이 지켜지는 것은 쉬운 일이 아니었다. 다시 한 번 왕에게 매를 들게 되는데, 이번에는 그 주체가 시민계급이었다. 청교도 혁명 및 명예혁명과 관련하여 등장한 1628년 권리청원과 1689년의 권리장전을 보면 경제력이 왕권을 어떻게 눌렀는지를 알 수 있다. 권리청원에서는 "의회의 동의 없이 왕권에 의하여 만들어진 법률 및 그것의 집행과 이에 기초한 과세가 위법"이라는 규정은 물론, "의회에서의 언론자유 보장과 지나친 벌금 및 형벌 금지" 조문 등이 명문화됐다. 후자 역시 비슷한 맥락에서 시민의 권리를 보장하게 되는데, "의원선거의 자유 보장"을 추가시켰지만 나머지 내용은 전자와 흡사했다. 역사는 전자를 주권이 국왕으로부터 의회로 옮겨지는 계기로, 후자는 의회정치의 기초를 확립시키고 절대군주제를 종식시킨 사건으로 각각 평가하고 있다. 이상의 세 가지 정치적 사건에서 반복됐던 것은 조세로부터 재산권의 보호와 시민의 자유, 그리고 사법권의 독립이었다. 여하간 자본주의의 필요조건이 끊임 없이 왕에게 강요된 점은 분명했다.

앞서 제도자본에 대해 살펴본 바 있다. 제도자본은 결국 위의 혁명을 의미하는 것이 아닐까? 모든 사회행위는 법에 따라야 하고, 법은 시민의 대표인 의회가 제정해야 하며, 그것이 제대로 집행되고 있는지 여부는 왕의 권력과 분리되어 있는 사법부가 판단해야 한다는 것이 혁명의 결과였기 때문이다. 앞서 소개한 바와 같이 2006년 중국의 제6차 전체회의에서 채택된 보고서에 "인치에서 법치로" 가야 한다는 내용이 있는 것을 보면, 중국의 정치제도가 유럽에 비해 얼마나 뒤떨어져 있는지는 미루어 짐작할 수 있다. 프랑스에서는 반대로, 자본주의와 민주주의의 메커니즘이 이미 밝혀졌음에도 왕권이 그 엄중한 사실을 끝내 거부하는 사태가 벌어졌다. 1789년 경제력을 축적한 시민계급이 민중을 등에 업고 왕정을 완전히 뒤엎는 역사상 최대의 혁명은 이렇게 해서 일어났다. 왕과 귀족 상당수가 지금은 콩코드 광장이라고 불리는 곳에서 참수당한 것은 유명한 일화로 지금도 전해지고 있다. 식민지로부터의 독립이라는 독특한 행태를 띠며 시민혁명이 발발한 것은 미국이었다. 유럽의 교훈과 건국 아버지들의 영민함에 기초, 미국은 애초부터 권력을 견제하는 시스템을 갖출 수 있었다. 철저한 삼권분립 정치체제는 당시의 사고를 보여주고 있는데, 미국은 자본주의의 장애 요인인 경제에 대한 자의적인 권력 행사가 처음부터 배제된 가운데 출발한 유일한 국가였다. 오늘날 미국이 자본주의 최강국이 된 데는 그만한 이유가 있는 셈이다.

이상의 사례를 논리적으로 정리한 것이 바로 근대정치학인바, 내용은 다음과 같이 요약할 수 있다. 우선 자본주의의 핵심 기제인 자유시장과 소유권이 권력과 반대 방향으로 움직인다는 사실은 분명했다. 자유라는 개념은 속박으로부터의 탈출을 의미했고, 여기서 속박을 가능하게 하는 것은 권력이므로 그렇다는 말이다. 소유권을 마음대로 유린할 수 있는 실체 역시 영향력, 특히 중앙집중식 권력밖에 없으므로 소유권도 권력의 반대 방향이라는 인식이 자리를 잡게 된다. 여기서 맥락을 뒤집어 보면 어떻게 될까? 소유권과 시장을 지키기 위해서는 왕의 권력이 분산되어야 했고, 그렇게 뺏어낸 권력 또한 자의적으로 행사되면 안 되므로, 입법, 행정, 그리고 사법으로 다시 분리 운영되어야 한다는 자각이 싹트기 시작했다. 여기서 권력 쪼개기는 자유와 재산이 너무도 소중하므로 그것을 규제할 수 있는 권력끼리 상호 견제하라는 의미였다. 아무튼 근대 민주주의를 자본주의의 부산물로 보는 이유는 이로써 확연해진다. 같은 맥락에서 '권력과 시장은 서로 다른 방향을 쳐다보고 있는 동전의 양면이다'라는 이 절의 제목 역시 납득이 가는 일이다.

　모두에서 인간이 잘사는 방법 중 하나로 채권의 예를 든 적이 있다: "영국의 채권시장이 발전한 결정적인 계기는 권리장전의 원인이었던 1688년의 명예혁명과 곧이어 터진 9년 전쟁이었다. 여기서 경제와 관련 중요한 것은 정부의 재정 지출 대부분이 의회의 통제하에 놓였다는 사실이다. 이 말은 곧 왕이 돈을 사용하는 경우 의회의 승인을 얻어야 한다는 의미였다. 다시 말해 조세권을 마음대로 남용할 수 없었고, 돈도 마음대로 찍을 수 없었으니, 국가의 재정이 건전하게 운영되는 것은 필연일 수밖에 없었다." 이상이 채권 발전과 영국 민주주의의 관계를 설명한 내용이다. 위와 같이 돈을 자의적으로 만들어낼 수 없었던 영국정부는 일단 국민들로부터 빚을 얻어야 했다. 여기서 신용은 빚을 지속적으로 얻고 돌릴 수 있는 필요조건이었다. 그렇다면 신용은 어떻게 형성되는 것일까? 우선 빚은 반드시 갚는다는 확신을 정부가 심어줄 필요가 있었다. 그러기 위해서는 감내할 수준의 빚만을 져야 하고, 정부의 재정운영 역시 투명해야 했는데, 바로 이 부분을 시민의 대표인 의회가 감시하고 있으므로 염려할 필요가 없다는 것이 당시 영국의 정치경제였다.

프랑스와 비교해보면 신용과 권력구조가 어떤 관계에 있는지가 더욱 뚜렷해진다. 14-17세기 프랑스 왕실은 유럽에서 가장 부유했다. 농토가 넓고, 기후 또한 좋았으므로 일찍이 절대왕권이 자리 잡을 수 있었고, 그 결과 농경사회의 특성상 많은 세금을 거둘 수 있는 것은 당연했다. 이런 상황이 수백 년 동안 지속됐으니 왕실이 부유한 것은 이상한 일이 아니었다. 문제는 상황이 그러다 보니 왕권은 경제적 아쉬움 없이 계속 강해질 수 있었고, 따라서 왕권을 효율적으로 견제할 수 있는 장치가 나오지 않았다는 사실이다. 결과는 재정의 남발과 재정운영의 투명성 결여로 나타났는바, 국채에 대한 정부의 신용을 유지하기에는 역부족이었다. 비극적인 대혁명 이후 혼란은 더욱 심해졌고, 그 와중에 기존의 국가채무를 갚지 않겠다고 우기는 것은 물론, 통화조차 남발한 혁명정부의 행동은 당연히 금융시장에 직격탄을 날리게 된다. 정부의 신용이 급락한 결과 1700년대 말 프랑스 국채 이자율은 70%까지 치솟고 말았다. 그 후 신용회복에 노력을 기울였음에도 당시 영국국채 이자율 3%와는 비교도 안 되는 10% 이상의 고이자율을 감수해야만 했다.

대규모 전쟁을 벌이던 나폴레옹 시절에도 프랑스 정부는 채권에 의존하기보다는 조세를 올리는 방식을 통해 비어가는 국가재정을 메울 수밖에 없었다. 아무튼 영국과는 달리 프랑스의 재정운영은 오랫동안 의회의 감시 밖에 있었는데, 바로 이 점이 위에서 기술한 모든 사태의 핵심 원인이었다. 신용과 권력, 나아가 자본주의와 민주주의가 어떤 관계인지는 이로써 분명해졌을 것이다. 권력에 대한 효과적인 견제 없이 신용은 창출될 수 없고, 집권자가 경제권력을 자의적으로 행사하게 되면, 경제발전을 위한 금융의 역할을 기대하는 것 또한 불가능해진다는, 그런 역사적 교훈이 지금도 생생하게 전해지기에 지금은 잊혀져가는 과거사를 자세히

살펴본 것이다. 위의 엄연한 정치경제법칙을 중국에 비추어보면 어떤 그
림을 그려질까?


## 중국 정치구조의 특징은 무엇일까?

경제적 관점에서 보면 중국의 공산혁명은 사실상 실패했다. 마오쩌둥
시절 소련식 공산화를 위해 모든 경제단위를 집단으로 묶는 작업이 대
담하게 시행됐고, 그 결과 인류역사상 최대의 기근이 중국을 덮치면서
수많은 사람이 죽어간 현실은 실패의 단면을 보여주고 있다. 실패의 책
임을 지고 마오쩌둥이 권좌에서 일보 후퇴하는 대신, 이른바 주자파들
이 경제운영을 담당한 사실은 이미 살펴본 바와 같다. 그 후 경제가 다
시 회복된 것은 분명했으므로 여기까지는 그래도 봐줄 만한 과정이었다.
하지만 권력을 다시 쟁취하려는 마오쩌둥의 집요한 노력은 엉뚱한 형태
로 불거져 나왔다. 중국을 오랫동안 혼란으로 몰아넣은 문화대혁명이 바
로 그것인데, 용어 자체가 암시하듯, 1965년 시작된 후 마오쩌둥이 죽은
다음에야 끝난 혁명은 외형상 사상투쟁의 모습을 띠고 있었다. 혁명 기
간 동안 경제문제는 당연히 뒷전으로 밀렸고, 당연한 결과로 중국경제는
나락으로 떨어지게 된다. "마오쩌둥 사후 그가 직접 지명한 후계자 화귀
펑 당 주석은 '붕괴에 다다른 국민경제 기록'을 사실대로 선포하지 않을
수 없었고, 계속 이 상태로 나아간다면 나라가 곧 망할 지경이었으니, 이
것이 바로 중국이 반드시 개혁을 해야만 하는 배경이었다"라는 자오쯔
양의 평가는 결코 과장이 아니었다.
이상의 중국역사를 앞서 살펴본 초기 영국의 민주화와 비교해보면 어

떤 그림이 그려질까? 마오쩌둥과 같은 권력의 화신 때문에 어떤 방식으로든 권력이 집중되면 경제는 그만큼 피폐해진다는 사실을 먼저 지적할 수 있다. 먹고 살려면 논리상 당연히 반대 노선을 취할 수밖에 없으므로, 덩샤오핑에 의해 단행된 중국의 개혁개방이 권력의 관점에서 마오의 노선과 비교해 반대인 것은 당연한 일이었다. 같은 맥락에서 새로운 노선의 정치경제적 의미가 민간에 대한 권력 이양임은 말할 필요가 없다. 농민이 자율적으로 농사를 짓고 수확의 일정 부분만을 정부에 납부한 다음 남는 것은 마음대로 처분할 수 있는 농가청부생산책임제의 도입, 기업의 자율권 확대와 기업이윤의 유보 등의 조치는 결국 권력을 경제주체에게 일정 부분 양도한 모양새를 띠고 있었다. 따라서 덩샤오핑 이후 중국 정치경제체제가 사회주의 시장경제라고 불리든 혹은 또 다른 용어로 묘사되든, 중국이 오래전 영국이 경험한 정치개혁의 일부를 받아들인 것만은 분명했다.

앞서 소개한 베이징 컨센서스가 부인되는 이유가 바로 이에 있는데, 천즈우 교수는 같은 문제에 대해 다음과 같이 명확한 입장을 밝힌 적이 있다: "지난 30년간 중국이 보여준 경제적 성공은 베이징 컨센서스가 주장하는 것들을 정확히 반대로 했기 때문에 이뤄진 겁니다. 다시 말해 중국경제의 역동성은 금융·무역 분야의 개방, 제조·서비스 분야의 민영화에서 나온 겁니다. (중국경제가 계속 발전하기 위한 조건으로는) 첫째, 정치권력에 대한 견제와 균형이 필요합니다. 많은 사람이 정치권력이 경제와 무관하다고 하지만, 그렇지 않습니다. 둘째, 민간부문의 사유재산을 정부기관으로부터 확실히 보호해야 합니다. 셋째, 정부가 보유한 국영기업과 국영기업의 보유자산을 민영화해야 합니다(「조선일보」)."

자유화를 의미하는 중국의 경제노선에 맞는 새로운 정치질서가 필요해졌다. 순수 정치적 의미의 권력, 즉 경찰력, 군사력 등을 확실히 장악한 가운데, 경제와 관련된 방대한 권력을 점진적으로 민간에 이양하겠다는 것은 덩샤오핑의 소신이었다. 때문에 제도자본의 필요성이 상대적으로 덜했던 초기의 저개발 경제를 운영하는 데는 별 문제가 없었다. 쟁점은 결국 덩샤오핑 사후 권력을 어떻게 다루냐의 문제로 좁혀졌는데, 논리상 당연한 귀결이지만, 덩의 생각은 집단지도체제였다. 과거의 피비린내 나는 권력투쟁만은 반복되지 않아야 한다는 것이 그의 사고였으므로, 집단지도체제는 한정된 다수의 합의에 의해 주요 정책이 결정되고, 권력승계 역시 정치보복이 없는 가운데 임기제로 이루어지는 모양새를 띠게 된다. 지금 현재 중국의 권력구도는 이렇게 해서 완성된 것이다.

여기서 위와 같이 된 이유를 조금 더 살펴보면 권력에 대한 중국의 고민을 엿볼 수 있다. 마오쩌둥 시절의 혼란 뒤에는 공산주의를 확산시키려는 이념적인 고집과 그것을 통해 절대 권력을 강화하려는 정치인 특유의 권력욕이 자리 잡고 있었다. 물론 공산주의는 그 자체로 경제용어다. 마오의 경우 처음에는 공산주의라는 경제수단을 활용, 권력과 경제발전 모두를 취할 수 있다고 판단했던 것 같다. 하지만 그것이 실패로 돌아가자 이번에는 정치 색채가 강한 이데올로기를 동원, 권력을 다시 한 번 강화하는 방안을 모색하게 된다. 문제는 정치투쟁의 와중에 대규모 숙청이 단행됐고, 많은 인사가 죽거나 고통을 당했다는 사실이다. 바로 그런 끔찍한 과정에 있었기에 정치 전문가들 사이에서는 중국의 현대화 과정이 공포 정치로 인식되고 있다.

국무성 차관보를 지낸 미국의 대표적인 중국전문 외교관 셔크(Susan Shirk)는 공포와 중국 정치구도의 관계를 다음과 같이 밝히고 있다: "마오쩌둥과 덩샤오핑과 같은 거물의 유령에 사로잡혀 있는 중국의 현 지도층은 경제체제의 변화 때문에 흔들리고 있는 중국사회의 최정상에 계속 남기 위해 필사적으로 투쟁하면서, 자신들 스스로는 왜소하다고 느끼고 있다. 다시 말해 중국 지도자들의 경우 국내적으로 깊은 불안감에 휩싸여 있다는 말이다. 이것이 중국을 허약하다고 보는 이유인데, 여기서 '허약'은 국내적인 허약함(internal fragility)을 의미한다. 지도층 내의 라이벌들은 언제고 상대방을 내칠 수 있고, 대규모 군중 시위 또한 지금의 체제를 뒤엎을 수 있다는 사실에 비추어보면 위의 설명이 무리한 추론일 수는 없다. 중국 지도자들이 공산당 중심의 현 체제 유지에 그토록 집착하는 이유는 역설적으로 바로 그에 있다. 따라서 중국을 다른 나라와 구분 짓는 가장 중요한 기준은 다음 선거가 어떻게 될 것인가가 아니라 현 체제의 생존 여부가 된다(China: Frgile Superpower)."

그렇다면 공포를 떨쳐버리기 위해, 혹은 새로운 경제질서에 맞추기 위해 만들어진 덩샤오핑 이후의 정치체제는 어떤 모습이기에 아직도 공포가 정치를 지배하는 것일까? 덩샤오핑은 공포정치의 탈피를 위해 마오쩌둥의 절대권력 집중제와는 달리 견제와 균형의 원리를 일부 도입했다. 개혁개방 이후 세 개의 파벌이 가시적으로 육성됐는데, 첫 번째는 공청단파(共靑團派)였다. 1922년 중국사회주의청년단으로 출발, 1957년 중국공산주의청년단(共産主義靑年團)으로 명칭이 바뀐 조직은 공천단파의 뿌리가 됐다. 14-28세의 청년으로 이루어진 단원 수는 현재 7천 900만 명을 헤아린다고 한다. 한마디로 중국 공산혁명의 전위대 역할을 하는 셈이므로, 그 힘은 당연히 강할 수밖에 없고, 현재 최대 파벌을 형성하고 있다. 현 주석인 후진타오가 파벌을 대표하는 인물이라는 점은 잘 알려진 사실이다. 다음은 공산혁명을 주도한 아버지들의 자손이 주축을 이루고 있는 일명 태자당(太子黨)이라는 파벌이 있다. 선조 덕택에 젊은

나이에 출세한 사람이 많고 그 규모 또한 공청단에 이어 두 번째로 크다고 한다. 공청단이 기수별로 분류될 수 있는 독특한 구조 때문에 자연스레 위계질서가 있는 반면, 태자당에는 속성상 그런 질서가 존재하지 않는다. 아무튼 차기 주석이 확실시되는 시진핑은 이 파벌 소속이다. 상하이방(上海帮)이 마지막 파벌인데, 천안문 사태로 자오쯔양 총서기가 숙청되면서 뒤를 이어 실권을 잡은 장쩌민 주석의 후광으로 급성장한 정파를 의미한다. 중국의 파벌 중 유일하게 지역색을 띠고 있는 점은 파벌의 가장 큰 특징이다. 여하튼 장쩌민 시대에 확실히 뿌리를 내리면서 중국의 3대 파벌로 부상할 수 있었다. 일단 중앙정계의 파벌이 셋이 있는 것은 분명하므로 외형상으로는 견제와 균형의 원리를 따른다고 볼 수 있다.

균형의 원리는 권력조직에도 투영됐다. 중국 최고의 의사결정 조직을 보면 내용이 분명해진다. 법률상 주요 정책은 정치국 위원을 포함 총 200명으로 구성되어 있는 공산당 중앙위원회의에서 결정된다. 바로 그 위에 정치국 상무위원을 포함 25명이 멤버인 정치국위원회가 존재하고, 더 올라가 사다리의 꼭대기에는 9명으로 구성된 최고 의사결정기관인 정치국 상무위원회가 우뚝 솟아 있다. 외형적으로는 상무위원회의 결정이 정치국에서 걸러지고 또 다시 중앙위원회를 거치며 최종 확정되는 것처럼 보이지만, 위에서 결정된 사안이 밑에서 번복되는 경우는 없는 것으로 알려지고 있다. 그렇다면 3단계 권력구조가 형성된 이유는 무엇일까? 최고 권력기관인 정치국 상무위원 자리는 아무나 올라가는 것이 아니라는 의미일 것이다. 중앙위원으로부터 능력을 인정받아 정치국위원이 되고, 다음 다시 경쟁을 통해 상무위원이 될 수 있다는 뜻으로 해석할 수 있다. 나름 공산당 내에서 능력경쟁을 유도하고 있는 셈인데, 여기서도 견제와 균형의 원칙이 어느 정도 적용되고 있는 것은 분명하다. 위의 설명을 통해 정치국 상무위원회가 사실상 모든 것을 결정한다는 사실이 확연해지므로 이 조직이 어떻게 구성되어 있고, 또한 어떤 방식으로 운영되는지를 알면 권력구도의 핵심 내용을 이해하는 데는 무리가 없을 것이다.

현재 정치국 상무위원은 9명이다. 견제와 균형의 원리가 적용된 결과일 테지만, 흥미롭게도 위에서 소개한 3개 파벌이 각각 3명씩을 차지하고 있다. 외형상 3대 요직인 주석(후진타오), 총리(원자바오, 溫家寶), 그리고 전인대상무위원장(우방궈, 鳴邦國) 등이 상무위원회 소속임은 물론이다. 하여간 파벌 간의 수적인 균형 때문에 한 사람 혹은 특정 파벌이 독주할 수 없는 것은 분명해 보인다. 상무위원회를 최고 권력기관으로 간주하는 것은 위에서 설명한 의사결정의 위계질서 때문이기도 하지만, 민주정부에서는 모두 갈라져 있는 정부의 핵심 기능이 이 위원회에 모두모여 있다는 사실 역시 그렇게 보는 중요한 이유가 된다. 한마디로 입법, 사법, 행정, 감사, 공안, 군부 통솔 등 거의 모든 핵심 권한이 9인의 상무위원에게 분배된 가운데 의사결정이 이루어지므로, 민주주의의 권력분립 원칙은 애초부터 존재하지 않는다는 사실을 알 수 있다. 의사결정은 합의를 원칙으로 하되, 의견이 엇갈리는 경우는 9명이 투표로 결정한다. 결국 9명의 상무위원은 동등한 발언권과 투표권을 지니고 있는 셈이다.

견제와 균형의 원리는 권력승계 과정에도 투사되어 있다. 덩샤오핑의 권력승계 원칙을 살펴보면 과거와는 다른 특징 하나가 눈에 들어온다. 덩은 그의 후계로 장쩌민을 지명했다. 주석직 임기를 10년으로 제한하면서 처음으로 임기제도 도입됐다. 흥미로운 점은 그 다음 후계인 현 주석 후진타오도 덩샤오핑 자신이 미리 정해놓고 죽었다는 사실이다. 바로 이 부분이 묘한 정치적 의미를 지니고 있는바, 다음 후계는 그 전임자가 임명하는 것이 독재국가의 상식일 터이므로, 장쩌민의 입장에서는 후계 임명권을 빼앗긴 셈이었다. 따라서 나 역시 임명권을 행사할 권리가 있지 않느냐고 주장할 수 있을 것이다. 그런 논리에 기초, 장쩌민이 후진타오 다음의 주석 시진핑(習近平)을 임명했다는 것이 중국 정계 전문가들의 분석이다. 후진타오 역시 같은 주장을 할 수 있으므로, 논리상 시진핑의 다음 후계자는 후진타오가 임명하게 된다. 전문용어로 격세간택(隔世簡擇)이란 바로 이를 두고 한 말이다. 덩샤오핑이 생전 격세간택의 원칙을 확립하기 위해 후계를 둘씩이나 임명했는지는 정확히 알려지지 않고 있지만, 현재까지는 수순이 그대로 지켜지고 있는 것처럼 보인다. 특히 공포정치라는 틀에 비추어보면, 격세간택의 의미는 클 수밖에 없다. 현재의 실력자가 한 대 걸러 임명권을 행사하면 정치보복의 가능성은 그만큼 낮아지기 때문이다.

덩샤오핑 이후 과거 끔찍했던 공포정치를 벗어나기 위해 중국 지도부가 많은 노력을 한 사실은 따라서 분명해진다. 성격이 서로 다른 파벌이 조성됐다는 점에서, 조직의 구성원리가 다원화됐다는 점에서, 임기제가 정착됐다는 점에서 견제와 균형의 원리가 중국 역사상 처음으로 정치제도에 투영된 것만은 확실했다. 현재는 그런대로 작동되는 것처럼 보이는 새로운 제도는 과연 지속될 수 있을까? 대답은 다음의 관점에서 제시되어야 할 것이다. 자본주의와 동전의 양면을 이루고 있는 권력분립의 민주정치체제와 비교하는 경우, 현 중국 정치체제가 자본주의를 뒷받침할 수 있는 제도가 아닌 것은 자명하다. 그렇다면 언제까지 지금의 정치제도가 유지될 수 있을까? 자본주의의 발전은 곧 경제적 변화를 의미하므로 그런 변화가 유발하는 정치적 충격의 정도가 가장 중요한 변수가 될 것이다. 앞서 살펴본 중국 신세대들의 가치관 변화와 국민의 빠른 의사

소통을 가능하게 하는 첨단 통신수단은 중국 내에서도 선진 민주주의에 대한 정치적 욕구를 더욱 충동질하고 있다. 그런 새로운 움직임을 계속 통제하는 것은 과연 가능할까? 여기서는 중국 내외의 민주인사들과 국민의 자각이 중요 변수가 될 것이다. 자스민 혁명과 같은 외부로부터의 충격 역시 이들 변수에 영향을 미치는 것은 물론이다. 그렇다면 과연 새로운 정치체제에 힘입어 공포는 진정 사라진 것일까?

## 중국의 정치구조는 취약하고, 균열 가능성이 늘 있다

덩샤오핑의 노력에도 불구하고 중국 정치체제가 지니고 있는 문제점은 여전히 남아 있다. 시진핑이 차기 대표로 사실상 확정된 직후 영국의 「이코노미스트」지는 다음과 같은 음산한 논평을 낸 적이 있다: "시진핑의 등장은 최근 북한의 김정은이 낙점되는 방식과 섬뜩할 만큼 흡사하다. 일반인에게는 전혀 공개되지 않은 가운데 문이 굳게 닫힌 공산주의 비밀회의에서 그의 중국 공산당 중앙군사위원회 부주석 직이 결정됐기 때문이다("The Next Emperor," October 23rd 2010)." 나아가 시진핑에게는 '다음의 황제(the next emperor)'라는 불명예스런 라벨을 붙여줬다. 논평은 앞서 설명한 바와 같이 최고 지도자들이 만든 룰에 따라 권력이 작동하고 이동하는 것은 사실이지만, 그것이 중국사회 전체와 교호(交互)한 결과는 아니라는 점을 꼬집고 있다. 즉 중국의 핵심권력이 외부와는 철저히 차단되어 있다는 뜻이다.

그렇다면 지금은 작동되는 것처럼 보이는 현재의 권력 조정 메커니즘이 외부와 단절된 상태에서도 향후 순조롭게 운영된다는 보장은 과연 있을까? 적어도 서구와 한국의 역사에 비추어보면 이는 당연히 불가능하다. 만약 권력을 외부와 단절시키는 것이 가능하다면 중세의 절대 교(황)권, 막강한 전제군주의 왕권, 그리고 난공불락처럼 보였던 독재권력이 왜 차례로 무너졌겠는가. 외부와 단절된 상태에서 중국의 권력이 작동하는 원리를 다시 한 번 짚어본 후, 권력을 외부와 차단하는 것이 가능한지를 살펴보기로 한다.

앞서 소개한 격세간택의 원칙이 이미 지켜지지 않고 있다는 주장이 있는 것 또한 분명 사실이다. 이 말이 맞다면 권력 중심부에서는 권력운영의 원칙이 어느 정도 굳어졌다는 기존의 설명 역시 설득력을 잃게 된다. 일본의 중국 문제 전문가 사토 마사루가 대표적인데, 그의 분석은 다음과 같다: "최고지도자로 군림한 마오쩌둥과 덩샤오핑에게는 후계자 지명권이 있었지만 장쩌민과 후진타오에겐 없다. 후진타오가 장쩌민에 이어 총서기에 오른 것도 덩샤오핑이 건재했던 시기에 결정된 인사 조치였다. 시진핑은 후계자를 지명할 절대 권력자가 없는 가운데 후진타오 총서기와 장쩌민 전 국가 주석 간 정치 투쟁의 결과로 최고지도자 후보에 선출됐다. 후진타오 총서기의 지지를 받는 리커창(李克强)의 최고 지도자 취임을 막기 위해 장쩌민 전 국가 주석 등이 내민 카드가 시진핑이었을 뿐이다."

우선 격세간택의 원칙이 예견한 장쩌민 주석의 후계 인명권이 기정사실은 아니었다는 점을 확인할 수 있다. 그렇다고 영향력이 없는 것은 아니어서, 장쩌민 계열의 상하이방도 아니고 후진타오 계열의 공청단도 아닌 태자당 출신의 시진핑으로 타협을 봤다는 얘기가 된다. 그렇다면 대권 승계 시, 혹은 정치국 상무위원 임명 시 매번 파벌 간에 합의를 봐야하는데, 원칙이 이미 정해진 경우보다 불확실성이 높아지는 것만은 분명하다. 여기서 권력의 속성에 대한 정치적 분석은 불확실성이 증가되는 이유를 다음과 같이 보여주고 있다. 권력은 돈과는 달리 우선 계측이 대단히 어렵다. 누가 얼마만큼의 권력을 가지고 있는지를 서로 비교하는 것이 돈을 가지고 있는 경우와는 달리 사실상 불가능하다는 뜻이다. 상황이 그러다 보니 어느 정도의 권력이 있어야 자신이 안전한지를 판단하는 것 역시 쉽지 않아지고, 때문에 인간은 불가피하게 무한의 권력을 추구할 수밖에 없다. 뒤집어 보면 권력에는 상대방을 불신하는 속성이 내재되어 있다는 의미가 된다. 말은 간단해 보이지만, 영국의 위대한 정치철학자 홉스(Thomas Hobbes)의 유명한 권력 가설은 바로 이를 두고 한 말이었다. 그러므로 가설에 비추어보면, 위와 같은 합의가 매번 매끈하게 이루어질 수 있다고 생각하는 것은 당연히 무리일 수밖에 없다. 나아가 합의가 이루어진 후에도 그것이 깨질 가능성은 늘 있기 마련이다.

사토 마사루의 다음과 같은 분석을 보면, 위와 같은 권력의 속성이 중국정치에 어떻게 투영되고 있는지를 알 수 있다: "포스트 후진타오 확정을 계기로 당과 정부의 간부들은 시진핑에 대한 충성을 맹세했고, 시진핑의 구심력은 서서히 높아지고 있다. 시진핑 등 고급 간부 자체의 모임인 태자당의 세력이 커지고, 후진타오 총서기의 출신 모체인 공청단파와의 권력투쟁이 격렬해질 조짐이 나타나고 있다." 그래도 타협이 이루어지는 이유는 무엇일까? 분명 또 다른 원인이 있을 터인데, 사토 마사루의 설명은 다음과 같다: (시진핑의 후계 승계를 확정한) 5중전회의 폐막 직후 공산당이 발표한 성명서는 '당의 지도 견지'를 명백히 밝혔다. 파벌투쟁에 의한 자멸은 피해야 한다는 것이 중국 정계의 공통된 인식임을 보여준 셈이다(『시진핑 시대의 중국』)." 즉 공멸의 위기감이 중심부의 분열을 막는 방파제이지만, 내부에서 권력경쟁 혹은 투쟁은 분명 있는 셈이므로, 외부와 차단된 핵심부도 차단 그 자체만으로 안전하지는 않다는 사실을 확인할 수 있다. 그렇다면 이것의 정치적 의미는 무엇일까?

문서도 없고 법제화도 안 된 파벌 간의 암시적인 묵계를 의미하는바, 이는 현실의 추상적인 표현일 뿐 그런 묵계를 가능하게 하는 동인은 당연히 지도부의 핵심 이해가 합치되는 현상일 수밖에 없다. 위에서는 '공멸의 위기감'이라는 대단히 압축된 정치용어를 이유로 들고 있지만, 이해가 합치되는 구체적인 동인은 조금 더 복잡하다. 먼저 중국의 권력에 정통성이 있는가를 따져보면 메커니즘의 단초가 드러난다. 여기서는 우선 정권이 국민의 신뢰를 업고 있는가가 관건인데, 다음의 통계와 사례는 그럴 가능성이 높지 않다는 점을 보여준다. 중국정부의 발표로도 몇 년 전 중국 전체에서 1년 동안 일어난 폭동 수는 10만 건이 넘었다. 너무 많았는지, 최근에는 더 이상 발표하지 않고 있다. 2011년 초 이집트의 민주화 운동으로 촉발된 후, 이슬람 국가들을 휩쓴 자스민 혁명이 일어나자 사용자가 5천만 명에 이르는 중국의 포털업체 시나닷컴의 블로그는 차단됐다. 인권운동가 류샤오보(劉曉波)의 영광스런 노벨상 수상을 저지했음은 물론, 최근에는 인권변호사 천광청(陳光誠)의 미국유학을 미국정부의 압력 때문에 마지못해 수용할 수밖에 없었다. 이래도 중국의 권력에서 대중의 지지를 의미하는 확실한 정통성을 찾는 것이 가능할까?

그밖에도 많은 예가 있지만, 정통성이 확실한 정부라면 위의 일들이 벌어질 이유는 없다. 바로 이 점이 앞서 소개한 셔크의 '국내적인 허약함(internal fragility)'이 아닐까? 최근 한국을 방문한 프랑스의 지성 기 소르망(Guy Sorman) 교수는 중국 정치체제의 취약성을 다음과 같이 다른 각도에서 조명하고 있다: "중국의 남중국해 영토 분쟁은 그만큼 내부가 불안정하다는 방증입니다…… 중국은 불안정하고 예측이 어려운 나라이며 여전히 매우 취약한 국가다. 경제력으로 보면 중국은 혁신이 없기 때문에 미국에 비해 최소 20년은 뒤처져 있고 군사력 역시 일본보다도 훨씬 약하다. 중국 공산당 지도부는 부패해 있고 권력과 이권이 서로 결탁돼 있다. 또 국민들을 잔인하게 다루는 등 인권 문제가 심각하다. 반면 과거와 달리 중국 국민들은 정보를 많이 접하면서 지도부에 대한 비판적 의견과 민주화 요구가 커지고 있다. 이런 가운데 중국경제는 침체되는 상황이다. 남중국해 영토분쟁은 내부에서 쌓이는 이 같은 불만의 화살을 외부로 돌리기 위해 일으킨 것이다. 중국은 권력자들이 결탁돼 있는 마피아 국가이며 마피아 국가에서 발전의 여지는 없다고 본다. 차세대 지도부도 과거 지도부와 다르지 않을 것이다(「문화일보」)."

앞서 소개한 셔크의 분석 또한 맥락은 비슷하다: "중국 공산당은 중국인 거의 모두가 공산주의를 더 이상 믿지 않는 시절이 오자, 대신 민족주의라는 새 이데올로기를 품기 시작했다. 중국의 상업용 방송이나 인터넷은 시청률 올리기 경쟁을 하면서 일본, 대만, 그리고 미국으로부터 위협이 가해지고 있다는 식으로 민족주의를 자극하고 있다. 하지만 중요한 것은 대중이 특정 이슈에 대해 더 깊은 관심을 가질수록 중국 지도자들은 자기들이 얼마나 강한가를 보여주기 위해 사안에 대해 더욱 강경한 자세를 취해야 한다고 생각한다는 사실이다. (하지만 이에는 다음과 같은 더 큰 위험이 도사리고 있다) 중국 지도부가 그릴 수 있는 최악의 악몽은 전 국민적인 반항 운동일 수밖에 없다. 실업자, 압력에 시달리는 농민, 그리고 학생 등이 불을 댕길 참인데, 이들이 기존의 체제에 대해 열렬한 민족주의 감정을 공유하는 가운데 똘똘 뭉쳐 저항하는 사태가 두려운 것이다. 중국의 역사를 보면 그것을 두려워 할 이유는 충분히 있다. 20세기에는 두 왕조가 민족주의적 혁명 운동 때문에 무너져 내렸다. 외세의 침공에 대해 민족을 지키지 못했다는 이유로 당시 지도부를 꾸짖는 대규모의 민중운동 때문에 1911년 청왕조가, 그리고 1949년에는 국민당이 붕괴됐다. 그러므로 중국의 현 지도층이 같은 운명에 처할지도 모른다는 공포에 휩싸이는 것은 이상한 일이 아닐 테고, 때문에 국가를 휩쓸 수 있는 대중 민족주의보다 한발 앞서기 위해 지금도 고군분투하고 있다(*China: Frgile Superpower*)."

이상은 중국의 정치체제에 대한 분석이지만 구소련에 대한 연구에서도 비슷한 분석이 있다면 대단히 놀라실 것이다. 제2차 세계대전 시 미국과 소련은 동맹국이었다. 전쟁이 끝난 다음 소련이 미국의 적대국이 될 것이라고 예상한 미국 전문가는 사실상 전무했다. 하지만 동유럽을 집어삼키고, 이것도 부족했는지 영국의 영향권에 있었던 터키와 그리스를 공산화시키려는 시도가 노골화되자 미국은 소련을 다시 보게 된다. 그즈음 소련의 역사와 정치체제를 분석한 유명한 논문이 케넌(George Kennan)에 의해 익명으로 발표됐는데, 정교한 분석은 소르망과 셔크의 분석과 비슷하게 마치 현재 중국의 모습을 그리는 것 같았다. 다음의 내용을 지니고 있는 논문은 미국의 자각을 이끌어냈고, 그 결과 유명한 냉전(cold war)이 시작된다: "소련 힘의 정치적 성격은 이데올로기와 환경의 산물인바, 소련 현 지도자들의 정치적 뿌리(origin)인 과거의 운동으로부터 물려받은 **이데올로기**와 거의 30년간 그들이 행사해온 권력 환경을 의미한다…… 그것은 소련 지도층들의 세계관과 깊게 연계되어 있는데, 구러시아로부터 전해진 외부세계에 대한 **공포**, 공산주의 독트린이 전해준 세계 공산화의 의무, 그리고 내부의 피비린내 나는 **권력투쟁**이 합해진 결과다. 중요한 것은 이들을 극복 혹은 실천하기 위해 힘을 외부로 투사하고, 그 결과 전 세계적으로 무한의 팽창을 도모한다는 사실이다("The

Sources of Soviet Conduct," *Foreign Affairs*)." 여기서도 핵심 논지는 정치적 공포와 이데올로기였다. 다음의 설명을 보면 이상의 분석이 중국의 정치구도와 그것의 모순을 엿보는 데 왜 도움이 되는지를 알 수 있다.

## 정치구조가 흔들리게 되는 메커니즘

위의 분석은 중국 정치체제가 어떤 면에서 취약하고, 그 취약성이 국내외로 어떻게 투사되고 있는지를 보여주고 있다. 특히 지도층이 심혈을 기울이고 있는 민족주의가 역풍의 진원지가 될 수도 있다는 설명을 보면, 민족주의라는 방패막에 의지한다 해도 권력을 외부와 차단하는 것은 사실상 불가능해진다. 여기서 권력의 정통성 결여와 민족주의에 휩싸인 대중들의 반정부 움직임이 합해질 때 어떤 일이 발생할지를 상상하는 것은 어렵지 않다. 최악의 경우 현 지도부 상당수의 신변이 안전하다는 보장은 당연히 어디에도 없다. 때문에 지도부는 결국 한배를 탄 운명이니 일단 똘똘 뭉쳐야하지 않을까? 즉 공산주의의 쇠퇴로 시작된 권력의 정통성 균열 때문에 지도부는 국내정치상 일정 수준의 공포에 휩싸이게 되고, 이를 극복하기 위해 민족주의라는 또 다른 수단에 의지하지만, 그것 역시 셔크가 말한 대로 또 다른 유형의 공포와 연계되므로, 종당에는 지배계급끼리 뭉치는 것만이 대안으로 남는다는 말이다.

이상이 단합을 유도하는 정치적 동인이라면, 지도부가 화합해야만 하는 경제적 요인 역시 강력한 힘을 발휘하고 있다. 권력 중심부가 외부와 단절된 국가에서 예외 없이 드러나는 현상이지만, 권력은 이권을 의미하고, 이권은 곧 돈이므로 권력과 돈의 단단한 유착관계를 피하기는 당연히 힘들어진다. 21세기 중국만큼이나 외부와 단절된 권력구도를 지니고 있는 국가는 없을 것이므로, 그 강도에 비례하여 유착의 정도는 상상을 초월할 정도로 강할 수밖에 없다. 일반적으로 정경유착이란 부를 다루는 주체와 권력을 담당하는 주체가 분리되어 있는 가운데, 두 주체 간의 공생관계, 즉 야합이 이루어지는 상황을 의미한다. 한국과 일본에서 과거 문제가 됐던 유착은 바로 이런 모양새를 띠고 있었다. 중국도 예외는 아니어서, 그런 종류의 정경밀착이 강한 세를 업고 있는 것은 물론이다. 그러나 중국의 경우는 한술을 더 떠, 권력을 쥐고 있는 사람들이 그들의 대리인을 통해 돈벌이에 직접 개입하는 모습을 보이고 있다. 전통적인 정경유착은 구조적 부패로 분류될 수도 있지만, 이와 같은 새로운 형태의 정경일치는 그 예를 찾기 힘들기 때문에 학문적인 분류에도 어려움은 따를 수밖에 없다. 중국 특유의 정경유착은 암암리에 소문으로만 회자되고 있었다. 그러나 2010년 세계 최대 폭로 인터넷 사이트인 위키리크스(WikiLeaks)가 숨겨진 사실을 처음 보도한 후, 점차 모습을 드러내게 된다.

후진타오, 원자바오 등 중국의 핵심 권력자, 즉 정치국 상무위원 7인이 사업을 어떻게 분배, 지배하고 있는지가 밝혀졌는데, 인터넷 사업, 보석, 베이징 부동산 개발, 석유, 전력, 그리고 금융 등이 사실상 이들을 비롯한 최고위층의 손아귀에 있다는 것이 내용의 핵심이었다. 그 후 조금 잠잠하다 싶더니, 2012년 초 보시라이(薄熙來) 사건이 터지면서 중국 지도층의 부패 상황이 다시 한 번 밝혀진 후, 세계 유수의 언론들이 앞다투어 중국 특유의 정경유착 사례를 대대적으로 보도하면서 이제는 추한 단면을 숨길 수 없게 됐다. 아무튼 새로이 공개된 내용은 2년 전 위키리크스의 보도와 비교해 무척 자세했고, 권력이 돈에 개입되는 구체적인 메커니즘과 관련자들의 이름을 모두 담고 있다는 특징이 있다.

　미국의 블룸버그 통신은 차기 대권을 거머쥘 시진핑을 포함 일가친척의 재산이 무려 4억 달러(한화 약 4,600억 원)라고 평가한 적이 있다. 시진핑의 큰 누나인 치차오차오와 그의 남편 덩자구이가 주역인데, 이들이 소유한 희토류 생산업체 주식, 유명 투자회사의 지분, 그리고 다량의 고급 부동산 등의 가치가 그만하다는 얘기를 전하고 있다. 이 부부의 딸 역시 유명 IT 기업의 주주라는 사실도 폭로됐다. 시진핑 이름으로 돼 있는 재산은 없다고 하지만, 그 정도면 유착관계의 내막은 이미 드러난 것이 아닐까? 2004년 저장성(浙江省) 당위원회 서기였던 시진핑 자신이 중국 전역에 반부패 운동을 전개하면서, 배우자와 자녀, 친척, 친구들을 확실히 단속하고 권력을 축재의 수단으로 사용하지 말도록 서약할 것을 주문했다는 보도를 보면 중국 지도부의 이중성은 짐작하고도 남음이 있다.

　이어 2012년 7월에는 영국의 「파이낸셜 타임즈」지가 이례적으로 무려 두 페이지의 전면을 할애하며, 정치국 상무위원 모두와 장쩌민 일가친척의 사업 내용 및 재산을 완전 공개하기에 이른다. 후진타오 주석의 경우는 사위가 중국 최대 포털 사이트인 시나닷컴의 전직 CEO였다. 2003년에 평가한 그의 재산만도 6,000만 달러 내외라고 한다. 아들 역시 보안회사 등 20개 회사를 거느리고 있는 칭화 지주회사의 전직 CEO였다. 원자바오 총리도 한몫을 했는데, 부인이 대형 보석업체를 운영하고 있고, 아들 또한 2005년 뉴호라이즌 캐피탈이라는 투자회사를 설립 서구에서 무려 2억 5,000만 달러의 투자금을 유치한 바 있다. 전 주석인 장쩌민 역시 예외는 아니어서, 아들이 중국 최초의 반도체 회사 중 하나인 그레이스 반도체회사를 설립했고, 지금은 상하이얼라이언스 투자회사의 사장으로 있다. 그밖에 이들을 포함 11명의 최고 권력자의 부를 적시하고 있는바, 내용은 위와 비슷했다("The family fortunes of Beijing's new few," July 11 2012).

위의 사실에 대한 신문의 논평은 다음과 같았다: "'현 중국의 부패는 중국 역사상 최고 수준이라고 보면 된다. 권력에 의해 통제되는 시장경제가 그렇게 만들었다. 모든 사업은 힘 있는 사람의 도움과 승인을 필요로 한다.' 이상은 공산당 원로 멤버이자, 저널리스트인 양지셩(Yang Jisheng)의 말이다. '중국에 오래 있으면 있을수록 모든 것이 수백밖에 안 되는 소수의 권력 있는 가족에 의해 통제된다는 사실을 알게 된다. 상황이 그러하니 중국에 진출한 외국기업의 경우 사업 기회를 갖기 위해서 이들 가족의 아들이나 딸을 고용하는 것은 이상할 것이 없지 않은가.' 이상은 외국 원로 외교관의 평가다. '권문세가는 개인적인 재산 축적이나 혹은 스스로 사업을 하는 것에 열심인데, 왜냐하면 진짜 돈이 있는 장소가 바로 그곳이기 때문이다.' 이상은 외국은행 고위직원의 설명이다. '고위층 자제들이 처신을 바로 하건 그렇지 않건 그것은 문제가 아니다. 집에 가만히 조신하게 있어도, 사람들은 문을 두드리며 이들을 만나 돈을 줄 것이고, 한직이라도 맡아 달라고 요구할 것이기에 그렇다는 말이다. 이 소공자(princelings)들의 이름이 은행대출, 땅, 그리고 그 밖의 자원을 얻는 지름길임은 말할 필요가 없다. 따라서 문제가 소공자들에게 있는 것이 어느 정도는 사실이지만, 중국의 나쁜 제도는 문제의 더 근본적인 원인이라는 점을 확인할 수 있다.' 이상은 양지셩의 코멘트다(같은 글)."

위의 논의를 보면 중국 지도부 전체가 돈과 깊이 연계되어 있다는 사실을 부인하기는 힘들어진다. 같은 맥락에서 자신들이 구축한 정치경제상의 기득권을 지키기 위해 서로가 뭉쳐야 하는 동인을 확인하는 데도 별 이상은 없다. 그렇다면 그런 구도는 어떤 메커니즘 때문에 깨질 가능성이 있을까? 우선 폭로 기사의 단초가 됐던 보시라이 전 충칭(重慶)시 서기사건을 한 번 짚어보기로 한다. 중국 권력구도의 균열 방식을 알 수 있는 실마리를 제공하기 때문이다. 보시라이의 아버지는 보이보(薄一波)였다. 부총리를 지냈고, 중국 8대 원로 중 하나여서 탄탄한 영향력을 지니고 있었다. 공산당 고위층 자제이므로 보시라이는 당연히 태자당 파벌로 분류되고 있다. 그러나 아버지 보이보가 장쩌민 전 주석과 대단히 친했고, 로비의 결과 장쩌민이 보시라이의 뒤를 봐줬다고 하니 샹하이방과도 밀접한 관련이 있는 셈이다. 충칭시 서기로 재직 시, 25명으로 구성된 정치국위원직을 겸직하고 있었고, 나아가 차기 정치국 상무위원이 유력시 되는 인물이었다. 여하튼 권력의 핵심 인사임은 분명하므로 그 위상 때문에라도 보시라이의 거취는 차기 중앙 권력구도에 어떤 방식으로든 영향을 미칠 수밖에 없다.

그는 2009년부터 대대적인 조폭 척결운동을 벌이며, 큰 명성을 얻을 수 있었다. 바로 이 작업을 위해 영입한 인물이 왕리쥔(王立軍) 충칭시 공안국장이었으니 왕의 위상 또한 만만치 않음을 알 수 있다. 문제는 보시라이 및 부인 구카라이(谷開來)와 대단히 가까운 영국인 사업가 헤이우드(Neil Heywood)가 죽으면서 불거졌다. 2011년 11월 헤이우드가 죽은 지 얼마 지나지 않은 2012년 2월 2일 왕리쥔이 자신의 자리에서 해임되면서 부시장이라는 한직으로 발령이 나자, 4일 후 청두(成都)의 미국 영사관으로 찾아가 망명을 신청한 것이 사건의 도화선이었다. 언론 보도에 의하면 왕리쥔이 헤이우드 사망 사건의 뒤처리를 하면서 구카라이가 그의 죽음에 개입되어 있다는 사실을 알게 됐다고 한다. 따라서 사건의 비밀 보호를 위해 보시라이가 자신을 죽일지도 모른다는 공포에 휩싸이면서 헤이우드의 죽음과 관련된 비밀자료를 지닌 채 미국 영사관으로 진입했다는 것이 사건의 전말이다. 다시 말해 자신의 신변 보호를 위해 헤이우드 살인 사건을 공론화 혹은 국제화시킨 셈이었다.

정치적으로 의미가 있는 얘기는 지금부터다. 보 부부와 헤이우드가 사업상 깊은 관계를 맺었던 것은 보시라이의 막대한 재산을 해외로 도피시키거나, 외국회사에 대형 프로젝트를 발주하는 데 그것을 중개할 수 있는 외국인 전문가가 필요했기 때문이다. 보시라이 형제와 처형 등이 보유한 재산은 최소 1억 6천만 달러였고, 상당 규모의 재산이 해외에 은닉되어 있는 것으로 알려지고 있는데, 그 규모는 무려 80억 위안(한화 1조 4,000억 원)으로 추정되고 있다. 헤이우드는 당연히 수고비를 챙겼을 것이고, 해외로 빠져나가는 재산이 많아지거나, 프로젝트 규모가 다양해지고 커지면서 수고비 액수 역시 늘어났을 것이다. 그러나 수고비의 적정 액수에 대해 양측 간에 실랑이가 있게 되자, 헤이우드는 도피 자산의 자료를 수집하며 보 부부를 압박했고, 이에 위기를 느낀 보카라이가 헤이우드를 살해했다는 것이 사건의 핵심 내용이다. 아무튼 보시라이 사건을 무려 세 페이지에 걸쳐 특집으로 다룬 영국 「파이낸셜 타임즈」와 별도의 특집 기사를 낸 미국의 「타임」, 그리고 그 밖의 언론보도를 종합한 내용은 위와 같았다(*FT*, "Shaking China," July 21-22 2012; *Time*, "Crossing the red line," May 7, 2012).

보시라이 사건도 원인은 결국 돈이었다. 돈이 개입되지 않았다면 문제는 불거지지 않았을 것이다. 이 말은 뒤집어 덩샤오핑 이후 중국 권력층이 그들의 권력을 지키기 위해 그토록 심혈을 기울여 완성한 외부와 단절된 권력구도를 스스로 붕괴시켰다는 것을 의미한다. 권력을 등에 업고 돈벌이에 직접 개입한다는 것은 권력과는 성질이 다른 돈이라는 또 다른 외부 세계에 발을 들여놓는 것이기 때문이다. 보시라이 사건이 중요한 까닭이 바로 이에 있는데, 권력과 돈이 합해지면, 그 자체의 동력 때문에 권력의 은밀한 부분이 외부로 노출될 가능성이 높아진다는 것이 그렇게 보는 이유다. 권력만이 분리되어 다뤄지는 경우도 앞서 살펴본 바와 같이 문제가 없는 것은 아니지만, 거의 모든 문제가 외부로 표출되지 않은 채 덮어질 가능성은 충분히 있다. 그러나 돈이 개입되는 경우는 여러 사람이 돈과 관련될 수밖에 없으므로 권력과의 유착 정보를 효과적으로 덮는 것은 상대적으로 어려워질 수밖에 없다. 보시라이 사건에서는 이것이 두드러지지 않았지만, 돈을 더 벌기 위한 권력 간의 경쟁 또한 배제하기 힘들어진다.

위의 논리를 보시라이 사건에 대입해보면, 다음의 그림이 그려진다. 많은 돈을 해외로 빼돌리거나 외국회사가 개입되는 대규모 프로젝트를 성공시키기 위해서는 외국인의 도움이 필요했지만, 헤이우드와의 관계에서 커미션 분쟁이 발생하자, 헤이우드가 보 부부의 재산도피 자료를 협박용 무기로 활용했던 사실을 확인할 수 있다. 돈 관계가 다소 복잡해지자 외국인이라는 제3의 인물이 추가되면서 개입된 사람 수가 더욱 늘어났고, 돈의 속성이 그렇듯 돈을 둘러싼 이해 갈등을 피할 수 없었다는 뜻이다. 헤이우드 이외에 프랑스 사업가 드비에(Patrick Devillers)도 개입돼 있다는 최근 보도에 비추어, 자금의 규모가 커지고 돈의 이동이 복잡해질수록 돈을 움직이는 작업에 개입되는 사람이 늘어난다는 사실은 보시라이 사건에서도 분명했다. 당연한 결과로 비밀유지가 그만큼 더 어려워지는 것은 물론이다. 어느 국가든 공직자가 돈 먹어도 된다는 법을 만드는 경우는 없기에, 헤이우드가 보시라이 가족의 은밀한 재산 자료를 무기로 활용하는 것은 어려운 일이 아니었다. 흥미롭게도 여기서부터는 돈 관계가 보시라이의 권력 운명을 결정짓는 정치변수로 전환된다. 문제가 불거지는 경우 보시라이를 견제하던 또 다른 권력자들이 보시라이의 치부를 활용, 보시라이 혹은 그의 비호 세력을 누를 수 있는 있는 기회를 갖게 되기에 돈 관계가 정치화된다고 보는 것이다.

사건 이후의 보도 혹은 분석 모두는 위의 설명을 뒷받침하고 있다. 가장 충격적인 것은 보시라이를 두둔하고 있던 전 주석 장쩌민, 그리고 정치국 상무위원이면서 중앙정법위 서기인 저우융캉(周永康)과 관련된 얘기다. 샹하이방과 태자당 연합세력의 대부인 장쩌민은 공안, 사법부, 정보부, 무장경찰 등 막강한 권력을 지니고 있는 중앙정법위의 차기 서기로 태자당의 보시라이를 낙점했다고 한다. 그러나 자기파가 아닌 것은 물론, 성정이 과격하고 엄청난 야심을 지닌 것으로 알려진 보시라이가 그런 막강한 자리에 앉는다는 것에 불안감을 느낀 공청단파가 부패를 문제 삼아 보시라이를 내쳤다는 전언이다. 장쩌민의 직계로 알려진 현 중앙정법위 서기 저우융캉의 경우 보시라이의 서기직 해임을 논의한 정치국 상무위원 회의에서 기권표를 던진 것으로 알려지고 있다. 2012년 3월 19일 내란설이 베이징 시내에 퍼졌고, 나중에 알려진 사실이지만 3월 19일에는 총리 원자바오와 저우융캉이 실제로 무력을 동원, 충돌 일보 직전의 상황이 펼쳐졌다는 충격적인 보도가 뒤를 잇고 있다. 보시라이와 깊은 관계가 있는 정계의 실력자들이 다수 숙청되고 있는 현재의 상황은 중국식 권력투쟁의 단면을 이해하는 데 도움을 준다. 이 정도면 돈 문제가 큰 스케일로 정치화되는 이유와 과정을 이해하는 데는 무리가 없을 것이다.

다음의 분석은 논의의 핵심을 잘 정리하고 있다: "베이징 정가의 한 소식통은 보시라이 사건의 핵심은 후진타오 주석과 원자바오 총리 등 집권 공청단파가 보 전 서기를 (정치국 상무위원 겸) 차기 중앙정법위 서기로 앉히려는 장쩌민 전 주석의 뜻을 좌절시킨 것이라 말했다(「조선일보」, 2012.04.12).” 상황이 그렇게 전개되는데도 중국인들이 이를 모를 수는 없는 일이다. 문제는 돈이 정치화되는 과정을 통해 중국인민들은 새로운 부패사실을 알게 되고, 분노가 점화되는 경우 통제가 어려워질 수도 있다는 점이다. 「파이낸셜 타임즈」는 그런 중국정치의 모순, 즉 권력투쟁의 불가피성과 대중을 의식해야 하는 사정을 다음과 같이 꼬집고 있다: “여기서 중국 공산당은 정치상황을 더욱 불안하게 할 수도 있는 딜레마와 마주친다. (치안에 관한 한 귀재라는 기존의 명성이 선사한) 보시라이의 엄청난 대중적 인기를 감안하는 경우, 내용이 빈약한 증거로 뒷받침되고 있는 그의 처벌 사유는 중국국민이 모든 것이 그를 제거하기 위해 짜깁기됐다고 생각할 가능성을 높일 수 있다. 따라서 보시라이는 정치투쟁의 정치적 희생양일 뿐이라는 인식이 대중들 사이에 뿌리내릴 수도 있는 상황이다. 반대로 그의 처벌을 합리화시키는 확실한 증거가 너무 많이 공개되면, 그토록 비겁하고 제멋대로인 인간이 어떻게 중국의 최고 권력층에 올라갈 수 있었냐고 중국국민은 반문할 수밖에 없다(“Shaking China”).”

더욱 흥미로운 것은 그 다음 코멘트다: “보시라이는 분명 서구식 민주주의를 정면으로 거부하는 골수 공산당 막스-레닌주의자다. 그런데 아이러니한 것은 서구식으로 투표를 하면 그가 중국국민의 선택을 받아 대통령이 될 가능성이 높다는 사실이다(위의 글).” 중국국민은 자본주의와 공산주의, 즉 돈과 권력, 그리고 범죄와 부패가 혼재하며 불거져 나오는 사회혼란을 잠재워주기를 바란다. 하지만 그것을 위해서는 거의 무자비한 독재권력이 필요한데, 바로 이 점을 교묘하게 현실화시킨 사람이 보시라이였다고 보면 된다. 민주법치국가에서 중국식의 막강한 권력을 자의적으로 동원하는 것은 당연히 불가능하다. 중국국민이 바라는 것은 서구 민주국가와 같이 깨끗하고 안정된 사회지만, 그렇게 되는 민주적 수단이 중국에는 존재하지 않으므로 보시라이와 같은 인물이 아이러니하게도 인기를 끈다는 의미일 것이다. 아무튼 중국사회가 아이러니에 아이러니가 겹친 희한한 모습을 하고 있는 것만은 분명하다.

미국의 「타임」지 역시 비슷한 논평을 했지만 내용은 다소 비관적이었다: "보시라이 사건이 전해준 또 다른 교훈은 중국 공산당이 스스로의 선택에 의해 부패투성이가 됐다는 사실이다. 정부 최고위급에서 엄청난 권력남용이 있다는 점도 부인할 수 없게 됐다." 이런 현상의 정치적 의미를 홍콩 침례교 대학의 까베스탕(Jean-Pierre Cabestan) 교수는 다음과 같이 설명하고 있다: "'중국과 같이 하나의 정당으로 이루어진 정치체제에서는 견제와 균형(checks and balances)을 기대할 수 없다.' (그런 견제 장치가 없기에 위법이 난무하는 것인데) 중국에서 법이란 항상 공산당의 지시에 따르는 것이었다. 그러나 그것의 정치적 파장은 다음과 같이 나타난다. 정부는 안정(stability)이라는 명분을 앞세워 종종 법을 어긴다. 하지만 그 결과가 보시라이 사건이라면 권력에 금이 가는 것을 피하기는 힘들어진다. 보시라이 사건이 보여주듯 특히 권력의 핵심부에서 불안정이 조성되면 중국 지도자들은 거의 본능적으로 사회집단들이 더 대담한 행동을 위해 자유를 요구할 것이라는 점을 우려하게 된다("Murder, lies, abuse of power," May 14, 2012)."

한국의 중국 전문가 역시 비슷한 견해를 피력하고 있다. 특히 집단지도체제가 위험에 처해 있다는 분석은 주목을 끌기에 충분하다: "1인 체제의 폐해를 어떻게 극복할 수 있을까? 덩샤오핑은 집단지도체제의 정상화에서 답을 찾고자 했다. 그건 곧 정치국 상무위원회를 제대로 굴러

가게 만드는 일이었다…… 장쩌민 시기 정치국 상무위원 간의 역할과 권한은 명확해졌고, 후진타오 시대엔 정치국 상무위원이 7인에서 9인으로 늘며 업무분장이 더 세분화됐다…… 그런 집단지도체제가 보시라이 사건을 계기로 균열조짐을 보이고 있다. 보시라이와 연계됐다는 구실 아래 정계는 물론 재계·언론계에 이르기까지 폭넓은 사정작업이 진행 중이다. 애초 보시라이만을 겨냥한 게 아니라는 이야기다. 보시라이 지지 세력에 대한 맹공이 펼쳐지고 있는 것이다. 보를 후원하는 장쩌민 계열이 반발하지 않을 수 없다. 서열 9위의 정치국 상무위원 저우융캉 정법위 서기는 보시라이 직위 해제에 반발해 기권표를 던졌다. 중국이 자랑하던 만장일치 집단지도체제에 금이 가고 있는 것이다…… 덩샤오핑은 '중국에 문제가 생기면 그것은 곧 정치적으로 분열할 때'라고 말했다. 과연 그런 시기가 오고 있는 것인가. 중국 집단지도체제의 균열은 중국정치의 불안정을 낳고, 정치 불안은 사회와 경제 혼란을 야기할 것이다(유상철, 「중앙일보」)."

다소는 혼란스러워 보이는 이상의 논의는 다음과 같이 요약될 수 있을 것이다. 외부와는 단절한 채 권력의 핵심부에서만 견제와 균형을 작동시켜도 보복 없는 정치안정이 가능해지고, 나아가 권력이 원활히 행사되는 데는 문제가 없다는 덩샤오핑의 구상에는 다음과 같은 허점이 있었다. 우선 외부와 단절된 상태에서 스스로 보호되는 권력(insulated power)은 권력에 대한 외부의 견제가 없는 것을 의미하므로 자신도 모르는 사이에 절대화의 길을 걷게 된다. 절대 권력은 결국 경제를 비롯한 모든 사회 현안에 대한 막강한 영향력을 의미하는바, 여기에 누구든 좋아하는 돈에 대한 억누를 수 없는 인간의 탐욕이 얹어지면 상황은 엉뚱하게 변질된다. 한마디로 외부와의 단절이라는 가정에 구멍이 나는 것이다. 이런 현상에 자고로 현재까지 이어지고 있는 정치적 공포 심리가 추가되면, 권력의 핵심부 내에서조차 정치 불신이 잠재하는 가운데, 만약의 사태에 대비하여 축재하고, 그렇게 모인 재산의 해외 도피에는 불이 붙을 수밖에 없다. 여기서 가장 중요한 것은 외부와의 단절이라는 가정이 앞서 설명한 바와 같이 지켜지기 어려우면서, 권력구도 자체가 흔들릴 수 있다는 사실이다.

중세 유럽에도 이와 비슷한 현상이 있었다면 놀라실 것이다. 중세유럽은 교권(敎勸)의 전성 시절이었다. 왕 혹은 영주가 세속적인 권력을 행사하며 생산활동에 개입, 그와 관련된 사람들을 지배했던 것은 사실이지만, 이들 모두는 사실상 교황의 지배하에 있었다. 당시 가장 큰 벌이 기독교에서의 추방을 뜻하는 파문(excommunication)인 것을 보면, 세속권력이 교회에 대드는 것은 상상할 수 없는 일이었다. 그렇다면 교황은 어떻게 그토록 막강한 권력을 오랫동안 유지할 수 있었을까? 다양한 요인이 있지만, 가장 중요한 것 중 하나는 교회의 권위를 속세와 분리시키는 것이었다. 그것을 위한 핵심 수단이 성경에 대한 해석권을 독점하는 것이었는데, 당시 성경이 라틴어로만 되어 있었던 이유를 알 수 있는 대목이다. 즉 라틴어를 모르는 일반신도는 성경을 읽을 수 없었으며, 때문에 성경 말씀에 대한 해석은 라틴어를 배운 성직자의 몫이었다. 종교가 지배하는 세상에서 기독교의 근간인 성경에 대한 해석의 권리가 권력인 것은 말할 필요가 없다. 여기서 권력 메커니즘의 핵심은 성경의 해석권을 일반 신도와 분리시킨 것이었다. 다시 말해 외부와 차단된 성직자만의 권력(insulated power)이 존재했다는 의미다.

절대화된 권력이 가는 길은 누구나 아는 바다. 외부로부터 견제가 없는 권력, 즉 절대 권력이 항상 부패한다는 것은 정치학의 상식이다. 이론 그대로 부패하면서 교회는 세속권력으로부터 서서히 트집을 잡히기 시작했다. 교권에 금이 가는 것을 피할 수 없었는바, 여기에 성경에는 무지했지만 일반신도들의 자각이 더해지자 교권은 더욱 흔들리게 된다. 1503년 교황 율리우스 2세가 위축된 교권을 다시 세우겠다고 나선 것은 더 큰 문제의 씨앗이 뿌려지는 계기였다. 여느 권력과 마찬가지로 세가 기울기 시작한 권력을 바로잡기 위한 가장 유용한 방법은 역시 상징적인 건물을 짓는 것이다. 오늘날 우리가 로마에서 볼 수 있는 성베드로 성당의 건축은 이렇게 시작됐다. 문제는 교회가 너무도 호화롭고 커서 돈이 많이 든다는 점이었다. 성베드로 성당이 완성되는 데 120년이 걸린 것을 보면 얼마나 많은 돈이 들어갔는지는 짐작하고도 남음이 있다.

얘기는 여기서부터 중요해진다. 막대한 자금을 충당하기 위해 교황청이 다량의 면죄부(indulgences)를 발행했기 때문이다. 면죄부 발행은 이미 오래전에도 있었지만, 문제는 그 수량이 너무 많았고, 세속권력이 가장 약했던 분열된 독일지역에서 집중적으로 판매됐다는 사실이다. 당시 면죄부가 부당하다고 따진 사람이 있었는데, 그가 바로 독일의 성서 지식인 마틴 루터(Martin Luther)였음은 모두가 아는 사실이다. 물론 루터 이외에도 면죄부의 부당성을 지적한 사람은 여럿 있었지만, 루터는 논리적으로 잘못된 점을 사회운동으로 승화시킨 인물이었다. 1517년 종교개혁(Protestant Reformation)의 시발점, 즉 면죄부의 오류를 지적한 유명한 95개조의 반박문을 내건 후, 성서를 독일어로 번역하는 일에 착수한 것은 무슨 의미일까? 물론 일반신도들에게 성경 내용을 처음 알리기 위한 것이었지만, 이것의 정치적 의미는 대단히 심대했다.

일반인들도 성경을 읽을 권리가 있다는 것이고, 성경 어디에 돈 주면 죄가 사해져 천당에 간다는 내용이 있냐고 확인해보라는 것이었으므로,

앞서 말한 외부와 차단된 교권(insulated power)에는 치명상이 가해질 수밖에 없었다. 우선 교권의 절대성을 유지하기 위해 성경에 대한 해석 권을 독점함으로써 로마 가톨릭은 외부와 차단되면서 더욱 신성시됐고, 그 결과 교권 또한 강해질 수 있었다. 하지만 중국의 권력과 비슷하게 차 단된 권력은 결국 돈 때문에 외부와 연계될 수밖에 없었는데, 이 말은 곧 차단이라는 애초의 가정에 구멍이 뚫리는 것을 의미했다. 여기서 돈 에 개입하는 정도가 더욱 심해지자 보시라이 사건과 유사하게 무리수가 나오게 됐고, 면죄부의 과다 강매는 바로 그런 현상을 대변하고 있었다. 루터가 잘못을 지적하고 그것을 일반인들이 알게 되자, 외부와 차단됐던 교권은 치명상을 입으며 붕괴할 수밖에 없었다. 중국의 경우와 차이가 있다면 중국에는 아직 루터와 같은 인물이 없다는 사실일 것이다.

## 정치개혁 없이는 경제개혁도 어렵다

앞서 살펴본 서구 역사는 민주주의가 자본주의의 부산물이라는 점 을 확인시켜주고 있다. 자본주의가 제대로 작동하려면 소유권과 자유시 장이 보장되어야 하지만, 권력이 강할 경우에는 이 두 가지 핵심 기제에 제약이 가해진다는 것이 과거의 교훈이었다. 권력 억제의 필요성이 점증 하는 가운데, 기득권층의 반발이 있자 정치투쟁은 불가피했고, 결국 시 민혁명이 발발했다는 역사적 사실은 앞서 살펴본 바와 같다. 다음 문제 는 기득권을 물리치고 얻은 권력을 어떻게 운영하는가였다. 전제군주제 와는 반대 방향으로 가야 했으므로 해법은 당연히 견제와 균형(checks and balances)일 수밖에 없었다. 전제군주로부터 넘어온 권력을 일단 분리시키고, 여러 쪽으로 분리된 권력이 서로를 감시하는 원리가 개발됐던 것이다. 자의적인 권력 행사를 미연에 방지함으로써 자본주의를 지킬 수 있다는 논리가 설득력을 얻었다고 보면 된다. 그렇다면 권력분립의 기준은 무엇일까? 아무리 봐도 법(law) 이외는 없지 않을까? 제대로 된 법을 제정하고 모든 사회적 행위가 법에 따라 이루어지면 합리적이지 않느냐는 주장이다.

물론 새로운 아이디어는 아니었다. 최초의 성문법으로 알려진 메소포타미아의 함무라비 법전이 이미 기원전에 있었던 것을 보면 그렇게 되는 이유를 알 수 있다. 수많은 사람이 모여 사는 것이 사회, 즉 인간 공동체인데, 일정한 룰이 없다면 어떻게 될까? 아마 아수라장이 될 것이다. 바로 그런 상황을 통제하는 것이 권력이지만, 그런 권력이 자의적으로 행사된다면 사람들은 그것에 복종하지 않을 가능성이 높다. 때문에 권력 행사의 기본원칙을 미리 정함으로써 권력에 대한 투명성을 확보하는 작업은 당연히 필요할 수밖에 없다. 법의 제정과 공포는 바로 그런 노력의 일환이었던 셈이다. 하지만 권력을 가진 사람이 법을 제정, 시행, 판단하면 공정성이 확보될 수 있을까? 권력자들은 법망을 쉽게 빠져나갈 터이니, 그럴 수는 없는 일이다. 같은 원칙은 근대 민주자본주의에서도 그대로 적용됐는데, 결과는 법에 의한 지배, 즉 확실한 법치의 확립으로 나타났다. 다음은 법치를 어떻게 구체화시킬 것인가의 문제가 남게 되는바, 법을 만드는 과정, 법을 집행하는 과정, 그리고 법을 감시하고 판단하는 과정을 분리시켜야 한다는 것이 근대 정치 사상가들의 생각이었다.

법 제정 역시 전통적으로 승계된 권력을 지닌 자가 아닌 법 집행의 대상인 일반인의 의사가 반영돼야만 정통성을 확보할 수 있었다. 일반사람이 직접 뽑은 대표 집단은 의회였으므로 이 일은 의회의 몫으로 돌아갔다. 법의 집행 역시 공정해야 했으므로 그것도 일반 사람이 뽑은 대리인이 하는 것이 이상적이었는데, 집정관을 일반인이 직접 뽑는 미국의 대통령제는 바로 이를 반영한 제도였다. 법에 대한 판단은 대단히 전문적인 지식이 필요했으므로, 법관이 될 수 있는 일정한 규칙을 정한 후 일반인 누구든 경쟁을 통해 그 기준을 통과하면 자격이 주어지는 방법을 택하게 된다. 그렇게 분리된 권력은 성격이 각기 달랐으므로 가만 놔둬도 서로 다른 권력을 견제하는 데는 문제가 없었다.

상식처럼 보이는 위의 설명은 하지만 중국의 정치상황에 비추어보면 매우 중요한 의미를 지니게 된다. 앞서 "중국에서 법이란 항상 공산당의 지시에 따르는 것이고, 정부는 '안정(stability)'이라는 명분을 앞세워 종종 법을 어긴다"는 분석을 소개한 적이 있다. 바로 이것이 중국의 경우 법치보다는 인치, 즉 꽌시가 앞서는 이유이지만, 민주주의의 원칙은 권력이 외부와 차단된 것이 아니라 완전히 통해 있다는 사실을 적시하고 있다. 또한 하나로 뭉쳐진 권력 내부에서만의 견제와 균형은 작동할 수 없다는 점도 분명히 하고 있다. 따라서 정치국 상무위원회에 거의 모든 권력이 집중되어 있다는 점은 아무래도 근·현대 정치체제와는 상당히 다른 모습일 수밖에 없다. 그런 정치체제가 어떻게 작동하는지, 그리고 그 결과가 무엇인지는 앞서 살펴본 바와 같다. 위의 논리를 집약하면, 권력의 자의적 행사는 소유권과 시장의 제약으로 나타날 것이므로, 경제활동 역시 위축된다는 결론에 이르게 된다. 그렇다면 그렇게 되는 구체적인 메커니즘은 어떻게 확인할 수 있을까? 자의적인 권력의 가장 큰 경제적 특징인 부패를 살펴보면 이 점은 대단히 확연해진다.

중국이 어느 정도 부패했는지는 이미 설명한 바 있지만, 미국의 「타임」지가 보도한 더욱 충격적인 내용을 하나만 더 소개하면 다음과 같다: "장쩌민 전 주석은 사업가들을 처음으로 공산당에 입당시켰는데, 그 후 부패 규모는 상상할 수 없을 정도로 커졌다. 부패를 모니터하는 상하이 소재 후룬(Hurun) 보고서에 따르면 서구의 의회에 해당하는 전국인민대표회의 멤버 중 가장 잘사는 사람 70명의 재산을 합하는 경우 그 규모는 무려 900억 달러에 이른다. 또한 작년에는 중국의 중앙은행이 1990년대 중반과 2008년 사이 해외로 재산 빼돌리기에 18,000명이 연루됐고, 이들이 해외로 반출한 총 금액은 자그마치 1조 270억 달러라고 발표한 적이 있다("Crossing a red line")." 나라가 크다 보니 부패 규모 역시 상상을 초월한다는 점을 확인할 수 있는 대목이다. 그것도 외부로 공개된 것이 그 정도이므로 실제의 금액이 어느 정도인지는 가늠할 수도 없다.

경제학에서는 부패를 생산에 대한 직접세(direct tax)로 간주한다. 같은 맥락에서 사업가가 뇌물을 준다는 것은 생산비의 증가를 의미하므로, 물건 값을 올려 이를 보전하거나, 그것이 용이치 않으면 상대적으로 손해를 감수해야만 한다. 값을 올리면 물건이 덜 팔릴 것이므로 생산이 위축될 것이고, 값을 예전대로 유지하는 경우에도 수익이 줄어들 것이므로 생산의 인센티브가 줄어드는 것은 피할 수 없다. 두 경우 모두 경제성장의 둔화로 나타난다는 것이 부패에 대한 경제학적 해석이다. 국제적인 부패 감시 민간단체인 국제투명성기구(Transparency International)는 1995년부터 매년 한 번 국가별 부패인식지수를 발표하고 있다. 지수는 0-10으로 되어 있는데, 가장 깨끗한 국가에는 10점이, 반대로 가장 부패한 국가에게는 0점이 부여된다. 2011년의 발표 내용을 보면 덴마크가 9.3점으로 1위였다. 북유럽 국가 모두가 10위 안에 들었고, 영국, 미국, 일본 등 주요 선진국들 역시 7.0 이상을 기록하며 25위를 벗어난 국가는 없었다. OECD 평균은 6.9였지만, 한국의 지수는 5.4, 그리고 중국의 수치는 아프리카의 평균치보다 한 단계 높은 3.5였다. 한국의 한 경제연구소는 부패인식지수가 0.1 올라가면 1인당 GDP가 0.029% 상승한다는 흥미로운 연구 결과를 발표한 적이 있다. 이것을 적용하면 한국의 부패인식지수가 OECD의 평균치인 6.9만 되어도 경제성장률은 무려 0.6%나 높아진다는 계산이 가능해진다(「한국경제」). 아무튼 부패와 경제성장이 어떤 관계에 있는지를 아는 데는 무리가 없다. 그러나 그것은 생산적인 측면에서 봐서 그렇다는 말이고, 부패는 궁극적으로 시장을 파괴하며 경쟁을 위축시키는 더 큰 문제를 야기시킨다. 앞서 "소공자들의 이름이 은행 대출, 땅, 그리고 그 밖의 자원을 얻는 지름길임은 말할 필요가 없고, 따라서 문제가 소공자들에게 있는 것도 어느 정도는 사실이지만, 중국의 나쁜 제도는 문제의 더 근본적인 원인이라는 점을 확인할 수 있다"는 외국 언론의 논평을 소개한 바 있다.

여기서 소공자의 이름은 곧 권력을 뜻하므로, 자원배분이 시장의 경쟁원리가 아닌 힘에 의해 이루어질 수 있다는 사실이 암시되어 있다고 보면 된다. 수익을 기준으로 자금이 배분되지 않을 가능성이 높고, 땅의 경우도 공개입찰을 통해 적정가격으로 처분되지 않을 개연성이 다분하며, 다른 자원 역시 같은 방식으로 다루어질 수 있다는 증거인 셈이다. 당연한 결과로 효율성은 낮아질 것이고, 결국 경제 전체의 수익성이 떨어지면서, 기술부족으로 가뜩이나 빨리 닥칠 수밖에 없는 수확체감의 상황을 앞당기게 된다. 앞서 자세히 살펴본 중국경제의 왜곡 현상은 결국 정부가 너무 자의적으로 경제를 운영한 결과였다. 다시 말해 정부 혹은 정치권의 권력이 민간에게 이양이 안 된 것이 왜곡의 원인이었다는 말인데, 그렇다면 무슨 방법이 있을까?

물론 시장원리를 더 많이 도입하면 된다. 정부의 권한을 대폭 축소시키고 모든 경제행위에 시장의 경쟁원리를 적용하면, 효율성은 자연스레 향상되기 때문이다. 중국의 현 정치경제구조에 비추어 과연 이것은 가능한 일일까? 앞서 소개한 천즈우 교수는 대단히 어려운 현실을 다음과 같이 피력하고 있다: "30년 전에는 모두가 가난했고 가진 게 없었기 때문에 개혁도 가능했겠지만, 지금 중국은 그렇지 않습니다. 현 체제 속에서 이득을 얻는 이익집단이 존재하기 때문입니다. 현실적으로 중국정부가 가까운 미래에 자발적으로 나서서 근본적인 개혁을 할 가능성은 아주 낮아요(「조선일보」)." 이와는 별도로 앞서 다음과 같은 분석도 소개한 바 있다: "어떤 경제제도를 채택하느냐에 따라서 사회의 경제행위와 자원배분은 달라진다…… 물론 사회 내의 개인 및 집단의 이해에 따라서 어떤 경제제도가 좋은지에 대한 다툼은 피할 수 없다. 그때 다툼을 정리해주는 것이 바로 정치권력인바, 결국은 정치권력이 경제제도를 결정한다는 사실을 알 수 있다("Institutions as a Fundamental Cause of Long-run Growth")." 이 사실을 천 교수의 주장과 합해보면 다음의 그림이 그려진다.

덩샤오핑의 개혁개방정책은 권력에 의한 새로운 경제질서의 형성을 의미했다. 당연한 결과로 새로운 제도로부터 이해를 취하는 집단은 자연스레 나타날 수밖에 없었다. 초기에는 이해 집단의 수가 적고, 힘도 별로인 반면, 권력은 아직 성성할 때이므로 지속적인 개혁이 가능하지만, 일정 기간이 흐르면 이 조건들이 달라지면서 반대 현상이 두드러지게 된다. 즉 현재의 질서를 유지시키는 권력과 그 질서로부터 생성된 강력한 이해집단, 그리고 양자가 합해지면서 형성되는 현상유지(status quo)의 동력이 개혁을 어렵게 한다는 말이다. 앞서, "특정의 정치경제적 목적을 위해 제도가 만들어진 후, 그것이 지속되는 경우 제도는 뿌리를 내리게 되고,

이 제도가 기술혁신, 자유시장의 활성화, 그리고 소유권의 보장에 기여하지 못한다면 바로 그런 제도의 고착 현상 때문에 문제가 불거진다는 의미"의 '제도의 정렬'이라는 용어를 소개한 적이 있다. 결국 같은 말이 아닐까? 개혁개방 이후 중국의 역사 또한 이를 뒷받침하고 있는데, 하나는 1989년 천안문 사태에서 중국정부가 보여준 태도를 통해 드러난 적이 있고, 또 다른 것은 이른바 '조화로운 사회'라는 새로운 슬로건을 통해 가시화된 적이 있다.

1989년 6월의 천안문 사태는 결국 새로운 정치질서, 즉 기존 정치체제의 민주화를 요구하는 운동이었다. 다시 말해 공산당 일당 독재와 자본주의 경제체제를 합한 개혁개방 이후의 질서에 민주주의를 강화하려는 시도였다. 하지만 덩이 이를 단호히 거부하면서 수많은 사람이 죽는 비극은 피할 수 없었다. 겉으로는 정치안정이 명분이었지만, 위의 분석틀에 비추어보면 그렇게 볼 수만은 없다. 기존의 질서하에서 기득권이 형성됐고, 따라서 기존의 질서를 변화시키는 것은 필시 기득권의 이해가 축소되는 것을 의미하므로 그것을 반대했다는 해석이 가능해지기 때문이다. 앞서 소개한 후앙 박사의 연구는 그것을 다음과 같이 뒷받침하고 있다.

"1989-2002년 중국의 연평균 실질 GDP 성장률은 8.1%였지만, 1인당 개인소득 증가율은 5.4%에 불과했다. 중국이라는 국가는 성장했지만, 그 혜택이 개인에게 많이 돌아가지는 않았다는 의미다. 흥미롭게도 이 두 변수 사이의 격차는 1980년대 가장 적었지만 그 이후에는 점점 벌어졌다. 1980년대 덩샤오핑, 우야오방, 그리고 자오쯔양 등이 집권하던 시절, 즉 더욱 개방적이고 자유로운 경제정책을 시행하던 시기에는 개인소득 증가율이 그 후보다 상대적으로 높았다는 뜻이다. 다시 말해 1989년 천안문 사태 이후 권력을 더욱 강화한 정부가 개인에 대한 권력 이양을 거부한 채 정부주도의 경제정책을 강화하자, 국가는 돈을 벌었으나 개인소 득은 많이 증가하지 않는 현상이 가시화됐음을 알 수 있다("Rethinking the Beijing Consensus," 재인용)." 일단 기득권을 수호하는 것이 권력의 도움(천안문 사태의 무력진압)으로 가능해지자, 기존의 질서와 그것을 둘러 싼 이해는 더욱 굳어졌지만, 그것을 테스트하는 기회는 한 번 더 있었다.

정치와 경제가 유착되면서 기득권층이 강화된다는 것은 곧 경제사회 적인 불평등이 가시화된다는 것을 의미한다. 장쩌민 집권 말기에는 이 점이 특히 두드러졌다. 노동자 파업의 가시화, 연간 수만 건으로 확대된 농민시위 등은 사회적 불평등의 반작용이었다. 여기서 위기를 느낀 후 진타오가 2003년 집권 후 선택한 정치 노선은 두 가지였다. 하나는 민 족주의에 호소하는 것이었고, 다른 하나는 '조화로운 사회(和諧社會: Harmonious Society)'라는 새로운 정치 슬로건이었다. 겉으로는 사회 불 평등을 해소하여 조화로운 사회를 만들 것이므로 너무 염려하지 말라 는 경제적 메시지를 담고 있지만, 그것의 정치적 의미는 같지 않았다. 새 로운 사회동요 현상에 대한 정치적 판단은 사회 안정이 흔들린다는, 즉 기득권의 이해가 침해될 수도 있다는 것이었는바, 전문가의 다음과 같은 분석을 보면 그 실체를 이해할 수 있다.

"중국의 정치경제 구조를 움직이는 것은 시장, 즉 수요와 공급의 법칙 이 아니라, 정치적으로 지배계급을 형성하고 있는 혁명 가문들의 특수한 이해 위에 조성된 정교한 사회 메커니즘이다. 그런데 메커니즘이 작동하 기 위해서는 사회가 안정되어야 하므로 사회 안정은 이들 지배계급 모두 가 공유하고 있는 유일한 가치일 수밖에 없다." 따라서 조화로운 사회는 결국 기득권의 이해가 될 수밖에 없는데, 다음의 분석은 그것을 더욱 구 체화시키고 있다: "중국의 정치경제 구조는 절대적인 정치 단위인 공산당 내에 공산혁명을 주도한 가족들이 주된 구성원인 특별한 이익집단을 품고 있다. 여기서 이들 모두가 공유하고 있는 불변의 이해는 하나로 모아진다. (현재의 이해를 뒷받침하고 있는) 현 정치경제 시스템의 안정이 바로 그것이다. 즉 현 체제가 유지되는 경우에만 자신들의 정치 및 경제적 이익을 추구할 수 있다는 현실이 반영된 이해임을 알 수 있다. 따라서 '조화로운 사회'라는 용어가 왜 나왔는지는 이로써 분명해진다. 여하튼 상기의 정치경제 구조하에서 동아시아의 경제위기가 발생하자 중국의 지배계급은 위기 때문에 그들의 기존 체제가 침해되는 것을 방지하는 방향으로 힘을 모으게 된다(Red Capitalism)."

여기에 베이징 컨센서스에 대해 비판적인 버거(Peter Berger)와 번스타인(Ann Bernstein)은 조금 더 정교한 정치 분석을 추가하고 있다: "슬로건이 안정, 질서, 그리고 물질적 행복을 담고 있는 것은 사실이지만, 애초부터 정의상 자유를 내포하고 있는 개념은 아니었다. 결국 자유가 안정, 질서, 그리고 물질적 행복을 가져다준다는 현대적 이념은 배척하고 있는 셈이다. 오히려 용어의 의미는 자유에 기초한 조화로운 사회여야 했지만 그렇지 못했기 때문에 자유 컨센서스는 베이징 컨센서스를 당연히 이길 수밖에 없다("The Freedom Consensus")." 조화로운 사회라는 용어에 자유가 포함되지 않았다는 증거는 특히 금융개혁을 통해 드러난 적이 있다. 앞서 소개한 바와 같이, "주룽지 총리 시절만 해도 시장 중심의 금융체제의 구축에 열심이었지만," 후진타오 체제가 들어서면서 과거 주룽지 총리가 추진했던 금융개혁은 사실상 중단됐다. 자유시장의 확대가 지배 권력이 가장 두려워하는 사회불안으로 이어질 수 있다고 판단했기 때문이다. 그 결과 2005년 이후부터는 금융시스템이 더 이상 개혁되지 않은 채 정체 상태를 유지하며 오늘에 이르고 있다(Red Capitalism).

이 말은 뒤집어 정치적 목적인 사회 불안정을 피하기 위해 경제적 자유를 더 이상 허용하지 않겠다는 것이므로, 여기서 '조화로운 사회'에 자유라는 개념을 포함되어 있지 않다는 사실은 확연해진다.

제조업 중심의 경제질서에서는 제도자본의 중요성이 떨어진다는 사실을 설명한 적이 있다. 그러나 선진경제의 특징인 서비스 산업의 경우 그런 조건은 반대로 나타난다. 앞서 노스의 분석은 바로 이를 지적한 것이었다: "특화는 결국 남이 무엇을 하는지 모르는 상태에서 내 일만을 충실히 하는 상황을 의미한다. 따라서 개인적 연줄이 배제된 모르는 사람끼리의 거래를 어떻게 성사시킬 것인가에 대한 해결책은 더욱 절박해질 수밖에 없다. 여기서 객관적인 계약과 그것을 이행시킬 수 있는 제도가 제대로 작동한다면 출구는 열리는 셈이 된다. 요컨대 제도가 시장과 거래를 얼마나 활성화시키는지가 관건임을 알 수 있다." 여기서 제도가 법치, 특히 사법권의 독립과 공정성을 뜻한다는 것은 말할 필요가 없다.

천즈우 교수는 하나를 더 추가하고 있다: "일반적으로 언론의 자유가 통제될수록 언론은 좋은 일만 보도하고 나쁜 일은 보도하지 않으며 (결과적으로) 정보 수집의 정도와 범위도 크게 줄어든다. 그 결과 시장참여자가 얻는 정보의 불확실성과 편파성이 커지고 객관성은 점점 낮아진다. 거짓 정보도 점차 늘어나면서 시장 정보의 혼탁성이 점차 높아져 (서비스와 같은) 무형제품을 거래하는 3차 산업이 발전하기가 어려워진다." 얘기는 다음과 같이 또 이어진다: "중국이 이해를 추구하는 과정에서 서양 국가와 마찰이 발생한다면 어떻게 이익의 균형을 맞춰야 할까? 이런 문제에 부딪혔을 때는 중국도 서양 국가처럼 변호사를 파견해 해결해야 한다. 변호사의 직업원칙은 해결할 수 없는 분쟁은 없다는 것이다(『중국식 모델은 없다』)." 최근 한국 언론과의 인터뷰에서 미국 예일 대학교의 실러

(Robert Shiller) 교수 역시 이 문제를 중국이 해결해야 할 가장 큰 문제로 지적하고 있다: "중국은 급성장해왔지만, 시간이 갈수록 높은 성장세를 유지하기 힘들 것이다. 중국경제는 바로잡아야 할 부분이 상당히 많다. 가장 큰 문제는 부패다. 상대적으로 적은 변호사가 일을 어렵게 만들고 있다. 변호사는 계약을 체결하고 이행을 강제하기 위해 필요하다. 계약을 지킬 필요가 없다면 속임수가 난무할 것이다. 중국은 아직 이런 관행이 발전하지 않았다(「조선일보」)."

이상의 분석은 중국경제가 더욱 발전하기 위해서는 정치개혁이 반드시 필요하다는 사실을 전해주고 있다. 정치개혁의 한가운데는 인치가 아닌 법에 의한 지배가 존재한다. 그것이 이루어지기 위해서는 자의적인 힘, 특히 경제 관련 권력이 축소돼야 하는데, 그래야만 자유계약의 원칙과 이를 공정하게 실행할 수 있는 질서가 자리 잡을 수 있기 때문이다. 정보의 자유 역시 중요하기는 매한가지다. 정확한 정보의 공개 없이 계약 중심의 거래가 원활히 이루어지는 것이 불가능하기에 그렇다는 말이다. 구체적으로는 정보가 왜곡된 상태에서는 평등한 계약이 이루어질 수 없고, 그 결과 거짓말이 난무하면서 계약, 즉 시장이 위축되는 현상을 뜻한다. 정보의 자유가 일차적으로 언론의 자유를 통해 보장된다는 사실은 말할 필요가 없다. 아무튼 위의 다양한 조건이 충족되지 않으면 지속적인 경제발전 또한 기대할 수 없다는 것이 논의의 결론이다. 그렇다면 그런 조건들의 정치적인 의미는 무엇일까? 정치적 민주화가 이루어지지 않으면 선진경제의 꿈도 멀어진다는 사실일 것이다. 민주주의가 자본주의의 부산물이고, 두 변수가 동전의 양면을 이루며 서로 붙어 있다는 말은 바로 이를 두고 한 말이었다. 그렇다면 중국은 과연 민주정치를 뿌리내릴 수 있을까?

앞서 "1990년대 중반과 2008년 사이에 해외로 빼돌린 재산이 무려 1조 270억 달러라는 사실"을 소개한 적이 있다. 그렇다면 막대한 자금을 권력을 통해 모은 후 이를 해외로 도피시키는 이유는 무엇일까? 한마디로 정정이 그만큼 불안정하기에 그런 일이 발생한다고 보면 된다. 셔크가 말한 '정치적 공포' 현상은 바로 이를 두고 한 말이었다. 문제는 상황이 그럴수록 민주화는 지연된다는 사실이다. 민주화는 기득권에 대한 정치 보복으로 이어질 가능성이 높고, 상황이 그렇게 돌아가는 경우 기득권을 지킬 수 없는 것은 물론, 신체상의 안전 역시 보장된다는 법이 없기 때문이다. 논리가 위와 같기에 기득권층은 일단 버텨보는 것 외에는 대안을 찾기가 힘들어진다. 여기서 더 큰 문제는 일이 잘못되는 경우 정치구조에 큰 금이 가는 정치적 단층 현상(faulting)이 일어날 수도 있다는 점이다.

한국의 경우는 1997년 유사 이래 최대의 경제위기가 닥쳤음에도 기존의 정치체제가 붕괴되지는 않았다. 민주정치의 특성상 정권 교체로 문제가 마무리됐기에 그렇게 된 것이다. 민주정치체제가 외부의 충격으로부터 유연하다는 점은 이로써 분명해진다. 따라서 반대의 경우, 즉 평화적인 정권교체가 불가능한 권위주의 정치체제가 충격에 취약한 것은 말할 필요가 없다. 여기서 과거 프랑스의 사례를 살펴보면 다음과 같이 더욱 선명한 그림을 그릴 수 있다. 1789년 프랑스 대혁명은 경제문제가 꼬이고, 왕과 귀족의 권력남용 및 부패가 극에 달한 시점에서 터졌다. 완충장치가 결여된 정치체제이다 보니 전제군주제는 흔적도 없이 사라졌다. 이어 기존의 질서와 인물에 대한 피의 보복이 전개됐는데, 그 결과 정치구조 전체에 금이 가는 정치적 단층 현상은 피할 수 없었다. 단층이 얼마나 깊었던지, 이후 오랫동안 프랑스는 정정 불안에 휩싸이게 된다. 혁명 후 약 150년 동안 두 개의 제국이 존재했고, 5개의 공화국이 난립했으며, 파시스트와 비슷한 정권도 한 번 자리 잡았던 것을 보면 실상을 파악하는 데는 무리가 없다. 단층 현상 때문에 패권을 영국에 넘겨주고 과거에는 우습게 알았던 독일에 두 번씩이나 패했다고 보면 무리일까?

위와 같은 엄연한 교훈이 있기에 중국의 현 정치제제를 위험하다고 보는 것이다. 경제위기가 가시화된 후 중국국민이 동요하는 방식으로 충격이 가해지는 경우, 중국의 정치체제는 과연 이를 흡수할 여력이 있을까? 과거의 역사와 정치이론은 그럴 가능성이 낮다는 사실을 전해주고 있다. 그럼에도 불구하고 최고위층의 다음과 같은 발언을 보면, 단층 현상을 최소화하는 점진적 민주화를 중국에서 기대하기는 힘들어진다. 2011년 제12차 5개년 개발계획, 즉 12·5 규획이 발표된 직후 우방궈 전인대상무위원장은 1997년 의법치국(依法治國)을 선언한 이래 불과 14년 만에 관련 법체계가 완성되었다고 공언한 적이 있다. 하지만 민주화에 대해서는, 서방의 다원화와 삼권분립, 양원제와 연방제, 그리고 사유화의 개념 등은 도입하지 않을 것이며, 다당제를 통한 정권교체도 하지 않겠다는 단호한 입장을 개진하고 있다.

상황이 그렇기에 1989년 천안문 사태를 잘 활용하지 못한 당시 중국의 지도층에 대한 비판이 이어지는 것이다. 그때 점진적인 민주화를 지지한 온건파의 태도를 보면 그런 후회가 있는 것도 무리는 아니다. 천안문 사태에서 시위대가 요구한 것은 부패 반대와 민주체제의 확립이었다. 총서기 자오쯔양으로 대표되는 온건파들의 경우 부패는 비대한 권력이 존재하는 현실, 즉 민주화가 진척되지 않은 상황이 원인이라고 판단했다. 때문에 민주화를 촉진시키고 당시만 해도 전체 경제의 40% 정도에 머물고 있던 시장경제의 비율을 확대시키는 것이 필요하다는 주장을 개진하게 된다. 다시 말해 소유권과 시장원리가 확대되어 권력이 축소되고,

이중 가격제와 같은 가격체계의 모순이 사라지면 시장의 혼란과 부패 문제도 해결할 수 있다고 봤던 것이다. 하지만 덩샤오핑이 이에 반대하면서 꿈은 무산되고 말았다.

1957년 우파 지식인에 대한 대대적인 탄압을 주도했던 인물이 덩이라는 사실에 비추어보면, 천안문 사태 시의 덩의 자세와 1957년의 그것 사이에 유사점이 있다는 사실을 부인하기는 힘들어진다. 아무튼 권력분산에 대해서만은 대단히 부정적이었는데, 바로 그 점이 덩샤오핑의 한계였다. 이렇게 보면 중국은 정치개혁을 위한 대단히 중요한 기회를 잃은 셈일 수도 있다. 프리드먼(George Friedman)의 다음과 같은 진단을 그냥 지나칠 수 없는 이유가 분명해지는 대목이다: "중국의 공산당은 어마어마한 집단이다. 하지만 다가올 금융위기(financial crisis)를 더 이상 다룰 수는 없을 것이다. 돌이켜 보면 정치 엘리트 집단이 금융위기를 효과적으로 통제하는 방식으로 중국은 정치위기를 극복해왔다. 그러나 최근의 상황을 보면 핵심 정치 엘리트가 약화되는 것은 피할 수 없고, 결과적으로 그들이 다른 엘리트를 지배 혹은 통제하는 능력이 저하되는 현상을 발견할 수 있다. 바로 이 때문에 정치위기가 발생하는데, 정치위기가 위험하다는 것은 말할 필요가 없다. 뒤집어 보면 위기가 엘리트의 정통성에 금이 가는 모습을 띠고 있다는 뜻이다. 문제가 가시화되면 기존의 세력은, 대단히 갈라져 있는 적대 세력에 의해 대체될 가능성이 높다. 특히 중국의 경우는 지역적으로 갈라지고, 아울러 지역 단위로 싸우는 현상으로 귀결될 것이다("Global Economic Downturn: A Crisis of Political Economy")."

# 구조 왜곡 때문에 중국경제의 미래는 어둡다

2012년 2분기 중국의 경제성장률은 7.6%를 기록했다. 중국정부가 마지노선으로 삼고 있는 바오바(保八), 즉 8%가 깨졌다고 난리들이다. 같은 맥락에서 중국경제의 연착륙, 경착륙 여부가 논쟁의 초점이 되고 있다. 연착륙이 가능하다고 보는 전문가들은 중국의 재정상태가 비교적 양호하고, 인플레이션이 잦아든 상태이므로 정부가 경기를 부양시키는 데는 별 문제가 없다는 입장이다. 연말께 8%대의 성장세가 회복된다는 주장은 이런 논리에 기초하고 있다. 반대로 경착륙이 불가피하다는 견해는 2008년 이미 엄청난 규모의 경기부양책을 시행한 바 있고, 그것의 부작용인 자산거품과 인플레이션이 현재에도 완전히 극복된 것은 아니므로 경기부양 카드를 꺼내들기는 힘들다는 논리를 전개한다.

여기서 주의할 점은 두 견해 모두 거시경제정책을 사용하는 것이 효과가 있느냐에 초점을 맞추고 있다는 사실이다. 경착륙의 가능성을 지지하는 입장 역시 부양책을 사용할 수 있는 조건이 마련된다면 부양책은 효과가 있다는 점을 부인하지 않고 있다. 결국 경착륙 혹은 연착륙이라는 용어에는 순환적인(cyclical) 의미가 내포되어 있는 셈인데, 구체적인 내용은 다음과 같다. 우선 연착륙이란 용어에는 연착륙을 한 후에 다시 상황이 좋아지면 경기가 더욱 활성화될 수 있고, 반대로 상황이 안 좋아지는 경우도 경기가 조금 더 주저앉은 후 일정 기간이 지난 다음 상황이 다시 호전되면 경기는 다시 나아진다는 의미가 포함되어 있다. 경착륙의 경우도 이번에는 상황이 안 좋아 그렇게 되지만 나중에 환경이 바뀌면 적절한 경제정책을 통해 경기를 회복시킬 수 있다는 사실을 배제하지 않고 있다.

하지만 이 글에 소개되어 있는 경제왜곡 현상에 대한 분석은 위의 논쟁을 뒷받침하기 위한 것이 아니다. 앞서 살펴본 바와 같이 경제구조 자체가 왜곡되어 있는 경우 뒤틀린 구조를 다시 펴기 전에는 정책의 효과도 대단히 약할 수밖에 없다는 것이 논의의 초점이기 때문이다. 따라서 이 글에서는 중국경제가 '추락한다' 혹은 '꺾인다'는 표현을 썼는데, 그것은 올라갔다 내려갔다를 반복하는, 즉 순환적인 현상이 아닌 침하가 지속되는 상황을 그리기 위해서였다. 용어의 정의가 그렇듯이 나무가 꺾인 다음 꺾인 부분이 원상태로 다시 회복되는 것은 불가능한 일이다. 다시 말해 경제가 꺾인다는 것은, 왜곡 현상 때문에 어떤 경제정책도 경제가 한풀 꺾인 다음에는 약발이 떨어지고, 그 결과 경제가 추락하는 것을 멈추는 것이 힘들어진다는 뜻이다. 만약 경기부양책으로 문제를 해결할 수 있다면 일본경제는 왜 잃어버린 20년을 맞고 있는 것일까? 금년에는 한국경제 역시 3% 이하로 성장률이 주저앉을 것이라는 비관적인 전망이 나오지만, 그 똑똑하다는 당국은 왜 뚜렷한 해법을 제시하지 못하는 것일까? 일본은 물론 한국경제 역시 경제구조가 왜곡돼 있다는 사실은 이미 짚어본 바와 같다. 한마디로 저수지의 물을 논으로 나르는 수로가 곧 바르지 않고 휘어 있는데, 저수지의 물이 수로가 곧게 나 있을 때만큼 논에 잘 도달할 수는 없는 일이다.

왜곡 현상은 어떤 것인지, 나아가 그 원인은 무엇인지를 밝히기 위해 이 글의 거의 전 지면이 할애되고 있다. 우선 기술에 대한 논의를 통해 왜곡 현상이 발생하는 첫 번째 이유를 알아봤다. 기술발전 없이는 산업 전체가 수확체감의 법칙에 걸린다는 것이 분석의 요체였다. 하지만 여기서 말하는 기술은 간단한 것이 아니어서, 일본을 비롯한 동아시아 국가 전체가 그동안 심혈을 기울여온 남의 기술 베끼기로는 기술진보에 한계가 있다는 점이 분명해졌다. 대안은 물론 원천기술의 개발이지만, 기초과학 없는 원천기술은 없다는 결론이 내려진 바 있다.

중요한 것은 이것도 사회왜곡 현상의 하나라는 사실이다. 사회구조 어디엔가 문제가 있기에 기초과학이 부진한 것이 아닐까? 다양한 원인이 있겠지만, 동아시아 국가들이 논리적인 사고를 배제한 채 주입 및 암기식 교육에 치중한 것이 창의성을 필요로 하는 기초과학이 부진한 핵심 이유라는 것은 모두가 아는 사실이다. 그렇다면 어떻게 교육왜곡 현상을 치유할 수 있을까? 지난한 과제임은 말할 필요가 없다. 창의적 교육의 필요성을 절감하면서도 한국은 물론 일본조차도 해법을 찾지 못하는 것을 보면 그것이 얼마나 어려운지는 짐작하고도 남음이 있다. 문제가 이런 식이기에 '왜곡을 바로잡는 것이 대단히 어렵다'는 명제가 꺾이지 않는 것이다.

기술에는 물리적인 기술만이 있는 것이 아니다. "부, 건강, 지식, 정의 등을 함양하는 데 필요한 인간의 조직, 그리고 그것의 집합 체제"로 정의되는 사회적 기술 또한 못지않게 중요하다는 사실은 이미 설명한 바와 같다. 특히 원천기술이 개발되기 위해 반드시 필요한 자유의 확산 등과 같은 사회적 환경, 기술을 상업화시키는 데 결정적인 역할을 하는 금융 등과 같은 다양한 경제 메커니즘, 그리고 생산성을 향상시키는 데 도움이 되는 그 밖의 다양한 경제사회적 조건 등이 지속적인 경제성장을 위해서는 반드시 필요하다는 점을 이 글은 누차 강조하고 있다. 한 발짝 더 나가면 이른바 제도자본이라는 보다 전문적인 용어와 마주치는데, 여기서 논의의 핵심은 개인적인 친분(personal)을 뛰어넘어 일반적인 (impersonal) 계약과 거래를 가능하게 하는 경제사회적 요건이었다. 아무튼 논의는 결국 법의 의한 지배, 즉 법치가 일상화돼야 한다는 것으로 귀결됐다.

위의 논리에 기초 중국경제를 들여다본 결과, 중국의 기술수준은 대단히 낮은 것으로 나타났다. 기술 습득 혹은 개발이 안 되는 다양한 이유를 살펴봤지만, 이 엄청난 기술 장벽을 선진국 문턱에 이른 한국은 물론 일본조차도 뛰어넘지 못한 현실에 비추어, 중국의 장래에 장밋빛을 드리울 이유는 찾을 수 없었다. 중국 당국 또한 문제점을 인식하고는 있으나, 그것을 극복할 수 있는 체계적인 방법이 제시된 적은 현재까지 없다. 또한 앞서 짚어본 교육제도의 문제점과 그것을 극복하는 것이 대단히 어렵다는 사실은 기술개발이 난제 중의 난제임을 잘 보여주고 있다.

최근 국무원 학술위원회 부주임으로 있는 중국의 저명한 경제학자 우징롄(鳴敬璉)조차 중국의 현실을 다음과 같이 인정한 것을 보면, 중국경제에 대한 낙관론과는 달리 기술부진이 얼마나 큰 장애 요인인지를 알수 있다: "중국이 새로운 성장 동력을 찾지 못할 경우 중진국 위험에 빠질 수 있다…… 경제성장은 노동력의 투입, 자본 투입, 효율성 제고 등 3대 요소로 이루어지는데 중국은 자본 투입에 점점 더 많은 것을 의존하고 있다. (당연한 결과로) 효율성 제고가 없을 경우 급격한 성장 둔화에 빠질 수 있는 것은 물론이다. (다시 말해) 새롭고 독창적인 기술진보를 이루어내지 못하고 자본 투입에만 의존할 경우 성장은 한계에 다다를 수 있다는 의미다. 중국 동부 지역의 성장세가 최근 둔화되고 서부지역은 고속성장을 보이고 있는 상황이 이를 말해준다고 보면 된다(「한국경제」)."

투입중심 수출주도형 경제발전정책이 어떤 방식으로 중국경제를 왜곡시키고 있는지도 자세히 짚어봤다. 특히 금융산업의 왜곡이 심각한 문제지만, 그밖에 비탄력적인 외환시장, 비효율적인 산업 및 금융체계, 그리고 유연하지 않은 노동시장 등 왜곡 현상은 사실상 경제의 전 분야에서 관찰되고 있다. 그처럼 왜곡된 경제가 그나마 이 정도 유지되는 것은 중국국민의 절대적인 희생에 힘입은 바 큰데, 언제까지 그런 인고가 가능할까에 대해서 이 글의 분석은 부정적인 견해를 전하고 있다. 중국의 장래를 짊어지고 있는 중국 신세대의 가치관이 변했고, 여기에 중국정치의 부조리, 즉 엄청난 부패 현상이 가시화되면서 중국인들의 희생을 더 이상 기대하는 것은 무리라는 결론에 이르게 된다. 중국경제의 기본 구도가 바뀌어야만 새로운 흐름을 수용할 수 있는 것은 물론이다.

중국정부 역시 왜곡 현상을 인식하고는 있다. 하지만 무엇 하나 바꾸려 해도 그것은 결국 경제체제 전체를 움직이는 것이 되기에 중국정부가 엄두를 못 내고 있는 상황은 앞서 살펴본 바와 같다. 실업문제를 해결하기 위해 적어도 8%의 성장을 향후 최소 20년은 해야 한다는 연구 결과는 중국의 딜레마를 보여주고 있다. 아무튼 중국 당국이 이럴 수도 저럴 수도 없는 상황에 처해 있는 것만은 분명해 보인다. 바로 그런 딜레마를 극복하기 위해 정부가 과도하게 개입했지만, 결과는 반대로 나타났다. 시장 중심의 경제운영 방식이 빠른 시일 내에 정착하지 않으면 경제는 더욱 왜곡될 것이고, 때문에 특정 시점 문제가 불거진 후 그것을 통해 경제에 가해지는 충격은 그만큼 클 수밖에 없을 것이다. 이것이 중국경제가 꺾이거나 추락하는 현상인바, 그렇다면 현재 인간의 경제지식으로 추락 시점을 예측하는 것은 과연 가능할까?

최근 아이켄그린(Barry Eichengreen), 박동현(Donhyun Park), 그리고 신관호(Kwanho Shin) 등 3인의 전문가에 의해 연구가 이루어진 적이 있다. 제2차 세계대전 이후 어느 정도 고성장을 한 후, 특정 시점에 경제가 저성장으로 바뀌는 39개의 사례에 대한 분석이 연구의 주제였다. 우선 성장률이 높은 경제일수록 경제가 일단 꺾인 다음 다시 고성장으로 돌아가는 경우는 없다는 사실이 밝혀졌다. 더욱 중요한 것은 고성장에서 저성장으로 돌입하는 시점을 기준으로 공통 변수가 존재한다는 사실이다. 1인당 국민소득이 (구매력과 환율 변수를 고려한) 2005년 국제불변가격(international constant price) 기준으로 16,500달러에 이르는 시점, 그리고 제조업의 고용 흡수율이 점차 증가하여 23%를 기록하는 시기 등이 그것인데, 이를 중국경제에 대입하면 중국경제가 고성장을 마감하는 시점은 대략 2014-2017년으로 계산된다. 연구는 다음과 같은 충고도 잊지 않고 있다: "(몇 년 후) 중국경제가 급작스레 꺾이게 되는 시점보다는 그래도 어느 정도는 잘나가고 있는 지금이 중국경제를 바로잡을 기회인데, 여기서 균형을 다시 회복하는 방법은 수출중심경제로부터 내수 중심으로 빨리 전환하는 것이다. 위안화의 조속한 평가절상이 절실한 이유를 알 수 있다. 왜냐하면 역사적으로 낮은 수준의 소비와 저평가되어 있는 통화는 저성장을 앞당기는 경향이 있어서다("When Fast Growing Economies Slow Down," *NBER*)."

고정자산(fixed capital)에 대한 지나치게 높은 투자율에 비추어 경제가 저성장으로 돌아서는 시점을 계산하는 경우도 있다. 현재 50%를 상회하는 GDP 대비 고정자산에 대한 투자는 결국 과잉설비와 부실대출 문제를 유발한다는 것이 뉴욕 대학 루비니(Nouriel Roubini) 교수의 진단이다. 종당에는 과잉설비 문제가 불거지면서 중국경제가 디플레이션 압력을 받게 되고, 그 결과 경착륙(hard landing)이 이어진다는 분석이 뒤를 잇고 있다. 루비니는 그렇게 되는 시점을 2013년 직후라 했으므로 대략 2014-2105년임을 알 수 있다("China's Bad Growth Bet," *Project Syndicate*). 앞서 소개한 천즈우 교수 역시 논의의 초점은 달랐지만 분석의 결과는 비슷했다: "제 예측으로는 4-5년 내에 중국경제가 심각한 위기에 빠질 겁니다. 경기 부양책으로 최근 2년 사이 4조 위안 이상의 돈이 풀렸습니다. 이중 절반 이상이 지방정부로, 나머지의 대부분은 국영기업에 대출됐습니다. 이런 대출은 3-5년 뒤 만기가 돌아오는데, 제가 보기에 그중 상당수는 부실채권이 될 가능성이 있습니다. (그렇다면 중국정부가 충격을 분산시켜 소프트랜딩(연착륙)을 유도할 수 있지 않을까요?) 쉽지 않을 겁니다(「조선일보」, 2010.10.23-24)." 2010년의 발언이므로 2014-2015년이 경착륙 시점임을 알 수 있다.

경제학이 특정의 시점을 맞춘다는 것은 대단히 어려운 일이지만, 위에서 소개한 세 가지 견해는 나름 서로 다른 방식으로 중국경제의 위기 시점을 계산했다는 특징이 있다. 그렇다면 위의 분석을 이 글의 주제인 경제구조의 왜곡 현상이라는 관점에서 바라보면 어떤 그림이 그려질까? 첫 번째 분석은 경제의 왜곡 현상보다는 과거의 방대한 자료에 기초, 평면적인 비교 분석에 의존하고 있다. 반면 두 번째와 세 번째 분석은 경제왜곡 현상을 나름 다른 각도에서 관찰한 특징이 있다. 지금까지 살펴본 중국경제의 왜곡 현상에는 루비니와 천이 지적한 문제점이 고스란히 포함되어 있다. 이 책에서는 더 많은 부분이 다루어지고 있으므로, 그런 포괄적인 분석에 비추어 중국경제의 왜곡 현상이 지적보다 훨씬 폭넓게 자리 잡고 있다는 사실은 분명해진다. 따라서 왜곡이 두 전문가가 적시한 것보다 광범위하다면 중국경제가 꺾이는 것은 다시 한 번 필연일 수밖에 없다.

아무튼 이 글의 왜곡 현상 분석과 위에서 소개한 전문가들의 견해 모두에 비추어 머지않은 장래에 중국경제가 꺾인다는 사실을 확인하는 데는 별 어려움이 없다. 흥미로운 것은 첫 번째 분석이 보여준 고성장이 꺾인 이후의 상황이다. 다시 고성장으로 되돌아갈 수는 없다는 사실이 그것인데, 39개 샘플 국가가 꺾인 시점을 기준으로 그전 7년치와 그 후 7년치의 연평균 경제성장률 통계가 그렇다는 것이므로, 평면적인 분석에 기초 그런 결과가 도출됐다는 사실을 알 수 있다. 하지만 이 글에서 강조하고 있는 경제구조의 왜곡에 비추어봐도 위의 현상을 설명하는 데는 어려움이 없다. 우선 경제가 꺾이는 이유는 분명 경제왜곡 현상 때문이다. 다시 말해 경제가 꺾인 후 왜곡 현상을 바로잡아야만 경제가 제대로 돌아갈 수 있다는 의미이므로, 꺾인 다음 문제의 해결은 왜곡 현상의 시정 여부에 달려 있다는 점을 확인할 수 있다.

그러나 '구조'라는 말이 의미하듯, 뒤틀린 구조를 바로잡는 데는 많은 시간과 노력이 필요하다. 왜곡 현상이 시정된 다음에도 문제는 이어진다. 새로 형성된 정상적인 경제구조는 그 자체로 고성장을 허용하지 않기 때문이다. 하여 고성장으로 돌아가는 것이 논리상 불가능하다는 추론에는 이상할 것이 없다. "오늘날의 부유한 국가들은 빨리 성장한 것이 아니라 천천히 오랫동안 성장했기 때문에 부자가 됐다는 사실을 인지하는 사람은 극히 드물다. 예컨대 1820-1870년 당시 가장 빠르게 성장하고 있던 신흥경제, 호주와 미국의 경우 연평균 성장률은 각각 1.8%와 1.3%에 불과했다"는 앞서 라잔 교수의 언급은 바로 이를 두고 한 말이었다. 다시 말해 천천히 저성장을 착실하게 지속하는 것이 정상적인 경제이지, 단시간에 빨리 성장하는 것이 정상은 아니라는 의미다. 아무튼 그 어떤 논리로든 고성장이 꺾인 후 다시 고성장으로 돌아갈 수 없다는 점을 부인하기는 힘들어진다.

위의 진단 모두는 나름의 개선책을 제시하고 있다. 첫 번째 연구에서는 위안화의 평가절상이, 두 번째 루비니의 경우는 '위안화 평가절상,' '이자 결정의 자유화,' '임금의 더 빠른 인상,' 그리고 '국유기업의 민영화' 등이 중국정부가 취해야 할 정책 대안으로 거론된다. 하지만 세 번째 분석을 제시한 천 교수는 타개책 모색 가능성이 별로 없다고 본다. 천 교수의 견해가 맞는 말이 아닐까? 그는 기득권층이 두터워지면서 개혁이 어려워지는 상황을 부정적 견해의 이유로 지목했다. 하지만 초점을 좁혀 경제분야에 한정하는 경우에도 위의 개선책 모두에는 나름의 어려움이 있다. 위에서 제시한 정책 어느 것 하나도 중국의 현 경제질서를 근본적으로 바꾸기 전에는 실행이 어렵다는 사실이 이미 드러났기 때문이다. 대표적으로 위안화 평가절상의 경우 말은 쉬워도, 그렇게 되려면 수출이 감소하는 것을 감내해야 하고, 다음에는 저성장이 뒤를 잇게 된다. 결과적으로 실업문제가 발생할 것이고, 때문에 사회적 동요 현상이 뒤따를 가능성은 당연히 높아진다. 여기서 구조분석이 중요한 이유는 위의 모든 변수가 구조적으로 서로 얽혀 있어서 하나를 건드리면 다른 것도 움직일 수밖에 없다는 사실에서 찾을 수 있다. 반복되는 얘기지만 위의 모든 논의는 결국 중국경제의 기본 질서를 바꾸는 문제와 연계되어 있으므로, 여기서부터는 논의가 경제논리를 벗어나게 된다.

얘기를 정치분야로 끌고 오면 문제는 더욱 복잡해진다. 공산당 일당 독재가 뿜어내는 엄청난 매연이 정치는 물론 경제의 상당 부분을 왜곡시킨다는 사실은 이미 지적한 바와 같다. 상상을 초월하는 정경유착과 부패는 그것을 상징하고 있는데, 문제는 그런 경우 경제적으로는 자원배분의 왜곡 현상이 심화되고, 나아가 정치적인 단합 역시 금이 간다는 사실이다. 일반국민과 집권층 간의 괴리 현상은 단합을 깨는 첫 단초를 제공하고 있다. 집권층 내부에서 권력투쟁이 심화되는 것 역시 단합이 깨지는 또 다른 이유다. 바로 그런 정치적 문제를 해결하기 위해 민주화가 필요하지만, 중국의 지도층이 민주화 의지를 피력한 적은 현재까지 한 번도 없었다.

위의 상황이 지속되는 경우 경제와 정치체제 모두가 함께 타격을 입을 가능성이 높아진다는 점은 더욱 심각한 문제일 수밖에 없다. 이 모든 구조적 왜곡 현상을 극복하는 것이 가능하다면 중국 당국 역시 지난 수십 년 동안 가만히 있지는 않았을 것이다. 앞서 중국이 시기를 놓친 것이 아니냐는 정치적 해석이 나오는 배경인데, 일단 시기를 놓치면 기득권 구조는 더욱 두터워질 수밖에 없고, 때문에 이해의 얽힘 현상이 심화되는 것 역시 피할 수 없게 된다. 많은 개발도상국들이 경제는 물론 정치분야에서도 특정의 발전 수준을 넘지 못하는 이유는 이로써 분명해진다. 그러나 앞서 살펴본 중국의 사례는 그 정도가 대단히 심하다는 특징이 있다. 아무튼 '구조'라는 용어에는 문제를 해결하기가 대단히 어렵다는 의미가 내포되어 있다고 보면 된다.

일본은 물론 한국 역시 경제구조가 뒤틀려 있다는 점은 앞서 살펴본 바와 같다. 일본의 전문가들은 이 문제를 어느 정도 이해하고 있는 것 같지만, 한국에서는 일반화되지 않은 시각이다. 그러나 최근 들어 한국

경제 역시 쇠퇴 기미가 역력하자, 같은 문제를 지적하는 전문가가 눈에 띄기 시작한 것은 구조적인 왜곡 현상을 더 이상 덮기 힘들다는 사실을 암시하고 있다: "(최근 한국경제의 경우) 경기가 장기간 부진을 면하지 못하는 가운데 언제 회복될지는 가늠하기 어렵고, 그로 인한 불확실성과 불안감이 투자와 소비의 발목을 잡는다. 투자와 소비의 부진은 성장 둔화와 경기 침체를 부르고, 이는 다시 미래에 대한 불안감을 증폭시킨다. 문제는 이런 악순환의 양태가 일반적인 경기순환 과정이나 돌발적인 해외 악재에 의한 일시적인 현상이 아닐지 모른다는 것이다."

"우선 위기 뒤에 곧바로 회복해온 과거의 V자형 반등의 탄력이 (최근에는) 전혀 보이지 않는다…… 혹시나 한국경제가 유례없는 장기 침체와 구조적인 저성장의 길로 들어선 것이 아니냐는 의구심이 드는 이유다. 만일 그렇다면 이 길은 한국경제가 그동안 한번도 경험해보지 못한 미지의 길이다. 과거의 처방과 해법으론 본래의 궤도로 영영 되돌아올 수 없는 새로운 길에 접어들었는지 모른다는 얘기다…… 올 상반기 성장률이 3%에 못 미치는 것으로 드러나자 한국은행은 급거 기준금리를 낮췄고, 정부는 부랴부랴 대통령 주재로 내수 진작을 위한 끝장토론을 열었다…… (그러나) 만일 작금의 경기부진이 일시적인 현상이 아니라 **구조적인 저성장 국면**이라면 한은과 정부의 단기 대증요법은 번지수를 잘못 짚었다(김종수, 「중앙일보」)." 상황이 이렇기에, '중국경제의 최대 약점은 자본주의 경제의 가장 큰 특징인 불황을 한번도 겪어보지 못한 것'이라는 말이 가슴에 와 닿는 것이다.

## 중국경제 추락에 대비하라

| 펴낸날 | 초판 1쇄 2012년 8월 31일 |
|---|---|
| | 초판 3쇄 2020년 10월 20일 |

| 지은이 | 김기수 |
|---|---|
| 펴낸이 | 심만수 |
| 펴낸곳 | (주)살림출판사 |
| 출판등록 | 1989년 11월 1일 제9-210호 |

| 주소 | 경기도 파주시 광인사길 30 |
|---|---|
| 전화 | 031-955-1350 팩스 031-624-1356 |
| 홈페이지 | http://www.sallimbooks.com |
| 이메일 | book@sallimbooks.com |

| ISBN | 978-89-522-2068-4 | 03320 |
|---|---|---|